武术修炼
视角的
儒家思想研究

仁道艺德

王 刚 —— 著

社会科学文献出版社
SOCIAL SCIENCES ACADEMIC PRESS (CHINA)

河北省高等学校人文社会科学研究项目成果　项目编号：SD192018

本书由唐山师范学院 2019 年度出版基金项目（2019CB01）、博士基金项目（2019A06）资助

序

　　王刚是我特别喜欢的一位学生，而我之所以特别喜欢他，是因为他在做人、做事、做学问方面都给我留下了非常好的印象：温和善良、淡定从容、勤奋踏实、任劳任怨，尤其是他非常轻松地完成了一篇既有价值又有难度的博士学位论文，也就是今天呈现在我们面前的这本学术专著。

　　谈到王刚的博士学位论文写作，用"厚积薄发"这个词来概括是再合适不过了。从其一入学开始，他就和我商量确定了这个研究方向和大致的论文选题。在持续读书的前提下，讨论、思考、写作、汇报、再讨论、再思考、再写作、再汇报，在我和众多学生的参与下，他这样的循环进行了不知道多少次，而正是在这样一次又一次的循环中，他的不时涌现的思想点滴渐渐汇聚在了一起，最终形成了这样一篇思路清晰、体系完整、思想深刻的博士学位论文。

　　众所周知，读博是个苦差事，有的人甚至读得痛不欲生。但是，在清华读博四年的王刚，从来没有表现出一丝一毫的苦色，任何时候都是一种轻松快乐的样子。我对学生有一个似乎不近人情的倡导，就是希望他们在进行论文选题报告时就已经完成论文初稿，但说实话真正能够完全做到这一点的学生并不是很多，而王刚就是这不多的人当中的一位，还是让我特别满意的一位。就在很多同学还在为选题痛苦不堪或者为选题报告的写作苦思冥想的时候，他的 20 多万字的论文初稿已经完成。让我印象更深、对他更加看重的一件事情是，他写了 20 多万字的论文初稿，在进行论文选题报告时并没有被所有专家完全认可，有的专家还建议他做比较大的调整，但他并没有为此表现出来任何的沮丧，更没有产生任何的不满情绪，而是心怀感激、平心静气地把论文重写了一遍。又一个几乎全新的 20 多万字，并且还像在做选题报告之前一样，重复了已记不清多少次的讨论、思考、写作、汇报、再讨论、再思考、再写作、再汇报的过程。

王刚的博士学位论文，是对我的《中华武术与传统文化》中所论及的"武术与儒家"的深入研究。《中华武术与传统文化》，是我下了很大功夫才勉强完成的一本个人学术代表作。说句不客气的话，完成这本书，已是很难的一件事情，但是，在我看来，要延续这本书中所涉及的各个具体领域的研究，一定是更难的工作。所幸，王刚做得很好，写出了这样一篇让我颇感自豪的关于"武术与儒家"之关系研究的优秀博士学位论文。

谈到对武术与传统文化之关系的研究，多数人立即想到的，就是收集与梳理文献，从文献中寻找两者之间的历史交集。然而，我在自己写作《中华武术与传统文化》的时候已经发现，这是一件做起来很让人苦恼而且意义又非常有限的事情，因为传统文化资料太多、武术资料极少、两者文献交集更少。在此之后，我一直在思考这个问题，思考以什么样的方式来研究武术与传统文化（实际上可延伸到其他任何文化）之间的关系才更有意义。思考的结果是确认了我今天才公开讲的包括实然诠释、应然诠释、可然诠释在内的"三重诠释法"，也就是说，对武术与传统文化之关系的研究，不但要诠释传统文化对武术已经产生的影响（实然），而且要诠释传统文化对武术应该产生的影响（应然），还要研究传统文化对武术可以产生的影响（可然），以让传统文化能对武术形成最全面、最深刻的滋养。在我看来，研究武术与传统文化之关系的目的，不仅仅是要揭秘历史事实，更重要的是要建构今天的武术文化系统，让传统文化更好地为今天的武术发展服务。我坚信，"三重诠释"这样的研究范式对武术来说是更有意义的，但我又非常清楚，"三重诠释"这样的研究范式对研究者的知识结构与思辨能力的要求肯定是更高的，做起来肯定是更难的。所幸，践行这种研究范式而写成的这篇博士学位论文，是成功的。

"志于道，据于德，依于仁，游于艺"是《论语》中的一句名言，而"道""德""仁""艺"这四个关键词也客观地成为我们理解比较复杂之儒家思想的线索之一。王刚的这篇博士学位论文，正是从武术的视角，以"道""德""仁""艺"为线索，对儒家思想进行的一次包括实然诠释、应然诠释、可然诠释在内的系统诠释，是对当今武术文化的一次系统建构。我相信，随着时间的延长，这篇博士学位论文的学术价值会被越来越多的人发现，也会被越来越多的人重视。

在答应为王刚写序之时，我头脑中出现过无数个让我兴奋的场景，思绪中出现过太多太多优美的语言，无论是关于他的为人处事还是学术研究。然而，写到这里，我突然又不想再写下去了，因为我越写越觉得，应该给读者多留一些时间，让大家去好好地读读这篇博士学位论文，如果有可能，读者还可以与王刚多进行一些线上线下的思想交流，感受一下王刚的人品与学品。

愿王刚的学术研究之路越走越顺，希望有更多人关注武术与文化之关系，加入当今中国的武术文化建设当中来。

是为序！

乔凤杰

2021 年 1 月 23 日于清华东南小区

目　录

第一章

绪 论

第一节 选题缘起与相关界定

作为一个习武之人，笔者在研习儒家经典时，会不自觉地结合自身在习武过程中的感受来体会与理解经文之内涵，偶有心得，便兴奋不已。之所以如此，是因为笔者发现，通过用习武过程中的感受来体会儒家思想，不但会对儒家思想产生一些创造性的认知，更重要的是这些创造性的认知能够更好地指导自己进行武术修炼，加深自己对武术的理解。殊不知，这看似不足为奇的行为，正是在以武术修炼为视角对儒家思想进行创造性的解读与诠释。

随着年复一年的习武与治经，无数的心得与体会不断地在心中积淀。同时，笔者也逐渐认识到，在武术修炼视角下对儒家思想的创造性解读，可以构建出儒家思想与武术修炼之间的内在联系，可以揭示出儒家思想对武术修炼实然或应然的具体指导内容。显然，这对于武术修炼乃至武学体系的建构与完善是具有重要意义的。因此，这也就成为笔者以武术修炼为视角对儒家思想进行诠释与研究的重要动机。

然而，儒家思想是博大精深的，笔者心中所积淀的心得与体会也是杂乱无章的。因此，找到一个逻辑体系将博大精深的儒家思想最优化地提炼出来、将杂乱无章的心得与体会系统性地呈现出来，是本研究能够真正落地与开展的关键所在。经过长期的思考与文献研究，笔者最终选用"志于道，据于德，依于仁，游于艺"作为逻辑体系搭建起武术修炼与儒家思想之间相互沟通的桥梁，并将本研究的研究对象限定为"道""德""仁""艺"所展开的儒家思想。

选择"志于道，据于德，依于仁，游于艺"作为本研究的逻辑体系，一方面，乃是因为它是儒家君子进德修身的重要指导思想。正如南怀瑾（2017：278）先生所言："假如有人问，孔子的学术思想真正要讲的是什么？可以大胆地引用这四句话作答，这就是他的中心。也可以说是孔子教育的真正的目的，立己立人，都是这四点。"理学家朱熹也认为："此章言人之为学当如是也……学者于此，有以不失其先后之序、轻重之伦焉，则本末兼该，内外交养，日用之间，无少间隙，而涵泳从容，忽不自知其入于圣贤之域矣。"（《四书章句集注》）另一方面，乃是因为它与武术修炼之间的联系是十分紧密的。自古以来，武术文化就蕴含了"道""德""仁""艺"的丰富内涵，并且武术修炼实际上也是一个"志于道，据于德，依于仁，游于艺"的实践过程。

因此，将"志于道，据于德，依于仁，游于艺"作为本研究的逻辑体系，既可以大而全地统摄整个儒家思想与武术修炼的方方面面，又可以小而精地明确具体的研究对象，使本研究能够落地开展。

在确定了逻辑体系之后，本书一方面需要对作为研究视角的武术修炼进行界定；另一方面需要对作为研究对象的"道""德""仁""艺"所展开的儒家思想进行界定。

首先，对作为研究视角的武术修炼进行界定。在本研究中，笔者将武术修炼界定为任何与武术相关的旨在通过外炼以提高"我"之经验能力或通过内炼以彰显"我"之超验潜能的修炼行为。换言之，本研究中的武术修炼即是人们通常所说的内炼、外炼以及内外兼修，泛指任何与武术相关的修炼行为，包括武技修炼、武德修炼、武道修炼等。需要特别指出的是，本研究中所说的武术是一种广义上的武术，是包含弓、马、骑、射以及各个拳种门派在内的大武术类。但受自身较长的太极拳习练经历的影响，笔者在对儒家思想进行具体诠释与论述的过程中，自然会更多地以太极拳作为例证。

其次，对作为研究对象的"道""德""仁""艺"所展开的儒家思想进行界定。笔者根据本研究的需要，并综合先儒对"道""德""仁""艺"的相关注释，最终将"道""德""仁""艺"分别确定为大学之道、中庸之德、一体之仁、礼射之艺。同时，将大学之道具体展开为格物致知、明德亲民、止于至善三个层次；将中庸之德具体展开为时中境界、执中境界、无中境界三个层次；将一体之仁具体展开为身心一体、人我一体、天人一体三个层次；将礼射之艺具体展开为中礼之射、观德之射、意象之射三个层次。以上内容仅是针对"道""德""仁""艺"所展开的儒家思想的总体情况而做的界定与说明。至于为何将"道""德""仁""艺"如此展开，笔者将在本章的研究思路中进行详细说明。对于"道""德""仁""艺"所展开的这些儒家思想的具体内涵与内在逻辑，笔者将在其各自所对应的章节中分别进行详细解读。

第二节　文献综述与研究意义

本研究的最终研究成果是通过在武术修炼的视角下对"道""德""仁""艺"所展开的儒家思想进行创造性的解读而得出的。可见，充分地做好对作为研究视角的武术修炼与作为研究对象的"道""德""仁""艺"所展开的儒家思想的相关知识的积累与储备，是本研究能够顺利与深入开展的重要保障。因此，笔者对相关文献的调研与学习主要是围绕着武术修炼与"道""德""仁""艺"所展开的儒家思想这两大方面而进行的。

首先，在"道""德""仁""艺"所展开的儒家思想方面，笔者主要是围绕着儒家经典与相关的学术研究成果进行学习与调研的。关于儒家经典，笔者所研治与参考的具体书目会在下一节的文献研究法中具体列出，在此不再赘述。关于相关的学术研究成果，笔者利用清华大学图书馆馆藏资源、相关数据库资源以及国家图书馆馆藏资源进行查阅，得到的相关期刊、论文如下。

在"志于道，据于德，依于仁，游于艺"方面，柯小刚（2016）在《志于道，据于德，依于仁，游于艺》中认为"志于道、据于德、依于仁、游于艺是古人圣贤对一个有着整全修养的日常生活比较全面的概括。"这些思想在中国的绘画、书法中也有充分的体现。吴世勇（2009）的《"志于道，据于德，依于仁，游于艺"新释》指出，"无论是自身修为，还是教诲子弟，他（孔子）都有一套合乎本体道德需要的原则，即'志于道，据于德，依于仁，游于艺'"。黄滟（2017）的《从"游于艺"谈起"游"的审美体验》在"游于艺"方面提出了很多对本研究具有巨大启发价值的观点，如"'游'强调的正是一种掌握中的自由感，一份对六艺的熟练运用的闲适和从容"，"'游于艺'是对前三者（志于道、据于德、依于仁）的补充，更是对前三者的完成"和"'游于艺'完成了志道、据德、依仁之外的人格领域的又一发展，从而实现人的自由"等。张永祥（2016）在其文章《从"游于艺"看孔子美学思想的三重境界》中"从'游于艺'的美学命题出发，寻绎孔子美学思想的建构路径"，这对本研究在"游于艺"章对意象之射的诠释有重要的启发。但值得注意的是，苗润田等（2017）在其文章《积非成是话"游艺"——"游于艺"辨析》中对"游于艺"进行了深刻辨析，提出了与大多数先儒、注家相反的观点，认为"'游于艺'本是'游于义'或'由于义'，它与六艺、技艺、才艺或艺术无关"。对此，黄克剑（2012）的《〈论语·述而〉"游于艺"义趣辨正》亦认为游于艺之"艺"应该是指《诗》《书》《礼》《乐》《易》《春秋》，而非通常所指的礼、乐、射、御、书、数。显然，这些与众不同的学术观点对本研究全面把握"游于艺"的思想具有重要价值。以上诸篇文章皆对本研究选用"志于道，据于德，依于仁，游于艺"作为逻辑体系并以此搭建起武术修炼与儒家思想之间的桥梁具有重要的启迪作用。

在格物致知方面，王磊（2014）在其文章《从"格物"、"诚意"到"致知"——王阳明的〈大学〉诠释与"致良知"的提出》中详细探讨了王阳明对朱熹"格物致知"理论进行彻底改造的内在演进逻辑。彭耀光（2008）的《程颐"格物致知"思想新探》对程颐格物致知思想进行了探究，指出"在程颐'格物致知'思想中，所格之'物'主要不是客观世界的'物'，而是道德世界的'事'，所致之'知'是对内在固有道德本性（'天理'）的明觉"。赵峰（1998）的《论朱熹的格物致知之旨》对朱熹格物致知之旨进行了深入探究。李春颖（2017）在其文章《张九成对〈大学〉致知格物的心学诠释》中通过与程朱的对比，阐释了张九成对致知格物的心学诠释，并指出"张九成对致知格物的解读，可以看到他上承道南学派、下启陆王心学的时代特点"。乐爱国（2014）在其文章《朱熹〈大学章句〉"格物致知补传"的"心学"内涵——兼与陆九渊的"心学"比较》中强调"朱熹讲格物致知，与陆九渊之心学固然有别，但二者亦有相通之处"。罗安宪（2012）在其文章《"格物致知"还是"致知格物"？——宋明理学对于"格物致知"的发挥与思想分歧》中详细探讨了程朱理学与陆王心学对"格物致知"思想的不同诠释。总体上看，学者们对格物致知思想的研究，一方面主要表现为探究某一儒学流派格物致知思想的主旨，另一方面主要表现为通过比较研究探讨不同儒学流派对格物致知思想诠释的异同及发展流变。这些都在很大程度上为本研究在武术修炼视角下对格物致知思想进行创造性的诠释打下了扎实的基础。除此之外，苏相君等（2016）在其文章《印光法师"格物致知"思想初探——兼谈"格物致知"诠释说的流变》中探讨了佛门印光法师对格物致知思想的诠释。周兵（2015）的《儒道佛三教争立视野下的程朱"格物致知"思想》从儒释道三教争立的视角深入地探讨了程朱之格物致知思想，并最后指出"朱熹所提倡的格物致知是以'明明德'、'入于圣贤之域'为终极旨归"。王风华（2009）的《"格物致知"与宋代绘画》则从"格物致知"的内涵演变论述了其对宋代写实绘画的具体影响。这些都对本研究在扩展格物致知的诠释领域、确定格物致知与明明德的关系、建构格物致知与武术修炼的内在联系等方面具有重要的启迪作用。

在中庸思想方面，有的学者侧重于对中庸思想的本义及其发展流变的探讨与解读，如刘建红在《〈中庸〉之"中"涵义探析》中认为"'中'是天地的本质，也是天地孕育万物的根本原因，它体现在人身上就是人的本性，人通过诚就达到'中'，从而实现自我的本性"。田芳（2010）在其文章《朱熹的"中庸"思想探微——以〈中庸集注〉和〈中庸或问〉为中心》中探讨了朱熹以前关于中庸的释义以及朱熹对孔子中庸思想的继承与发展。张培高等（2017）在其文章《"性无善恶"与"穷理尽性"——苏轼的〈中庸〉诠释解析》中详细探讨了苏轼的中庸思想，并指出"从本体论的高度来诠解《中庸》是苏轼对以前思想的发展之处"。除此之外，还有很多学者对中庸思想所涉及的一些核心概念如中和、中节、未发之中、执中、时中以及十六字心传思想等进行了深入的研究。如雷庆翼（2000）在《"中"、"中庸"、"中和"平议》中认为中和与中庸的关系是中庸是就客观事物存在、发展、变化的基本规律而言的，中和则主要是就人们运用中庸而达到理想的和谐境界而言的。马育良（2003）在《〈中庸〉首章"中"、"和"、"中节"解读》中认为中和之说可以解读为一种性情境界论，同时，也可以看出在性情论中灌注了调谐情感以相融的理念。周兵（2013）在其文章《王夫之对"未发之中"的辨析——兼与陈科华先生商榷》中指出，"王夫之认为'未发之中'其实就是指'性'或'性善'"。董根洪（2003）的《儒家真精神——"时中"》认为时中的内涵实质在依时而中、与时俱进，儒家的时中观包含着深刻的唯物辩证思想，包含着强烈的适应进取精神，蕴涵着鲜明的知识理性内容。冯晨（2017）在其文章《"执中"：成就儒家一种自由》中对执中进行了深入探讨，认为儒家"执中"内涵的要求不仅是在功夫中呈现本心，还要在道德实践中落实"心意"，为此，"权变"则是"执中"不可或缺的内容。王继侠（2017）的《佛解〈中庸〉之肇端：释智圆的〈中庸子传〉》与王育婧（2014）的《〈老子〉"守中"新解——读〈老子〉及〈中庸章句〉札记》则分别从佛教、老子的视角对中庸思想进行了解读。杨少涵（2010）的《孔子中庸的三重境界》将中庸分成了时中、执中、无中三层境界，这对本研究具有重要的借鉴价值。

在一体之仁方面，吴震（2017）在其文章《论王阳明"一体之仁"的仁学思想》中指出，"王阳明的'一体之仁''万物一体'的思想充分体现出儒家传统的人文关怀精神，表明'一体之仁'不仅是宇宙万物的有机联系，更是人文社会的有机联系"。白奚（2017）的《"万物一体之仁"：王阳明的仁学思想及其生态学意义》认为"'万物一体之仁'的思想中包含着深刻的生态伦理思想"，这是对一体之仁思想的一种发展。

徐朝旭（2010）在《儒家"一体之仁"观的三个向度——基于生态伦理的追问》中"从价值论、存在论和意识论三个向度探讨儒家'一体之仁'观及其生态伦理意蕴"，认为"儒家'一体之仁'观大体上反映了儒家仁学的天人合一思想"。康宇（2015）的《论王阳明"一体之仁"说的三个向度》从"形上学""修养工夫""政治伦理"三个向度论述了王阳明的"一体之仁"思想，其中，在"政治伦理"向度中指出，"综观王阳明'一体之仁'说与政治伦理的联系，可见其目的是以'一体之仁'为理论基础构建社会中和谐的人己、人伦、人物关系"。以上诸篇文章对一体之仁的研究，虽侧重点不同，但都揭示出了一体之仁所蕴含的人之身心、人与人及天人万物合一的思想。这些都为本研究在将一体之仁具体展开为身心一体、人我一体、天人一体的方面提供了思路。

在射礼方面，彭林教授是射礼研究方面的大家，除了对射礼仪式诸多考据方面的研究之外，他也指出了"儒家不断在射礼中注入人文思想"（彭林，2002），使得射礼"蕴含了丰富的人文内涵，既是君子修身养性培养风度的方法，又是与人和谐相处之道，体现了自谦敬人、内外兼修、礼乐兼修的中国人文气质"（彭林，2016）。俞水生（2013）在其文章《射箭与射礼——从"射"字演变看传统反战理念》中从"射"字的演变论述了传统的反战理念，其视角与思路都非常的独特。这对本研究在礼射中挖掘武德精神有重要的参考价值。张承媛（2002）的《古代射箭活动中的德育教化》、郑军（2009）的《论先秦乡射礼仪式展示的道德人格教育范式》以及靳晓东等（2010）的《古代乡射礼的教化功能》皆探讨了射礼的礼乐教化功能。总体上看，以上对礼射的研究，可以归纳为礼仪程式、德行教化以及射义文化三个主要方面。这些都为本研究将礼射之艺具体展开为中礼之射、观德之射、意象之射三个层次提供了思路。

相关的学位论文及著作主要有：杨杨的《〈大学〉与宋明理学——"格物致知"在宋明理学发展中的意义》，杨孝青的《儒家仁学思想的演进与超越——论仁孝、仁生与仁创》，李卯的《性—道—教：〈中庸〉的生命教育思想研究》，袁俊杰的《两周射礼研究》，刘天明的《〈诗经〉中体育意象之研究》，赵子贤的《孔子"游于艺"思想研究》，郭丹的

《〈中庸〉"中和"思想与儒家教化》，宋戈的《〈诗经〉中表现出的射礼及其道德寓意与当代价值》，缪川的《论中庸境界的可能性》，郭锐的《古代射礼仪式探析及现代价值分析与实践研究》，冯晨的《我欲仁，斯仁至矣——对孔子仁的解读》，陈来先生的《朱子哲学研究》，钱穆先生的《论语新解》《朱子学提纲》，蔡方鹿先生的《朱子经学与中国经学》，吴飞的《汉学读本》《礼学拾级》，南怀瑾的《原本大学微言》《中庸讲记》《论语别裁》等。以上这些研究成果都或多或少地涉及了与本研究对象即"道""德""仁""艺"所展开的儒家思想相关的内容，不仅为本研究的进行与深入开展积累了大量的相关知识，还扩宽了研究思路。杨杨（2008）探讨了在宋明理学不同发展时期，"'格物致知'在理论争鸣和理论创新中的重要作用"。这有助于本研究对格物致知的思想内涵及其流变的全面把握。李卯（2014）在其博士学位论文中系统地揭示了"《中庸》生命教育思想的重要理论与实践价值"。杨孝青（2015）在其博士学位论文中从仁孝、仁生与仁创方面论述了仁学思想的发展演进。冯晨（2012）对孔子仁学思想进行了深入研究，得出"孔子仁的内涵中既有'德性生命'的先天倾向，也有生活方式中的道德规则"。宋戈（2009）、刘天明（2010）都探讨了《诗经》中的射礼文化。郭锐（2010）分析了射礼仪式的现代价值以及在当今社会的实践探索。袁俊杰（2013）的《两周射礼研究》是射礼方面的一部力作，是射礼研究方面的重要参考文献。钱穆、陈来、蔡方鹿等先生的相关研究为本研究对原典经文在朱子学方向的展开与诠释提供了重要的参考。吴飞先生的《汉学读本》《礼学拾级》两部著作在经学之运用与实践上对本研究有巨大的启发与借鉴价值。南怀瑾先生的诸多著作在儒释道思想会通方面给予本研究很多启迪。

其次，在武术修炼方面，除了认真研习与参考那些新中国成立前的硕果仅存的武术经典文献之外，笔者还查阅了大量现代的相关研究成果。

在相关的期刊论文方面，乔凤杰先生在其文章《论作为武术精神的自强不息》、《佛教禅修与武术训练》和《无极而太极——论武术与儒家在超验心层面的思想会通》中所提到的"彰显超验心与建构经验心"以及

"武术内向训练与外向训练"等相关思想是本研究的重要理论根据①。王岗（2009）在其文章《中国武术独特的修炼方式：心法》中指出"中国武术在其历史的进程中，'内'炼即心法的训练一直占据首要的地位""太极拳、形意拳、八卦掌等内家拳都将心法放在第一位""'悟'是中国武术的关键"等。这些观点在本研究中将会进行详细论述。李龙、李伟（2014）的《武术修炼四境界》以及宋加强等（2017）学者的《论武术修炼的三境界》对武术修炼境界的论述对本研究有一定的启发。戴国斌（2017）的《中国武术教育"格拳致知"的文化遗产》在"中国格物致知的语境下"，深刻系统地阐述了"格拳致知"的文化内涵。林志刚（2006）的《儒家"仁礼"思想对武术的影响及其现实价值》、陈延斌等（2007）的《中庸思想与中华武术发展》、余利斌（2010）的《儒家礼学精神对传统武术的影响》分别论述了儒家仁礼思想、中庸思想以及礼学思想对中华武术的影响。黄莉（2001）的《中华武术与儒家文化》、邱郁（2014）的《论传统武术对儒家精神修养方法的传承》、尹碧昌等（2012）的《论儒家思想对传统武德的影响》都阐述了儒家思想对中华武术的深刻影响。以上这些文章都是以武术修炼或武术与传统文化之关系为主题的研究。每篇文章皆有其独到之处，这对于本研究的进一步深入具有重要的意义。

相关的学位论文及著作主要有：王军的《传统武德对儒家伦理思想的汲取及融通思微研究》，马玉龙的《儒家思想对我国古代传统武德影响的研究》，宓林的《儒家中庸思想对陈氏太极拳的影响研究》，周慧虹的《太极身心灵修炼及其和谐价值研究》，李守培的《中国传统武术伦理研究——人人、身心、天人的视野》，张平安的《武术修生论》，孙群的《武术身心整复学说理论与技法研究》，张长思的《武术功法训练论绎》，乔凤杰的《中华武术与传统文化》、《武术哲学》和《文化符号：武术》，李和生等的《内功解密——杨氏太极拳老六路》《太极可道——内功太极

---

① 本研究对乔凤杰先生所提出的"经验心与超验心"、"建构经验心与彰显超验心"以及"武术外向训练与内向训练"等思想有很大程度的继承，一些基本概念可参见乔凤杰先生的《中华武术与传统文化》、《武术哲学》和《文化符号：武术》。本研究在引用时不再做具体阐述。

拳解密》，黄逸武的《内家拳的瑰宝：懂劲》，南怀瑾的《静坐修道与长
生不老》《我说参同契》，李仲轩、徐皓峰的《逝去的武林》，汪永泉等
的《杨式太极拳述真》《汪永泉授杨式太极拳语录及拳照》，朱怀元的
《汪永泉传杨式太极拳功札记》，等等。王军、马玉龙都阐述了儒家思想
对中华武德的重要影响。宓林阐释了儒家中庸思想对陈氏太极拳在"武
德、拳理与攻防技击、心性修养、和谐之美"等方面所产生的积极影响。
周慧虹在太极身心灵修炼途径研究方面见解独到。李守培提出的"人人、
身心、天人传统武术伦理研究视野"对本研究在"依于仁"章将一体之
仁具体展开为身心一体、人我一体、天人一体具有巨大的启发价值。孙
群、张长思、张平安都在武术修炼方面有非常深入的研究，为本研究提
供了重要参考。总而言之，以上这些相关的研究成果既有侧重于对形而
上的武术哲理的阐释，亦有侧重于对形而下的修炼体验的总结。尽管内
容十分丰富且不乏一些独具匠心的思想，但是，总体来看，在武术修炼
与儒家思想方面仍有可深入挖掘之处。

　　经过对"道""德""仁""艺"所展开的儒家思想与武术修炼两方
面的相关文献的学习与调研之后，整体综述如下。

　　第一，关于"道""德""仁""艺"所展开的儒家思想方面的相关
文献，其内容多是儒学领域之内的哲学思辨与理论探析，有待进一步促
进跨领域的沟通与建构。对此，笔者在收获大量相关知识的同时，也更
加认识到了本研究通过对"道""德""仁""艺"所展开的儒家思想进
行武术修炼视角下的创造性诠释而将其引入一个全新领域的重要意义。

　　第二，关于武术修炼方面的相关文献，其内容要么偏重于形而上的
哲理阐释，要么偏重于形而下的技术体验，有待进一步实现形上与形下
的整合与贯通。对此，笔者在不断学习与积累武术修炼的相关知识的过
程中，将侧重点有意识地放在了技术与哲理的融合与贯通之上，希望这
样做能够帮助本研究实现在此方面的些许突破。

　　第三，以儒家思想与武术为主题的文献。关于这类数量可观的文献，
笔者在查阅的过程中深刻感觉到，虽然它们围绕着儒家思想与武术这个
主题总体上呈现出了涉及面广且观点新颖的研究态势，但在对儒家思想

与武术之间的逻辑体系的建构方面表现薄弱。对此，本研究选用了"志于道，据于德，依于仁，游于艺"作为逻辑体系并着力建构与呈现出一个严谨清晰的论文逻辑框架，这将对本研究在促进武术与儒家思想的进一步融合方面起到关键作用。

根据以上对相关文献的调研与综述，可以看出，本研究的意义主要体现在三个方面：第一，本研究将会实现在"志于道，据于德，依于仁，游于艺"逻辑体系下的武术修炼与儒家思想的会通；第二，对武术修炼而言，本研究的成果将服务于武术修炼乃至武学体系的建构与完善；第三，对儒家思想而言，本研究的成果将服务于儒家思想在武术修炼领域的应用与创新。

第三节 研究思路与研究方法

本研究的思路，简言之，首先，以"志于道，据于德，依于仁，游于艺"作为论文主体框架的建构依据；其次，将"道德仁艺"分别确定为大学之道、中庸之德、一体之仁、礼射之艺，并分别做具体的展开；最后，对其进行武术修炼视角的诠释与解读。

对于本研究选用"志于道，据于德，依于仁，游于艺"作为逻辑体系的原因，笔者已在选题缘起中做了详细说明。对于将"道""德""仁""艺"分别确定为大学之道、中庸之德、一体之仁、礼射之艺的原因，具体说明如下。

关于"志于道"的"道"，先儒既将其解释为形而上之天道，亦将其解释为形而下之路径。在本研究中，笔者将"道"具体指代为大学之道。因为，无论是将道看作一个高不可测的本体（如天理、天道）还是如朱熹所言"道，犹路也"，大学之道都将现实与理想、当下与未来联系了起来。其实，大学之道就是一条路。这条路的一头是我们为己修身的起点，另一头则是我们心之所之的最高境界。武术修炼视角的大学之道，就是启迪习武之人在武术修炼的过程中要立志高远，通过格"拳"致知、明武德、亲师友，最终达到从心所欲、尽善尽美的至善之境。

关于"据于德"的"德",先儒将其解释为至德、敏德、孝德。其中,至德即是中庸之德。在本研究中,笔者将"德"具体指代为中庸之德。因为,中庸既是儒家为己修身的心法,亦是武者进行武术修炼的心法。子曰:"中庸之为德也,其至矣乎!"武者在武术修炼的过程中,以中庸思想为指导,通过对"中"的体会与参悟,经过时中、执中直至无中三个层次的磨炼,可以不断提升自己的修炼境界。

关于"依于仁"的"仁",有多种诠释,如仁者爱人、克己复礼为仁、博施济众为仁以及一体之仁等。在本研究中,笔者将"仁"具体指代为一体之仁。因为,一体之仁可以将武者的身心同天地万物融为一体,能够更好地帮助武者体会万物一体、天人合一的自然状态。在武术修炼的过程中,习武之人通过对身心、人我、天人三个层次一体之仁的体悟,可以逐渐地养育出能够感知天地万物一体的仁者之心。

关于"游于艺"的"艺",是指礼、乐、射、御、书、数六艺。在本研究中,笔者将"艺"具体指代为礼射之艺。因为,在孔门六艺之中,礼射与武术有着许多相通之处。在礼仪程式上,礼射要求"进退周旋必中礼";在德行规范上,礼射可"观盛德";在射义文化上,礼射可以"观物取象,立象尽意"。虽然礼射与武术是两种不同的"艺",但在中礼、观德、意象三个层面上,二者具有异曲同工之妙。

以上是本研究的主要研究思路。至于对大学之道、中庸之德、一体之仁、礼射之艺所做的进一步展开的学理性说明会分别呈现于其各自所对应的章节之中。

关于本研究的研究方法,笔者认为研究方法的选择与运用应该服务于研究问题的解决。本研究所要解决的问题是"志于道,据于德,依于仁,游于艺"对武术修炼具体有何指导,即"道""德""仁""艺"所展开的儒家思想对武术修炼具体有何指导。为了解决这个问题,本研究以武术修炼为视角,通过对"道""德""仁""艺"所展开的儒家思想进行创造性的解读与诠释,构建"道""德""仁""艺"所展开的儒家思想与武术修炼之间的内在联系,进而将"道""德""仁""艺"所展开的儒家思想对武术修炼的具体指导内容系统性地揭示出来。

　　在解决问题与具体研究的过程中，本研究主要有三大任务。第一是对武术修炼与儒家思想这两个领域的专业知识与相关理论的深入学习与把握；第二是对本研究之逻辑体系的进一步展开与建构，即将"道""德""仁""艺"所展开的儒家思想通过论文框架有逻辑地呈现出来；第三是对"道""德""仁""艺"所展开的儒家思想在武术修炼视角下的创造性解读与诠释，即将"道""德""仁""艺"所展开的儒家思想对武术修炼的具体指导内容系统性地揭示出来。

　　因此，根据以上三大任务，本研究主要采用文献研究法、逻辑法、创造的诠释学方法来解决问题。

　　首先，针对第一大任务，本研究主要采用文献研究法，做好本研究的相关知识储备，为本研究的顺利开展打下扎实的理论基础。在儒家思想方面，笔者主要选择程朱一脉的《四书章句集注》（宋·朱熹撰）、《诗集传》（宋·朱熹撰）、《礼记集说》（元·陈皓撰）、《书集传》（宋·蔡沈撰）、《周易本义》（宋·朱熹撰）、《春秋左氏传》作为主要研治对象；同时，参考朱子全书系列之《四书或问》、《论孟精义》、《朱子语类》和《太极图说解》等，以及十三经注疏系列之《论语注疏》（魏·何晏集解、宋·邢昺疏）、《仪礼注疏》（汉·郑玄注、唐·贾公彦疏）、《礼记正义》（汉·郑玄注、唐·孔颖达等正义）、《毛诗正义》（汉·毛亨传、郑玄笺、唐·孔颖达等正义）、《周易正义》（魏·王弼、晋·韩康伯注、唐·孔颖达等正义）等。在武术典籍方面，笔者主要研读了王宗岳的《太极拳谱》、张三丰的《太极拳论》、武禹襄的《十三势行功要解》《太极拳解》《太极拳论要解》，孙禄堂的《形意拳学》《八卦掌学》《拳意述真》，王芗斋的《拳道中枢》等。除此之外，笔者还参考了一些对本研究具有一定参考价值的佛道经典，如《六祖坛经》、《无量寿经》、《心经》、《金刚经》、《佛说阿弥陀经》、《周易参同契》、《炁体源流》、《庄子》、《道德经》、《太上老君说常清静经》和《无根树》等。除了对以上这些与本研究相关的古代典籍的研究与参考之外，笔者还利用清华大学图书馆馆藏资源、相关的数据库资源以及国家图书馆馆藏资源查阅了大量与本研究相关的期刊论文、学位论文以及著作。对这些文献的研究使笔者在武术修炼与儒家思想两大领域积累与储备了丰富的相关知识与理论，这是本研究能够顺利开展与不断深入的重要保障。

其次，针对第二大任务，本研究主要采用逻辑法，设计出论文的总体逻辑框架。由于本研究属于思想诠释类的研究，同时又具有极大的学科交叉性质，以及所尝试的又是武术修炼视角下对"道""德""仁""艺"所展开的儒家思想的创造性解读这一极具创新性与挑战性的工作，因此，设计与呈现出一个逻辑严密、使人一目了然的论文框架，必将是本研究的重中之重。所以，逻辑法将是完成这一重要任务的不二选择。所谓逻辑法，就是人们按照逻辑思维的规律根据现实材料形成概念并进行分析、推理与演绎的方法。逻辑法在本研究中的运用主要表现为在对相关文献进行研究与整理的基础上，对"道""德""仁""艺"进行概念分析，并对其丰富的内涵进行归纳、推理与判断，然后分别展开与建立"道""德""仁""艺"下一级的子概念群，最终将"道""德""仁""艺"所展开的儒家思想以一个逻辑严密的多级概念体系呈现出来。确切地讲，本研究是以"志于道，据于德，依于仁，游于艺"作为逻辑体系并以此搭建起武术修炼与儒家思想之间相互沟通的桥梁。但这个体系是非常粗略的，它并不能支撑起整篇论文的逻辑框架。本研究要想真正地落地开展，还需要对这个体系做进一步的展开与建构，设计出论文的总体框架，将"道""德""仁""艺"所展开的儒家思想在论文框架中有逻辑地呈现出来。具体来说，即通过论文的第一级框架将"道""德""仁""艺"分别展开为大学之道、中庸之德、一体之仁、礼射之艺；通过论文的第二级框架再将大学之道具体展开为格物致知、明德亲民、止于至善三个层次，将中庸之德具体展开为时中境界、执中境界、无中境界三个层次，将一体之仁具体展开为身心一体、人我一体、天人一体三个层次，将礼射之艺具体展开为中礼之射、观德之射、意象之射三个层次。这样，就完成了对"道""德""仁""艺"所展开的儒家思想的总体呈现。此二级框架也就构成了本研究的总体逻辑框架。

最后，针对第三大任务，本研究主要采用创造的诠释学方法，实现对"道""德""仁""艺"所展开的儒家思想在武术修炼视角下的创造性解读，系统性地揭示出"道""德""仁""艺"所展开的儒家思想对武术修炼的具体指导内容。傅伟勋（1990）在 20 世纪 90 年代提出"创造的诠释学"，并将其划分为"实谓"、"意谓"、"蕴谓"、"当谓"和"必谓"五个层次。"实谓"层次——"原思想家（或原典）实际上说了什么？""意谓"层次——"原思想家想要表达什么？"或"他所说的意思到底是什么？""蕴谓"层次——"原思想家可能要说什么"或"原思想家所说的可能蕴涵是什么？""当谓"层次——"原思想家（本来）应当说出什么？"或"创造的诠释学者应当为原思想家说出什么？""必谓"层次——"原思想家现在必须说出什么？"或"为了解决原思想家未能完成的思想课题，创造的诠释学者现在必须践行什么？"吴根友（2004）认为："通过'创造的诠释学'五个层次的分析，我们可以更好地理解传统与创造之关系，亦可以将中国经学传统中的训诂学、音韵学、文字学、注疏学成果恰当地运用到当代中国哲学的创造活动之中……其实，傅伟勋所说的'创造的诠释学'的五个层次，前三个层次相当于传统的'我注六经'的层面问题，后两个层面属于'六经注我'的层面问题。可见，传统哲学诠释的方法论经过傅先生用现代哲学思维的细致分析，非常清晰地、有层次地表现出来。"就本研究而言，"道""德""仁""艺"所展开的儒家思想原本与武术修炼之间并没有直接的联系，更谈不上对武术修炼有何具体的指导。然而，本研究正是通过创造的诠释学方法的运用，在不偏离原典本义的基础上，实现了对"道""德""仁""艺"所展开的儒家思想在武术修炼视角下的创造性诠释；也正是通过这种创造性诠释，最终构建出了武术修炼与"道""德""仁""艺"所展开的儒家思想之间的内在联系，揭示出了"道""德""仁""艺"所展开的儒家思想对武术修炼的具体指导内容，实现了本研究的研究目的。

特别值得强调的是，在本研究实际开展的过程中，以上三大任务并不会有明显的先后顺序，并且它们也都会伴随着整个研究过程的始终。同时，以上三种研究方法，在整个研究过程中，也应是相辅相成的。除此之外，更需要说明的是，以上三种研究方法只是本研究所采用的主要研究方法，并非全部。确切地讲，本研究之研究问题的解决方法应该是通过一个"方法群"来完成的。在这个"方法群"中，有些是主要的研究方法，有些则是次要的研究方法。

除了文献研究法、逻辑法、创造的诠释学方法这三种主要的研究方法之外，本研究还采用系统分析法来处理逻辑框架中整体与部分之间的关系，采用体验法来对武术修炼以及民间传统武术生存状态等进行切身的感知，采用移植法将一些佛道思想适当地、科学地引入本研究之中以提供学理支撑。

第二章

武术修炼视角的大学之道

　　在笔者看来，志于道，对武者而言，应该指志于大学之道。因为大学之道可以帮助武者扩展规模、提升格局。本章笔者将大学之道具体展开为格物致知、明德亲民、止于至善三个层次。在武术修炼的视角下，格物致知强调武者要做到招熟而懂劲、渐修而顿悟；明德亲民强调武者要做到习武先修德、亲师亦访友；止于至善强调武者要做到从心之所欲、尽善又尽美。

第一节　武术修炼视角的格物致知

　　招熟而懂劲，出自《太极拳论》中的"由招熟而渐悟懂劲，由懂劲而阶及神明"（张耀忠，1989：1）一句①②。作为太极拳常用概念的招熟、懂劲，当然也同样适用于整个武术。"由招熟而渐悟懂劲"，其意义类似于习武之人常说的"拳打千遍，其义自见"。类似这样的语句，在武术谚语中还有很多。它们所描述的是习武之人通过刻苦习武直至招法纯熟进而明白拳理劲路、体证拳法奥秘的武术修炼过程。在笔者看来，这样一个"由招熟而渐悟懂劲"的武术修炼过程正是对儒家格物致知思想的最好诠释和生动描述。

　　"由招熟而渐悟懂劲，由懂劲而阶及神明"这句话对于太极拳习练者

---

① 目前，有"招熟"、"着熟"或"著熟"等观点，本研究认为它们虽有区别，但所要表达的本质意思一致，而用"招"字，其语义更加明确。

② 由于本研究对王宗岳《太极拳论》引用较多，以下重出者不再标注。

而言分量极重，它指明了太极拳修炼的三个层次或可称为三个步骤，即招熟、懂劲、神明。其中，懂劲是包括太极拳在内的所有武术修炼中至关重要的一步。它是习武者进入武术内功修炼系统的重要标志。神明是习武者在懂劲之后，继续努力钻研，默心揣摩，愈练愈精，最后所达到的一种至善之境。可见，在懂劲之前，习武之人需要经历一段漫长的切磋琢磨的过程，即招熟阶段。《太极拳论》明确指出，懂劲要由招熟而逐渐实现，即招熟是懂劲的前提和基础。

招熟，即习武者通过对武术中一招一式的练习与钻研，逐渐达到招法纯熟、技理通达的程度，并能举一反三，巧妙地运用于散手实战之中。在笔者看来，这即是儒家格物思想在武术修炼中的最好体现。换言之，招熟即是格物。

我们知道，招熟是懂劲不可或缺的必要条件且在武术修炼中占有重要的地位。那么，为什么说招熟即是格物呢？儒家的格物思想又能对武术修炼带来什么启发和思考呢？这就需要我们首先来探究一下儒家的格物思想。

格物，出自《大学》："欲正其心者，先诚其意；欲诚其意者，先致其知。致知在格物。物格而后知至，知至而后意诚，意诚而后心正。"（《四书章句集注》）朱熹认为，格物是"穷至事物之理，欲其极处无不到"（《四书章句集注》）。作为所要格至的物，并非仅仅指物体，也包括各种人事。儒家强调要在生活实践中格至事物之理。例如，在《大学》郑玄的注本中，郑玄将"格"训为"来"，格物即来物（《十三经注疏》卷六十）。所谓来物，就是我们在日常生活中遇到的各种事物。儒家格物思想强调人们要用心应对和处理生活中遇到的各种事物并不断加深对其内在规律的认识，同时还要积极学习任何对自己修身有所助益的学问，不断积累和扩充自己的经验知识。

人们在日常生活实践中会遇到各种事物，要想处理好这些事物就要充分认识和掌握事物的内在规律。但是，规律是隐性的，我们并不能直接地去认识它，而是要通过事物表现出来的各种特征或现象，经过推理或思辨，进而发现事物的内在规律，这一过程就是格物的过程。格物是我们认知世界的一个重要方法。通过格物不断地建构和完善我们的经验认知，更好地服务于我们在现实社会中的生活实践。格物，一方面要从范围上穷尽万事万物的理；另一方面要从深度上格至一物之理的极处。格物是一个过程。作为格物主体的我们在这个过程中一旦豁然贯通，各个事物的理能够融会于心，天道性理亦能通达无碍，那时的我们便达到了圣人的境界。

虽然儒家十分重视格物，但并不是要求我们事事都要穷尽到底，在各种领域都成为专家。其实，这也是不可能做到的。因此，有一点值得我们注意，在我们所格之物中一定要突出重点，分清主次。因为，一个人的能力和精力是有限的，是不可能对所有专业领域都有非常深入的研究的。因此，在生活实践中格物就一定要明确自己的主攻方向或格至的主要对象。只有这样，我们才能够在某一领域或几个领域达到较高水平，实现一专多能的发展模式。

尽管我们穷尽一生努力学习也未必能达到圣人的境界，但是，只要坚持格物致知、钻研事理，我们的德性和能力就会不断地提高，会近于圣贤。例如，在生活中，当我们遇到了一些事情需要去处理时，就应当以一种十分认真的态度去思考、去体会，用我们已经建构起的认识去对事物进行格至。在这种对物的格至的过程中我们会获得新的体会，进而使我们对经验世界的认知不断地得到扩充和积累。

招熟，就是把武术的招式技法作为习武者所要格至的对象，通过成百上千次的习练，探索其中的奥妙，穷尽其中的拳理，进而达到技法纯熟与任用自然的境地。可见，武术中的招熟正是儒家格物思想的最好诠释。如果招熟诠释的是儒家的格物思想，那么，懂劲也就代表着致知，即通过招熟这种格物功夫逐渐达到懂劲的致知境界。招熟而懂劲，就是朱熹所谓的"即物穷理，至于用力之久，一旦豁然贯通，众物之表里精粗无不到，而吾心之全体大用无不明"（《四书章句集注》）在武术修炼领域的真实写照。至于格物致知之后的诚意正心自然也就是《太极拳论》中所说的阶及神明了。但是，"物有本末，事有终始，知所先后，则近道矣"（《四书章句集注》）。致知在格物，格物是致知的前提。武术修炼的基础在于格物，因此，作为格物功夫的招熟，是构筑武术修炼的"大学之道"的根本与起始。

习武之人把武术作为自己一生的追求，作为自己的精神寄托，在日常生活中他们将大量的精力和时间运用到武术的钻研之中，这就是儒家格物精神的体现，即把武术作为一"物"来格。具体而言，就是把武术中的某一拳种作为自己生活实践中的格至对象，倾其一生，坚持不懈。这是大多数习武之人的一个共性特征。其实，不仅仅是武术，任何一门技艺或艺术都需要实践者以一种格物的精神去不断地追求直到达于极致。只有这样，我们才能真正通过一物之格至，即一门技艺的学习来养育出我们内在的真诚与厚道，使真实的自我在这一格物的过程之中得到充分彰显。这才是人生的幸福所在，也是很多习武之人一生安贫乐道、以武为乐的最大动力。一个真正的习武之人会把武术作为其生活中的主要内容甚至作为一种精神信仰去追求、去钻研。他们通过对武术孜孜不倦的追求，找到了人生的真谛，体会到了习武修德的快乐。这种自我享受正是在对武术的格至中逐渐积累和形成的。

大多数习武之人会有一个共同的感受，即对于一个武术套路，每次练习之后都会产生不同的身心感受，都会有新的收获。"拳打千遍，身法自然"，其实，对于每个刻苦修炼的武者而言，一个武术套路的练习次数可能会远远超过千遍。这种日复一日的重复性练习实际上正是一个对武术套路由粗浅到细微、不断深入的认识过程。经过这样的千锤百炼，武者建构起的技战术体系逐渐趋于完善，拳法技术和战术运用变得更加精熟。对于习武之人而言，武术是他们格物的主要对象，对武术的格至是一个永无止境的过程，他们通过武术修炼建立起了身与心、人与物、人与自然之间的相互沟通与联系，最终实现天人合一、从心所欲的至善境界。

儒家的格物思想对武术修炼的启发除了强调武者要在生活实践中将武术作为一物专心格至之外，亦强调武者要在日常生活中认真观察和细心体会各种各样的人、事、物，在生活中把握住任何一个对武术修炼有价值的灵感。尤其是在大自然中，很多现象或事物都可以引发我们对武术的积极思考。通过对社会事物与自然现象的观察和体会，习武者可能会得到一些意想不到的收获。其实，武术中的各种技战术都离不开生活实践。闭门造车、关起门来研究而不在实践中努力探索是不可能得到新知的。人和天地万物是一体的，当我们所遇到的问题在没有解决的办法时，自然界中的一些现象很可能会给我们带来灵感与启发，使我们瞬间领悟到解决问题的方法。而这样的灵感是以我们平时在生活实践中有意识地去观察与思考、不断地学习与积累作为基础的。人与天地万物存在着普遍联系，四季更替以及天体运行等都会对人体气血产生重大影响，经络与时辰也都有紧密的联系，诸如此类，都是我们在武术修炼过程中需要深入体会的。我们知道，很多拳谱歌诀都是以自然界中的事物或现象进行描述的，有的甚至是一种极为抽象与带有象征内涵的意象表达。因此，如果一个习武之人没有丰富的生活实践、没有在实践中捕捉对武术修炼有启发的灵感的能力，他将很难领悟到武术技艺中所承载的深厚文化内涵，因而也将很难实现技术水平以及武艺境界的提升。

儒家的格物思想启发习武之人要在自然界或天地万物之中积极吸收能够为我所用的各种养分，努力探索能够促进技战术提高的各种可能性。中华武术发展至今，门派拳种不胜枚举，技战术体系丰富纷繁。武术能形成这样一个庞大的规模，主要是因为从古至今历代习武之人能够在生活实践中不断进行总结提炼，将各种发现或想法与武术相结合并融入其中，进而创造出了新的武术技法或战术。中华武术的发展和创新从来没有脱离过生活实践，一代又一代的习武之人也正是不断地在生活实践中积累经验并与武术相结合，最终实现了中华武术的百花齐放。武术与生活中的各种事物有意无意间的碰撞，其产生的火花促进着武术不断地创新与发展。

天下武术出少林，少林功夫是中华武术的典型代表。少林功夫里面有许多功法套路就是少林僧人们在日常的生活实践中总结并提炼出来的。例如，作为少林功夫内功拳之一的心意把，它是由各种单式组合而成的。其中，扭辘轳式就是习武的僧人们仿照用辘轳提水时的动作编创而成的。如何才能在提水时使身体更协调、更省力？正是这样的思考引发了僧人们对用辘轳提水一事的格物。最后，经过长期的实践和体会，武僧们总结和提炼出了内外相合的扭转辘把式。相比之前的单纯用双臂提水，这种把式则能使人更加轻松省力。武僧们把这些技术要领提炼出来之后，将它们融入武术来进行专门修炼，丰富了少林功夫的技术体系。又如，我们在生活中可能有过拔萝卜的经历，如果单靠手臂的力量去拔，我们会感觉很费力，拔一两个之后手臂就会酸疼。但是，如果我们扎下马步、放松双臂、扭转腰胯以带动手臂，便会由内而外地产生一股整劲，用这样的方式便能很轻松地将萝卜拔起。类似于这些在生活中的实践经验，通过少林武僧们有意识地总结与提炼，形成了一系列的动作技术要领并最终融于少林功夫之中。

将生活中的实践心得融入于武术，在武术修炼中体会生活，在生活中修炼武术。不仅仅是少林功夫，中华武术任何一个拳种门派都蕴含着这样的智慧。每一次技战术上的创新或突破甚至某一新拳种的出现，都离不开习武之人的生活智慧与实践灵感。可见，习武者在生活实践中的这种自觉或不自觉的格物精神，推动了中华武术技战术体系一次又一次的创新和完善，并且将会永不停息地继续下去。

《太极拳论》："由招熟而渐悟懂劲"。招熟的目标在于懂劲。只有懂劲，才算是进入了拳道。前面曾谈到，招熟，对于武术修炼者而言，做的是一项格物的功夫。那么，懂劲，对于武术修炼者而言，则是达到了致知的境界。

懂劲，即懂得内劲的状态是什么以及如何用。其实，当我们真正懂得内劲是什么以及认识到这种内劲状态的时候，我们必然会知道如何在技击时利用它、发挥它的作用和效果。只有认识到了，才能够发挥作用。这就好比一个器物，如当今生活中的电子产品，当我们不知道它的某个功能的时候，我们不会使用它，而当我们认识到或发现这个功能的时候，我们自然就会利用这个功能了。懂劲的道理，同此理。武术内劲的修炼并不是向外求索的思路，恰恰相反，内劲是我们自身本具的一种生理功能。这决定了武术内劲的修炼是内向性的而不是外向性的。例如，相对于力量、爆发力、速度这些需要我们通过刻苦的训练才能获得的能力，内劲则是一种我们本具的神意气和合的状态。这种状态由于人们在后天的生活中不经常地使用而逐渐受到抑制。虽然如此，但它并没有消失，仍然是我们本身具有的，并且是人人具有的一种身心功能。我们进行内功修炼的目的不是创造出这种内劲，而是体认这种我们本具的身心功能，使它的性能得到激活并应用于武术技击之中。

其实，内劲是一种内心的静定感受。内劲表现在接手上，是一种在与对方接触的一瞬间所产生的彼此之劲相合又不混的状态。内劲在实战中的运用，不是彼此之间的对抗，不是比试谁的力量大、谁的速度快、谁的爆发力强，而是一种与对方的劲接在一起、主动权在我的"我独知人而人不知我"（张耀忠，1989：1）的技击状态。这种状态即是内劲的状态。从养生的角度而言，内劲是一种身心极其通透的感受。懂劲后，我们会感觉自己身体的任何一个部分都没有被占上，气遍全身，松散通空。这对于身心的健康是非常有利的。从技击的角度而言，内劲的运用使得对方的任何来力都不会与自己发生顶抗，不会影响到自己的"中"，达到"彼此之劲不混合"的技击效果，从而能够"舍己从人""以静制动""从心所欲"。

在散手实战中，能够与对方的劲"和上"或称之为"接上"，其前提就在于懂劲。即在与对方接手的时候，知道要什么、接什么、用什么。在内劲的状态下，我们不会同对方的来力进行对抗。因为，在此状态之下我们的双手没有被力量所占上，因而能够很清晰地感知到对方来劲的具体情况、对方的意图以及对方身上的滞点。在与对方内劲相接的状态下，这些都是可以很清晰地被感知到的。这是我们能够做出不丢不顶、无过不及的处理行为的前提和基础。如果没有这个前提，我们必然会和对方发生顶抗或失去与对方的联系，这也正是《太极拳论》中所谈及的"双重之病未悟耳"（张耀忠，1989：1）以及拳谱中所说的"顶、匾、丢、抗皆是病手"（《太极拳谱》）。

懂劲是太极拳修炼的关键一环，也是其他大多数拳种门派的习练者共同追求的武艺境界。虽然修炼的方法手段与指导理念不同，但殊途同归，其最终的结果都是要体证拳理、认识自我、深入地挖掘自身的潜能。

其实，《太极拳论》中所谈及的太极拳技击要领和技击效果皆是对内劲状态的一种描述和说明。当习武者真正地修炼到懂劲的境界后，其对内劲的感知和体证是很难用言语文字进行客观描述的。这也正是很多有关描述内劲的拳谱之所以那么晦涩难懂的原因所在。在此，笔者引用《大学》中的一句话，试图从儒家的义理上来对武术内劲在散手实战中的运用加以说明和阐述，以描述出懂劲的具体状态和功夫境界。

《大学》："知止而后有定，定而后能静，静而后能安，安而后能虑，虑而后能得。"（《四书章句集注》）

"知止"，朱熹注："止者，所当止之地。知之，则志有定向。"（四书章句集注）此在武术内劲的运用上则是说当我们与对方接手的时候要在思想上树立一个观念，即要通过与对方接触点来接定对方的内劲。"点劲端制劲源，制劲源走劲端""得中、得点""刺皮不刺骨"等拳谱口诀都是说的此事（汪永泉、刘金印，2014：65）。与对方的内劲"接上""和上"从而进入一种和合的状态，这是我们在散手实战中运用内劲所要达到的一种技击效果。我们把这个目标作为技击格斗的一种追求，在思想上树立这个目标，这就是知止。"知其所止之地"，即知道所要达到的目标是什么。内家拳格斗与外家拳格斗最大的区别，即是内家拳技击的目标是与对方产生一种和合的状态。彼此和谐，但又是和而不同、主动权在我，"人不知我，我独知人，盖英雄所向无敌皆由此也"（张耀忠，1989：1）。外家拳技击的目标是通过对抗、转换、变点等方式处理对方的来力，以求在力量、速度、爆发力等方面胜过对方。其实，王宗岳在《太极拳论》中已经说得十分明确了，"太极者，无极而生，动静之机，阴阳之母也"。内劲，追求的是一种太极状态，是阴阳相济而不是阴阳转换。在力量的层面，只能利用一些技巧来达到阴阳转换或反关节制敌的效果。只有在内劲的层面，才能真正达到不偏不倚、无过不及的太极和合状态。

"知止而后有定。"当在思想上树立了接定对方内劲的目标之后，我们在与对方接手的时候便不会妄动。在内劲状态下，我们的双手只有一个而且是唯一一个任务，那就是听问对方的内劲。这就像蟋蟀的两个触角一样，其主要的任务是探清前方的具体情况。在内劲状态下，我们的双手也是如此，即不是为了顶撞和抓拿对方而是要听问出对方的来劲。一旦听问出对方的内劲，便可与对方的内劲相接。"不丢不顶不丢顶"，此句拳诀是强调不丢掉与对方内劲的接点。此接点便是对方暴露出来的"顶"，亦是对方的"中"。在动的过程中也要保持这个接点不丢，这就是定。保持这个顶点或接点不动，就需要我们内心的定。这个定表现在身体上就是手不妄动。

"定而后能静"，朱熹注："静，谓心不妄动。"（《四书章句集注》）有了内劲相接的定之后，自然在我们的心中会生发出一种静的状态，这种静的状态并非我们站桩、打坐时所感受的那种静。内劲状态下的静，是一种灵动的静，是一种松静，是身心进入松散通空状态后产生的一种静。这种静，不是有意为之，而是一种无意无执的静。在这种静的状态下，对方的状况便能够十分清楚地被感知到。由此，我们不禁会问，通过套路、站桩以及其他一些功法的训练，我们能否认识到这种内劲状态下的静呢？笔者并不否认套路、站桩以及其他一些功法训练对我们技击能力的提升所带来的益处，但也绝不认为，盲目地执着于套路、站桩等训练方式就一定能够获得对我们本具的这种内劲松静状态的体认。武术内劲的修炼有时需要我们放下执着，变换思维，以无化的方式实现"无中生有""静中生动"。其实，这个观点，王芗斋先生早已有过相关的论述。

有了内心的这种静之后，便自然而然地进入下一个阶段，即"静而后能安"。朱熹注："安，谓所处而安。"（《四书章句集注》）安也是指心安，是我们内心的一种状态。何以能够产生这种心安的状态？其原因在于，我们与对方的内劲接定之后，对方的任何来力已然无法作用到我们的身上，就好像是擦着我们的表皮一样，无法侵入我们的身体内部，无法影响我们的"中"。至此，便实现了"彼此之劲不混合"。当对方进攻的时候，即使我们的手型表现为一种后撤的动作，但我们仍然能够"拿着"对方的劲。无论对方使出多大的来力，也无法对我们造成威胁。同时，我们对对方的情况却了如指掌。当对方后撤的时候，我们仍然接定着对方的劲。此时，只要我们用随劲跟严了对方，对方在后撤时便不能自主，而是被我方控制，随时可以被我方整体性发放。无论是将对方引进落空还是整体发放，在内劲的静定状态下，即在与对方内劲相接的状态下，这些都是可以由我们掌控的。因此，我们内心便会产生一种心安的感受。内心之中没有挂碍，"无挂碍故无有恐怖"（《心经》），这就是我们心安的内在原因。这种心安是一种知己知彼后的内心状态。"知彼知己，百战不殆"，正是有了知己知彼的前提，才有了内心中的安定。这种知己知彼下的心安状态是通过内劲的定静实现的，因此，也就是"静而后能安"。

由内劲的静定而达到知己知彼，有了这种内心的安定之后，自然我们不能只是停留于此，因为，我们是在与对方格斗，我们必然要努力地克敌制胜。"安而后能虑"，朱熹注："虑，谓处事精详。"（《四书章句集注》）内心的安定能够使我们更好地找到克敌制胜的方案。所虑的内容，即是克敌制胜的方案。而这个方案并不是唯一的，而是多样的，这要根据当时的具体情况而定。但是不管怎样，方案的产生绝不是有意为之。经过了内劲的定、静、安之后，这些克敌制胜的方案的产生都是自然而然、不假思索、一触即发的，也就是拳谱中所说的"一点周围都是空"。这个点，就是与对方内劲的接点。保持这个接点不丢，指出一个方向，对方便被发放出去了。

"虑而后能得"，朱熹注："得，谓得其所止。"（《四书章句集注》）也就是说实现了预定的目标，达到了预定的效果。内劲在格斗实战中的运用，其根本的原则是保持自己身心的和谐并与对方的内劲和谐，而不是对抗双重。因此，只要先在思想上树立这个目标，然后经过定、静、安、虑之后，自然便能实现这个预定的目标，达到所追求的技击效果。值得注意的是，笔者出于论述的方便，将知止、定、静、安、虑、得，按顺序一一展开论述。但是在实战中，内劲的运用一定是一气呵成、瞬间完成的：在时间上，是瞬间完成的；在空间上，是没有明显的外在动作的，表现得极其轻灵和松柔。

在内劲的状态中，我们会感觉自己的双手能够吸住对方，这就是太极拳粘黏劲的基础。有了这种感觉，就会对劲与力的区别有所体会，自然在与对方接手时，不会用拙力了。这也验证了有些太极拳前辈所言，当太极拳散手看起来像假的时候，便是真正懂劲了。因为，懂劲之后，在技击实战中不用丝毫力量，在极其松柔和松灵的状态下，不与对方的来力相混合。因为劲和力本来就不是一个层面上的事物。内劲在技击中的运用，就是表现得极其轻灵和松柔。由此，我们可以很明确地做出一个结论，即太极拳推手实战是用意不用力，用一丝之力即不是太极拳内劲的运用。只要用力，就是妄动，就永远不能体认彼此内劲相接的太极和合状态。

所谓"功夫上手""接力不过腕""劲上手""东西有了"等都是对懂劲状态的描述。懂劲之后，对方的一切攻击并不会影响自己的"中"。武术内劲的修炼是非常重视手的。因为，武术内劲的修炼重点是对内劲这种我们本具的身心功能加以体认，其诀窍在于通过手体认内劲。因为，无论是我们身体的哪一个部位运动，在将动未动之时内劲便已经灌注到我们的双手上了。只是在日常生活中，我们对这些生理现象并未加以更多的关注。这就阻碍了我们始终不能懂劲，不能进入内功的修炼领域。我们身体一切的运动都会在手上有所反应。内劲就是我们将动未动之时，在手上的一种表现，也是我们的思想和想法通过手的一种表达和展现。想法意念与行为动作合一，这就是内劲的真谛。其实，我们可以仔细体会，一般情况下，我们打出一拳，往往是拳头出去了而意念没有跟上。而内劲在实战中的运用，则十分强调"意在先"即"意在手先"（汪永泉、刘金印，2014：82）。"有手似无手，神意领手走。"（李和生，2006：2）手为内劲指出方向，内劲的运用则全在意的支配下进行，不借助丝毫的拙力。

习武之人只有懂劲后才能在真正意义上做到内三合与外三合的协调统一，即所谓的"诚于中而形于外"。当与对方接手时，我们的手能够真正地做到大松大软、不偏不倚，则是一种劲上手的状态。将这种状态复制和移植到我们身体的任何一个部位，都能够产生与手同样的内劲状态，这就是太极拳"全身无处不是手"的原理。懂劲之后，默识揣摩，熟能生巧。全身任何一个部位都可以将对方粘黏住。太极拳的灵魂即是内劲。从某种程度上来说，内劲的核心是粘黏劲。与对方接手，首先是要粘黏住对方，在此前提之下，才有之后的引进落空或整体发放。如果没有粘黏劲，这一切便是空谈和想象，只是徒有太极拳之形，而无太极拳之实了。因此，笔者认为，太极拳内劲的核心即是粘黏劲。粘黏劲是太极拳内劲技击的基础。只有练成粘黏劲，方可谓懂劲，才算是入了太极拳的大门。也只有懂得了粘黏劲之后，才能愈练愈精，阶及神明。

招熟懂劲，是武术修炼。格物致知，是儒家修身。二者虽然不属于同一事物，但从理上来讲，是同一的。致知，在南宋理学家朱熹看来，是吾之知识的推极，长久用功，以达到"众物之表裏精粗无不到，吾心之全体大用无不明"的豁然贯通的境界（《四书章句集注》）。此种境界，即是心学中良知朗现的境界。可见，致知是经过格物之后众物之理皆得以格至、障蔽于本心的私欲也逐渐消除、本性良知之光明逐渐得到彰显的一种状态和境界。将儒家思想引入武术修炼之中，我们可以很清晰地体会到，招熟即是武术修炼的格物功夫；懂劲即是武术修炼的致知境界。"由招熟而渐悟懂劲"，对习武者而言，经过了招熟的格物功夫之后，只有达到懂劲的致知境界，才算是真正踏上了武术修炼的大学之道。

理学家朱熹认为，格物，即是格至事物之理；致知，即是推极自己的知识。王阳明认为，格物在于格心，格其非心，求本心之光明，以达到致知即致良知的精神境界。这样看上去，似乎阳明子对格物致知的诠释境界要高于朱熹。但是朱熹也强调，在格物致知的过程中，"至于用力之久，一旦豁然贯通，则众物之表裏精粗无不到，吾心之全体大用无不明矣。此谓物格，此谓知之至也"（《四书章句集注》）。可见，朱熹豁然贯通的境界其实就是阳明子致良知的境界。格物、致知二者在下手的实际功夫上是不同的，但是在最后所要达到的境界上是无异的，即都是要贯通天理人性，打通天地人三才之道，实现内外相合的圣人境界。在笔者看来，招熟是格物，亦是武术修炼中的渐修；懂劲是致知，亦是武术修炼中的顿悟。《太极拳论》："由招熟而渐悟懂劲，由懂劲而阶及神明。"（张耀忠，1989：1）可以说，由招熟而渐悟懂劲的武术修炼过程是一个由格物而达到致知的过程，亦是一个为实现人之本性的完全彰显以及人自身潜能的彻底开发而进行的由渐修而至顿悟的修炼过程。

渐修而顿悟是一个螺旋式上升的过程。当渐修积累到一定程度就会产生一次顿悟式的飞跃或提升。这个顿悟也并非彻底的"明心见性"或完全实现本性的彰显，但它的方向是指向于最终的至善境界。"由招熟而渐悟懂劲"的武术修炼过程其实就是这样一种螺旋式上升的修悟过程。在这个过程中，体现着儒家格物思想的招熟是一种渐修式的积累，而体现着儒家致知思想的懂劲就是一次顿悟式的飞跃或提升。

那么，这种通过渐修而实现顿悟、旨在彻底开发人之潜能的武术修炼，其哲学上的依据又是什么呢？儒家认为，人是由形和性两部分组成的。人形是由天地阴阳五行之气所化生，人性是由天理赋予人形之中而成。人的本性是天之所命，人人都具有这样的本性。从本性上而言，人是无所不知、无所不能的，这是儒家所称的圣人境界，亦即《六祖坛经》中所说的"何其自性，能生万法"（《坛经》）。儒家认为在本性上凡人与圣贤无异，人人可为尧舜。此正如《六祖坛经》中所说"何期自性，本自具足"（《坛经》）。但是，由于受到后天气禀所拘、人情物欲所扰，本性便被障蔽了。本性受到气禀所拘、人欲所蔽，就会昏暗不明、不能彰显。一旦本性得以彰显，为人处事皆是本性的自然流露，处处皆能合乎道义，这即是儒家在修身上所追求的道全德备的圣人境界。在现实中，我们每个人都不是生而知之的圣人，我们的本性没有像圣人那样完全彰显，而是被各种各样的妄想欲念给蒙蔽了。但是，我们的本性也并未因此而丧失。正如佛家所讲"一切众生皆有佛性"，每个人都有本性彰显的可能。同时，儒家认为人性本善，人都有道心。这是人复归本性、去恶从善的根本动力。又如，朱熹在《中庸章句序》中讲到："心之虚灵知觉，一而已矣，而以为有人心、道心之异者，则以其或生于形气之私，或原于性命之正，而所以为知觉者不同，是以或危殆而不安，或微妙而难见耳。然人莫不有是形，故虽上智不能无人心，亦莫不有是性，故虽下愚不能无道心。"（《四书章句集注》）人的心是原于性命之正的，即人心之中都含有本善的天命之性。这就使得即使是本性障蔽极为严重的下愚之人也都具备复归本然善性的根本动力，即所谓的道心。儒家的为己修身便是强调要努力彰显我们的本性。这种内向性的彰显本性的修炼就是一种由渐修而至顿悟的过程。儒家的人性本善、人人皆可为尧舜、人人皆有道心等思想为人们进行复归本性的努力明确了可行性，也让人们由凡入圣的理想的实现成为可能。

在笔者看来，将一个拳种作为一"物"来进行格至，通过招熟的渐修过程最终顿悟劲理，即"由招熟而渐悟懂劲"，并继续不断地无化自己直至本性的完全彰显即"由懂劲而阶及神明"，这样一个修炼过程并非太极拳所独有，亦非太极拳所固有。并非独有，是指中华武术的其他拳种门派的习练者大多也是遵循着这样的一个修炼过程；并非固有，是指任何武术拳种起初并不具备修炼的功能。武术的功能是人所赋予的，通过武术进行修炼以实现自身潜能的彻底开发以及本性的完全彰显亦是人所赋予武术的功能。

武术作为一项运动，当人们谈起它的时候，可能会马上想到武术具有防身自卫、强身健体、表演娱乐等功能，抑或有人将其看成是中国传统文化的载体，通过武术可以了解和学习其中所承载的中国传统文化，等等。这些都是人们对于武术功能的认定和理解。其实，正如乔凤杰先生所言，"运动的功能不是固有的"，"运动的功能是人所赋予的"（乔凤杰，2006）。因此，武术作为一项运动，它的功能当然不是固有的，它的功能是人所赋予的。赋予武术什么样的功能或是通过武术要达成什么样的目标，这些都离不开人的主观意愿。因为武术的功能不是固有的、武术的功能是人所赋予的，所以，除了赋予武术强身健体、防身自卫、表演娱乐等功能之外，我们当然还可以赋予武术复归本性、开发潜能的修炼功能。

中华武术受中国儒释道传统文化的影响，早就形成了一种修性炼命的特色。武术中许许多多的内功修炼方法也最终指向人本性的彰显，这成为中华武术的一大特色。例如，少林功夫的最大特点就是禅拳合一。气机即禅机，少林武僧们通过修炼武术，炼气、炼意，以求获得对心性智慧的参悟。武术于少林武僧而言，已不仅仅是一种搏击、健身的工具，更是一种参悟禅机、彻悟心性的法门。他们赋予了武术参禅悟道的功能。这也使得少林功夫具有了不同于一般武术门类的独特气质和深厚底蕴。除了少林功夫之外，武当武术亦表现出了极大的修炼特色。武当武术受道教内丹思想的影响，将道教内丹修炼中的一些功法、理念植于武术之中，形成了具有道教性命双修特色的武术修炼体系。与少林武僧不同，武当武术的修炼者更多的是对仙道真人的追求，以求通过后天的修炼回归到先天的本然状态，这是他们习武的终极目标。其实，少林武术的参禅悟道与武当武术的羽化成仙只是他们对所追求的最高境界的不同描述和称谓，其本质都是对人本性的复归和彰显；都是将武术赋予了修炼的功能，并在渐修与顿悟的螺旋式的修炼过程中挖掘人自身本具的潜能，借假修真以恢复人的本然善性。其实，至于赋予武术什么样的功能，则全在于习武者自身的意愿。并非所有的习武之人都将武术作为修性炼命的工具和手段。但是，我们不可否认的是，中华武术最具特色、最为神秘之处正是武术先辈们将它赋予了复归本性的修炼功能，并结合中国传统文化形成了各种各样的武术内功修炼的功法和理念。这也使得武术真正摆脱了格斗搏击外在形式的束缚而更加自信地成为中国传统文化的载体和符号。

在由招熟而渐悟懂劲的武术修炼的过程中，在由渐修而至顿悟的格物致知的过程中，内省的功夫是必不可少的。因为，我们的本性被具有物质欲望的身躯阻碍，我们的心又被日常琐事牵引而逐渐迷失了方向和自我。内省就是要我们用心于内，向本性回归。虽然未必能彻悟本性，但可以使我们感知到来自本性的些许信息。这些信息即是本性之明觉发出的智慧之光。招熟而懂劲、渐修而顿悟的武术修炼正是要以此为基础，将来自本性的一点点光芒操存涵养，存之又存并使之能够逐渐扩充直至本性之光完全彰显。《论语·学而》："曾子曰：'吾日三省吾身'"，尹氏曰："曾子守约，故动必求诸身。"谢氏曰："诸子之学，皆出于圣人，其后愈远而愈失其真，独曾子之学，专用心于内，故传之无弊。"（《四书章句集注》）曾子曰三省吾身，就是让自己的本性能得以涵养，不许其被任何私欲障蔽。此正如神秀所言："身是菩提树，心如明镜台。时时勤拂拭，莫使有尘埃。"（《坛经》）神秀大师所强调的便是一种不断内省、反求诸己的过程。而六祖慧能所言："菩提本无树，明镜亦非台，本来无一物，何处惹尘埃。"（《坛经》）描述的是一种大彻大悟的境界，是本性完全彰显之后的体悟。

武术修炼视角的格物致知，是一个由招熟而渐悟懂劲的过程；是一个由渐修而至顿悟的过程；亦是一个私欲逐渐减少、本性之光逐渐彰显的过程。本性就好比是明镜台，私欲即尘埃。尘埃清除一些，镜的光明就能显露一些。当本性之光有些许显露的时候，最重要的就是要将其好好存养，即"时时勤拂拭"。此句"时时勤拂拭"即有格物渐修之意。通过格物渐修，我们可以获得一些本性中流露出来的清静，见到些许来自本性的光芒。"德者，得也"，我们从本性中得到的，表现出来就是我们的德行。道家认为："顺为凡，逆为仙。"（《无根树》）我们修养德性往前进一步很难，但退步很容易。因此，通过修养功夫所得到的一点点德性，一定要将它操存持守住，"莫使惹尘埃"，要严防已经得以彰显的本性中的一点光辉再被私欲障蔽。由此可见，由渐修而至顿悟的武术修炼过程正是一个不断存养本性的过程，正是一个私欲损之又损、本性存之又存的过程。

《系辞》："天地设位而易行乎其中矣。成性存存，道义之门。"朱熹注曰："天地设位而变化行，犹知礼存性而道义出也。成性，本成之性也。存存，谓存而又存，不已之意也。"（《周易本义》卷五）存存，指常在。《尔雅·释训》："存存，在也。"阮元曰："存存，在也，如孟子说'存其心养其性也'。"（刘大钧、林忠军，1993）存存，即存心养性、存而又存、不断涵养直到本性完全得以彰显。成性，即本成之性。如《系辞》所言："一阴一阳之谓道，继之者善也，成之者性也。"（《周易本义》卷五）成性，即天地万物普遍的本成之性。我们每个人都具有与天地同一之性。存存，即是存而又存，努力地在修养上下功夫，使自己回归本性，使我们的一切言行活动和思维意识都合乎天地自然之道。成性存存是道义之门，是因为人们只有不断修养回归本然善性，才能够进入天人合一、言语行为与天地自然大道合一的门径。成性存存就是人从形而下的经验世界步入形而上的超验世界的过程，亦是不断彰显本性的过程，最终达到天人合一的境界。

存存是一个不断涵养、自我内省的过程。存存不是守旧而是日新，正如"苟日新，日日新，又日新"。在武术修炼中有了一点点收获就得意忘形，这将不利于有得于心后的存养。因此，儒家存存思想提醒习武者应时时保持一种戒慎恐惧的心态，自强不息，持之以恒。存存，正如孟子所言的求其放心，把放外的心收回来，使它不被外诱牵引。在由渐修而至顿悟的武术修炼的过程中，首要任务就是求其放心，使心安定下来。存存，是自身内在修养的不断升华。后之所存并不是对前之所存的完全消除，而是在前之所存的基础上的一种提炼与升华。存存之提炼与升华，是质上的提炼与升华，即后之所存与前之所存有着质的不同。因此，存存是一个不断发生着质变飞跃的过程，是一个指向本性、不断趋近真理的渐修过程。

儒家成性存存思想为习武者在由渐修而至顿悟的武术修炼过程中开启了一条不断提炼与升华、复归本性的道路。存存是针对于成性而言，从正的方面说，本成之性由弱小逐渐强大、由部分显现直到完全彰显，这需要我们将其存之又存；从反的方面说，本性存之又存的过程正是我们的私心私欲损之又损的无化过程，我们要将障蔽于本性之上的一切"尘埃"完全无化掉才能彻底明心见性、彰显本性。老子曰："为道日损。"损与存是相对应的，本性存之又存，必然对应于私欲的损之又损。

由渐修而至顿悟的武术修炼是一个螺旋上升的过程。向本性的趋近的过程在每一个阶段都会有不同的生命体验，这些生命体验在某一阶段内是需要习武者将其存养与持守的。当进入更近于本性的阶段而有新的体验之时，习武者则需要用日新之功来存养新的体验。对于每一个新的体验而言，它是一个存之又存的过程，而对于每一个旧的体验而言，则是一个损之又损的过程。因此，存之又存与损之又损对于本性的彰显过程来讲，是同一状态的两种不同描述。它们的本质是相同的，即存存是本性之存之又存，损损是私欲之损之又损。

人的本性是无时不在、无时不有的，它也是"不生不灭、不垢不净、不增不减"(《心经》)的。通过一些专门的武术内功方法如打坐、站桩等，习武者在武术修炼的实践中所收获的那些属于本性特质的状态如清静的状态、法喜充满的状态，以及一些特别的心态如在练功后出现的莫名其妙的悲悯之心、精进心等，都是其本性中所具足的仁义礼智之性。按照佛家的理论，人的本性具足万有、无所不包，而这些状态或境界的产生是习武者通过专门的武术内功修炼方法而使得本性有所开显之后的一些外在表现。这些状态或境界的产生并不意味着习武之人的本性完全彰显，但表明了其已然在趋近于本性、趋近于大彻大悟的圣人境界。离其越近，所获得的超验性的体验就会越多。当真正明心见性、大彻大悟的时候，本性完全彰显。这就是由渐修而至顿悟的武术修炼过程。

将通过武术修炼来实现本性的彰显作为习武之人的终极追求对大多数习武者来说是遥不可及的。虽然心中的理想非常崇高，但现实与理想的差距很可能使得习武之人追求理想的心志动摇。人们习武的目的是多样的，有的是为了健身养生；有的是为了娱乐，创造愉悦的心情；有的是为了获得搏击格斗的技能；有的是为了体验其中的文化韵味等。按照儒家的观点，这些都属于规范人心、服务现实生活的范畴。我们对人心的追求，实际上是由于各种各样的欲望对我们的诱使。虽然，对于圣人的境界或道的境界，我们可能并没有真正体验过，但我们仍然会对它有一种发自内心的向往。之所以如此，是我们每个人的本性皆禀赋于天之所命，这种对天道的向往是人性本善的必然，亦是人们道心的体现。朱熹曰："然人莫不有是形，故虽上智不能无人心，亦莫不有是性，故虽下愚不能无道心。"道心即向道之心，是每个人都有的。正是因为道心的存在，人们于形而下的经验世界之中，会向往形而上的超验世界，并为之而不懈努力。

"由招熟而渐悟懂劲，由懂劲而阶及神明"，这是一条由渐修而至顿悟的武术修炼之路。对于大多数人而言，六祖式的顿悟是不可求的。由渐修而顿悟所指引我们的修炼方式即是神秀所说的"时时勤拂拭，莫使惹尘埃"。对于习武者而言，武术修炼未必会使之顿悟本性。但只要方法合宜，加之刻苦用功，必然能使之无限地近于本性彰显的境界。在本性未完全彰显前的任何超验性的体验都属于人心的层次，但这是进一步彰显本性的基础，亦是由渐修而通往顿悟的必由之路。

《太极拳论》的招熟、懂劲、神明三个阶段，即是一个由渐修而至顿悟的武术修炼过程。懂劲阶段绝不是消除招熟阶段所有特质后而得的新特质，神明阶段之于懂劲阶段亦然。它们之间不是简单的加减而是一种提炼与升华。招熟阶段所成就的各种特质经过一段时间的修炼和体悟之后会发生结构性的本质转变而进入了懂劲阶段。新成就的特质是在前之所存的基础上的提炼和升华。就是在这样一种不断提炼和升华的修炼过程中，习武者逐渐趋近于道的境界，逐渐趋近于本性完全彰显的境界。

武术修炼为习武者彰显本性开启了由渐修而至顿悟的智慧法门。它激励着习武之人脚踏实地、步步为营、稳步向前。儒家在修学上的学不蹙等思想是武术修炼的最好注脚。武术修炼是一个渐进的过程，在我们没有最终彰显本性的时候，修炼是永不停息的。由招熟而渐悟懂劲、由渐修而至顿悟的武术修炼过程，体现的不仅是儒家的格物致知思想，更是一种积极进取的习武精神。

第二节　武术修炼视角的明德亲民

《大学》："大学之道，在明明德，在亲民，在止于至善。"（《四书章句集注》）上一节所探讨的格物致知属于明明德之事，本节将大学之道中的明明德与亲民作为一个整体进行武术修炼视角下的诠释与研究。笔者认为，明明德与亲民是大学之道的一体两面。对有志于大学之道的君子而言，既要为己修身以明德，同时又要博施于人、亲爱于民，最终达到至善之境。具体言之，明德①，"言'大学之道'，在于彰明己之光明之德"（《十三经注疏》卷六十），要求有志于大学之道的君子要放下私欲妄想、邪知邪见，只有这样才能彰明己之本自光明清静的性德。亲民，"言'大学之道'，在于亲爱于民"（《十三经注疏》），要求有志于大学

---

① 明明德第一个明字为动词，第二个明字为形容词。笔者将第二个明字略去，简称为明德，下同。

之道的君子要亲近、友爱于人，只有这样才能汲取别人的经验智慧，提升自己的德行能力，更好地造福于社会大众。

在武术修炼的视角下，大学之道中的明德，即是要求武者要习武修德，放下私欲，自修克己以进德。大学之道中的亲民，即是要求武者要亲师访友，见贤思齐，扩充自己的知识，提升自己的能力。

本节，首先是在武术修炼视角下对明德思想进行诠释，强调武者要习武先修德；其次是在武术修炼视角下对亲民思想进行诠释，强调武者要亲师亦访友。

儒家认为每一个人都具备本然善性，但是由于气禀所拘以及后天不良生活环境的影响，使我们自身产生了一些习气。这些习气即宋明理学家们所说的气质之性，是妨碍我们复归本然善性的阻力。相对于天命之性的先天性、根本性，气质之性则是后天的，可以通过努力修学而克服的。不断地克服掉不良习气以恢复我们的本然善性，这样一种复性的过程就是明德。

那么，如何明德？如何复性？首先要确立目标。这个目标不是外在的事业成就，而是内在的一种人生境界。在儒家的语言系统下，即是要达到内圣的至善之境。凡人的德行与圣人相比相距甚远，但是，在儒家看来，人人可以为尧舜，人人都可以成为贤人或圣人，最重要的是要明确成圣成贤的目标。只有这样的目标确定了，我们的内心才不会被外在的各种诱惑动摇，心志才会变得更加坚定。

大学之道中的明德表现在武术修炼方面即是习武者要超越有为法、有限的经验状态回归到无为法、无限的本然状态。乔凤杰（2014）指出："内向训练的现实操作模式大致分三类，一是继续练习技击技法、套路技法、道德观念，并在练习时逐渐超越这些方法，无化掉自己的方法意思，变方法练习为本能练习；二是进行专门的内功练习，按照内功的方法要求无化自己的经验意识，直到连这一内功的方法都给无化掉；三是在做任何事情时，都力求无化，都力求身体与精神上的彻底放松，于无所住而生其心，开发人的本有潜能。"

明德对于武术修炼而言是一种无限开发本有潜能的修炼理念。其实，中华武术的大多数拳种门派是非常重视这种修炼理念的。如"道艺之用者，心中空空洞洞，不勉而中，不思而得，从容中道，而时出之。拳无拳意无意，无意之中是真意。心无其心，心空也。身无其身，身空也。古人云：所谓空而不空，不空而空，是谓真空"（孙禄堂、孙剑云，2000：301）"动作出于无心，鼓舞出于不觉，身欲动而步亦为之周旋，手将动而步亦早为之似逼，不期然而然，莫知驱而驱"（李金波等，2003：215）"心中一物无有，极其虚灵，一有所着，则不虚不灵，惟静以持之，养其诚以至动静咸宜，变化不测""四体从心而运，官骸皆悦以顺从，而要皆以乾坤正气行之也。"（《太极拳全书》）这些武术前辈们的体悟所体现的都是在武术修炼中重视内在德性修为的思想理念。这种重视内在德性的修炼离不开武术中的内功修炼体系。习武之人欲在武术上登堂入室、步入较高的境界，则一定要在内功上着实下一番苦功。至于如何在武术内功上有所修为，其具体的操作方式如太极拳家陈鑫所说："学者上场打拳，端然恭立，合目息气，两手下垂，身桩端正，两足并齐，心中一物无所著，一念无所思，穆穆皇皇，浑然如大混沌无极景象，故其形无可名，名之曰无极，象形也。"（陈鑫，2006：95~96）除此之外，意拳亦强调在静止不动的状态下去体会"不动之动"的微动，再由微动中去体会欲动又止、欲止又动、动犹不动之动。这就是王芗斋先生常说的"大动不如小动，小动不如不动。不动之动乃生生不已之动"（姚宗勋，1989：13）。诸如这些武林老前辈们的经验总结都是明德在武术修炼上的具体方法。坚持如此修炼，习武者已有之任何经验性束缚将会损之又损，直至本性彰显之时，连无化观念与具体的修炼方法亦不再执着，那将是真正回归到本我的状态。这便是武术修炼中明德的终极追求目标。

　　武术修炼视角下大学之道中的明德，强调武者要彰明本性、修炼武德。只有去除私欲，才能够保持内心的清静。心静是进行武术修炼的前提和保障。佛家讲要破我执、法执。任何执着在佛法看来都是私心。佛家讲"制心一处，无事不办"。习武练艺，最重要的就是专一。没有任何杂念下的专心致志，才能使武艺精益求精。在古代，有很多习武之人为了潜心修炼武术而躲避世俗，其目的就是要创造一个清静的习武环境。客观环境终究是外在的，而一个人的思想意念则是内在的。尤其是在当今社会，互联网等现代通信手段已经使全世界连为一体。一个不受干扰的绝对清修之地似乎已不复存在。尽管我们格除不了外在环境的干扰，但可以努力地格除内心中的干扰。心中的干扰就是一些不正的思想意念，即私欲。明德就是要武者放下私欲，树立正念，恢复自己的本然善性。

对于习武者而言，武德之首要任务，在于为武技的修炼创造一个良好的心理环境；其次，则是为武技的运用确定一个正确的思想指导。总而言之，武德，既要服务于武技的练，又要服务于武技的用。这才是习武之人强调习武先修德的根本原因，亦是武德的根本价值所在。

习武之人放下私欲，修养武德。一方面是在生活实践中磨炼；另一方面是利用一些专门的修持方法进行实修。这些修持方法多取自儒释道三家各自的修身证道的特别法门。这些特殊的方法被武术利用，并不是要将武术神秘化和神佛化，而是一切从实际出发，将那些有利于武术修炼的修行方法吸收借鉴，为我所用。武术对佛、道、儒三家修持方法的吸收完全是出于一种实用主义。习武之人利用这些修持法门并不一定是要成佛成仙，而是他们在实践中发现这些方法对其提升武技、增强功力有着莫大的好处。习武之人会经常打坐甚至将打坐视为一种练功的主要方式，但他们并非一定要以此来悟道成佛。抛开宗教信仰，打坐的确是一种可以开发自身潜能的生命体验方式。一旦能够找到正确的方法，便可以发现和掌握很多气血等运行规律，解开生命密码，激发人体潜能。对武术修炼而言，打坐也可以看作是一种超级心理训练。它能够使人意念专一、独立守神、内心清净。一些杂念、杂想可以通过打坐的形式将其排除和消灭掉。长期训练，习武者心如止水，虽未能达到一种禅定，但较之普通人，也算是获得了一种心理定力上的功夫。类似于打坐，武术中还有各种桩法、意守的方法以及一些调息的方法等。习武之人利用这些方法修炼，一方面是增强功力，训练特殊技能；另一方面是排除杂念，使心清静，其目的正是要明德。

其实，武德与儒家所讲的德性在切实的修持功夫上可能并没有明显的区别。因为，武术在其发展过程中深受儒家文化的影响。无论是武术还是儒学，其主体皆是人自身，所强调的都是对人的塑造和改变。儒家为己之学的根本，在于变化气质。武术又何尝不是呢？因此，武德与儒家的德性之学，其实并没有本质上的不同。武德是将儒家德性之学借鉴吸收并结合武术的自身特点而成的一门针对习武之人进德修身的修炼学问。其根源则在于儒家德性之学。因此，可以说任何专门针对习武之人的武德修持功夫或规矩戒条都很难超出儒家修身文化和德性思想的范畴。

例如，儒家的"格其非心"便对习武之人的武德修养具有重要的借鉴价值。《尚书·冏命》："绳愆纠缪，格其非心，俾克绍先烈。"（《书集传》卷六）此为周穆王对伯冏之言，让伯冏能够纠正穆王的过错、格正其不正确的思想，使穆王能够承继先王的功业。

格其非心是儒家修身明德的重要方法。心，在中国儒释道文化中被赋予了多种内涵，有多种诠释。心，既可以指代道体本源，亦可以指代思想意识。格其非心的心，指的是意识和思想。心虽然很隐蔽，别人无法看见与听闻，但它可以通过外在的言行表现出来。"视其所以，观其所由，察其所安，人焉廋哉。"（《四书章句集注》）视其所以，看其所做是善是恶，为善者为君子，为恶者为小人；观其所由，更进一步观其心意是否为善、是否内外一致、是否表里如一；察其所由，则是考察其安乐于何处。安于为善者，则为真善。心无伪善，意无虚假，则为真心。可见，心作为思想意念，虽为隐蔽，但又是无法遮掩的。善恶之念必能为人所知晓。善恶之心也必然会影响一个人外在的气质和为人处事的方式。不正的心，即为非心。当一个人的心不正、没有一个正确的指导思想，其行便容易趋向于恶。所谓德行者，即有德方有善行，无德便生恶行，每个人皆是如此。对于天子而言，其心正与否，则关系着天下国家的安危和人民幸福与否。对于普通人而言，其心正与否，则关系着自身德性的进退和修齐治平的外在功业的水平。因此，《大学》上讲："自天子以至于庶人，一是皆以修身为本。"（《四书章句集注》）修身的核心，即在于格其非心。中国儒家文化最为突出的一个特点就是强调为己之学，一切的学问都是服务于自己的修身进德。格其非心之格，是修正之意。

格除与修正自己不善的思想意念，即是儒家心性上的修持功夫。格其非心体现的正是为己之学。

中华武术的武德与武技一直是相通达的。武德是一种功夫，绝不仅仅是一些外在的道德戒约，它是习武之人内在的得之于心的一种综合素养。武德与武技，相辅相成。武德促进着习武者对武技的领悟，武技又可以促进其武德的养育。各种静功、桩功等作为武技体系中的一部分在修炼过程中除增长武者的技能之外，亦能够帮助武者放下私欲，养育武德。

对于习武者而言，生活实践是其修养武德的主要方式。武术是生活中的武术，习武之人亦是社会生活中的个体，谁都不可能完全脱离社会。因此，社会生活中的实践是每一个习武之人必须要面对和经历的。武者在生活中修炼，如果能够利用好这种修炼形式，那将会取得事半功倍的效果。笔者记得，有一位太极拳的前辈曾经在生活中备受折磨、忍辱负重，但是他在苦难面前加深了对太极拳的理解，并使之上升到了一种哲学的高度。他将太极拳中的舍己从人、以柔克刚、以静制动、后发制人等技战术原则转化为一种人生的处世方法并以此来应对他在生活中所遭遇的种种磨难。这其实就是将武技升华为武德。反过来，通过武德的涵养，其对武技的领悟一定也会得到提升。

武术作为一门艺术，在武技的基础上为什么又十分强调武德的修炼？几乎每一个老拳师、每一个拳种门派在对弟子传道授业的过程中最为着意之处便是弟子武德的培养。"未曾习武先修德。"（彭卫国，1988：12）德行不良之徒一定会被师父拒之门外，这是中华武术自古至今的一大传统和规矩。武技是每个拳种流派的传承内容，而武德则是其传承载体和命脉。如果把武技比作一艘船，那么，武德则是承载和推动这艘船前行的江水。如果某个拳种门派不注重对弟子武德的教育和培养、不强调武德在其拳种传承和弘扬中的重要地位，那么，这个拳种流派一定不会传承长久，更不会枝繁叶茂、繁荣发展。武德受到习武之人的高度重视，主要是因为中华武术在其长期发展过程中受到了儒家文化的深刻影响。武术原本是一门技击之术，却在术中加入了德的内涵。这是因为深受中国儒家为己之学和德性之学的影响，任何一门艺术或技艺皆要服务于习艺者自身德性的提高。也只有这样，作为一门技艺，武术才能在儒家文化作为官方主流文化的环境下真正融入主流社会，才能被社会大众所认同和接受。

　　我们可以试想一下，假如武术还原其本来面貌、回归本初，那么，武术就是一种可以不择手段的生死搏击之术。它只是一种目的在于克敌制胜的手段或方式。作为这样一种搏击术，武术没有情感可言，更不会受仁义礼智信等道德的束缚。那么，这样一种武术，在儒家文化统治下的礼仪之邦的中国，能传承多久呢？会形成像今天这样百花齐放的发展局面吗？理智地思考一下，这显然是不会的。中华武术能发展至今，正是因为它积极地吸收了儒家文化的精髓并接受了儒家文化的改造，引德入技，在武技之中融入了德性的内涵。可以说，被儒家文化改造之后的武术，其灵魂和思想内核已同儒家文化没有太大的差异了。武术如此，存在于中国的任何其他艺术门类，又何尝不是如此呢？武术作为一种搏击术，只有在接受了儒家文化的洗礼之后才能为社会所容纳。因此，在中国古代，任何拳种流派在其传承问题上首先要思考和努力做的就是要与作为官方主流文化的儒家文化相一致、相统一。因此，武德成为武技传承的保障和载体。没有武德，单纯的武技传承一定会步履维艰。

　　习武修德，就是要放下私欲，树立正知、正念。但是只有经得起实践考验、能够做到知行合一才是真知，才是真正的致知。武者习武修德就是要将本性中的仁义礼智之性显现出来。相对于仁义礼智之性，私欲即是不仁不义不礼不智之思想意念。对于一个习武者而言，能否驾驭高深的武功，主要取决于其心意的定力。因为，功夫愈高，心意要愈精微，自控力要愈强。心中充满正念，才能养其浩然之气，才能充满正能量。心中的正念除了通过静功、打坐等方式培养之外，主要是在生活实践中、为人处事之中养成。

　　大学之道中的明德，对于习武者而言，它是武术修炼的根本所在。试想，一个习武之人如果整天陷入名闻利养之中，被杂念所扰，更有甚者，贪淫好色、争名逐利，那么，他是不可能在武术上有较高成就和修为的。习武本身是一件枯燥而长久的事情，不但需要坚强的毅力和耐心，更重要的是要能安贫乐道、清静无为。这是自古以来习武之人都应该持有的一种心态和精神境界。就武术修炼而言，清静本身便是一种功夫。人生的快乐并不取决于私欲私心的满足，而是取决于无欲无求和常守清静的修持功夫。也只有在这样的一种心境之下，武技才能越来越纯熟、越来越精道，才能逐渐近于拳道、离道不远。

明德，是渐修的过程，是顿悟证道的基础。没有平日量的积累，则不可能有质的飞跃。明德最重要的是格除自己最大的习气。每个人皆有其最大的缺点，如能将其戒除或克制，其本具的善性便会自然显现。习武的过程，其实就是一个心性磨炼和经受考验的过程。我们会因为兴趣和爱好喜欢上武术，带着激情开始了武术生涯。而对于一个真正的习武者而言，武术绝不是其一时的兴起，而是其一生的信仰。这种对武术发自内心的最淳朴的信仰，才是习武者坚持武术修炼的根本动力。对武术的坚守，这本身就是一种德性。有的人可能因为一时的喜好而习武，一旦要吃苦训练，就会退缩或放弃；还有的人是出于一种私欲，把武术作为一种获取利益的手段，一旦私欲得不到满足，就会放弃武术。真正的习武之人，不会因为困难、挫折而放弃习武，亦不会以武术来求得名闻利养，而是把武术作为一种修身养性的手段来进行自我完善。因为他们已经格除掉了对武术本身的私心私欲与分别执着，所以他们对武术的坚守则是一种最淳朴的信仰式的坚守，而这种坚守本身就是武术修炼中的明德。

在武术修炼的视角下，大学之道中的明德强调武者要习武修德，那么，在笔者看来，大学之道中的亲民则强调武者要亲师访友。

对于武术修炼而言，习武修德与亲师访友密不可分。因为，习武修德是对自己本明之德的彰明，诠释的是大学之道中的明德，体现的是尊德性；亲师访友是对学问道艺的求索，诠释的是大学之道中的亲民，体现的是道问学。因此，正如儒家在修身上坚持"尊德性而道问学"一样，武术修炼也应该坚持既习武修德又亲师访友。

宋明理学提出了理的概念，认为宇宙中存在一个最高的天理并且天理人性是相通的。理一分殊，这个天理统治万事万物各种具体的理。因此，理学家们把修学的目标确定为证悟天理以实现道全德备的圣人境界。要实现这一目标，一方面要尊德性，另一方面要道问学。一旦豁然贯通，天理人性以及万事万物的理完全通达无碍，便实现了本性的完全彰显，达到了圣人境界。尊德性与道问学在儒家经典中存在着与之相对应的多种表达，如约礼与博文、诚与诚之、诚明与明诚等。《论语·雍也》："君子博学于文，约之以礼。"朱熹注曰："君子学欲其博，故于文无不考；守欲其要，故其动必以礼。"（《四书章句集注》）道问学强调的是对经验知识的积极学习。因此，欲要通达世间万物之理，就要问学以博文。尊德性强调的是对本性的彰显。因此，欲要本性明觉显现，就要去除一切蒙蔽于心性的习气和欲望，便要约礼。视听言动皆要用礼的方式进行约束，以无化掉任何外诱对人本心的影响。正如古希腊哲学家赫拉克利特所说："博学并不能使人智慧。"（金一南，2015）因此，要开发人本具的真正智慧，一定要在博学的基础上以约礼的方式进行无化。这种无化，可能是渐悟，亦可能是顿悟。不过其最终的结果，必然是本性的完全彰显，只有这样才能真正实现人生境界的飞跃和升华。

儒家认为尊德性与道问学是不可偏废其一的。程颐云："涵养须用敬，进学则在致知。"（《遗书》卷十八）"涵养须用敬"强调的是尊德性；"进学则在致知"强调的是道问学。这说明了个人德性的修养与知识的学习皆不能偏废。在南宋以后的中国哲学史上，尊德性与道问学之争如朱陆之争，成为一桩"数百年未了的大公案"。《宋元学案·象山学案》："象山先生之学以尊德性为宗，同时紫阳之学则以道问学为主。宗朱者诋陆为狂禅，宗陆者以朱为俗学，两家之学，各成门户，几如冰炭矣……陆主乎尊德性，谓先立乎其大，则反身自得，百川会归矣。朱主乎道问学，谓物理既穷，则吾知自致，雾消融矣。二先生之立教不同，然后诏入室者，虽东西异户，及至室中，则一也。"（沈善洪，2005）其实，尊德性与道问学，正如佛家主张的"止观双行，定慧双修"、道家的"性命双修"一样。要进入圣人之域，舍尊德性，便无他路可求。然而，在我们未成为无所不知无所不能的圣人之时又不能不面对和处理现实问题，因此，对于事物之理则必须要通晓，这又不能不道问学。尤其在现代社会知识大爆炸的时代，人们更加重视对经验知识的学习，并且在各个领域的探索中，对事物的运行规律已有一些认识，各种科研探索也已取得了巨大的成功。

通过对儒家尊德性与道问学关系的论述，我们应该认识到习武之人既要习武修德以彰显自己的本明之德，又要亲师访友以增进自己的经验技能。旨在明德修身的习武修德，是武术修炼在尊德性方面的体现；旨在亲民进学的亲师访友，是武术修炼在道问学方面的体现。武术修炼的尊德性，强调的是习武之人内向性的自我反省和德性实修；武术修炼的道问学，强调的是外向性的经验学习与技能积累。对武术修炼而言，尊德性与道问学是不可分的。只有道问学，才能真正知道如何进德修身；只有尊德性，才能在道问学的基础上内化入德，提高涵养。

习武之人以尊德性获得本明之德的彰显为终极目标，这并不意味着对道问学的忽视。道问学的现实意义是使得习武者得到经验技能的提高，以及在未完全彰显本性之前获得面对现实环境解决现实问题的信心和能力。除此之外，道问学又为尊德性提供了可进行无化的经验内容，也为无化的具体操作提供了经验总结和方法指导。按照儒家的观点，生而知之的圣人是极少的，大多数人需要经历一个"十年寒窗苦"的求学过程，武术修炼更是如此。"太极十年不出门。"没有任何一个武术大师不经历长久的刻苦修炼就能有所成就的，这是一个最基本的现实。这种对学问的追求、对技艺的学习，就是通过亲师访友实现的。但是在这种亲民博学的过程中一定要注意约礼，一定要以明德为根本方向和目的，这也正是中国文化的特色所在。任何技艺、任何学问，它们的价值不仅仅在于知识本身，而是作为一种格物致知的工具和手段，让人们即物穷理之后得到德性的滋养，提升对道的证悟的能力，这种以术求道的思想在武术修炼上则表现得极为明显。

习武的目的固然是要获得一门技艺，但当大多数习武之人在被问及其练武的最高理想的时候，他们一般会说是为了修武德、求拳道。这个听起来似乎有些渺茫甚至玄妙的拳道究竟是什么样子的？估计习武者自己也很难说得清楚。通过日复一日、年复一年的刻苦习武习武者真的就能求得所谓的拳道吗？真的能对我们的道德涵养有所帮助吗？然而，事实确是如此。如果你不承认这个事实那就是从根本上颠覆了中华武术的文化特质。但是，我们不禁要问如果习武真的能提高我们的德性，那它的内在理路又是怎样的呢？是不是所有的习武之人都能够在增长技艺的同时又能够提高德性？这种以武修德的内在理路，它的依据在于武术本身抑或是另有一套方法系统使然？这是很值得我们思考的问题。

笔者认为，就武术本身而言，如果离开具有主观能动性的实践主体——人，那它就是一"物"，一种工具或手段。我们所说的武术具有修德的价值，并非武术所本然固有，确切地讲是习武者的主观意志作用于武术时所产生的一种效能。它所表现出来的价值是建立在人的能动作用和主观规定之上的。没有人的主观能动性的参与和作用，武术的任何价值将无从实现。于是，我们可以人为假设，有两个价值观正好相反的习武之人，一个习武的目的在于修身养性，一个习武的目的在于为非作歹。那么，同样是喜好武术、同样是勤学苦练，其结果必然会走向两种不同的人生道路。所以，武术能给我们带来什么，最终取决于习武者本身的价值选择。我们习惯性地认为武术可以修身、滋养心性、培育道德，这是因为中华武术植根于中国传统文化的土壤之中，尤其是深受长久作为官方主流文化的儒家文化的影响，在漫长的历史长河之中大多数习武者在儒家那种"日用而不知"的文化渲染之下不自觉地形成了重德的价值理念，并且将这种价值理念融入习武的过程之中，包括对武术技艺的人为改造、对习武目标的价值引领等，这就慢慢地形成了中华武术的儒家文化特色。其实，这种特色并非武术所固有而是一种人为的历史性的选择和创造。

对德性的尊崇使人们在日常生活中对任何技艺的价值取向皆落脚于做人上。因此，武术便成了成就完美人格的一个法门。而同样是对学问的重视，人们在武术的技术上又不会浅尝辄止，而是要深入地研究，揭示其本质规律，不断地亲师访友积累技击经验，不断地改造和创新。这也使得中华武术形成了今天如此庞大的门派体系。但几乎中国的所有武术拳种门派又皆是以完善人格修养、提升武德境界为根本旨归的。这正是受到儒家德文化的影响所致。习武修德开发了武术修身进德的价值，提升了武术的目标定位，促进了武术内向化的发展，使其更多地关注内在的更高层次的生命体验以及对拳道的感悟。亲师访友使得武术定位于对道的追求的同时并没有放弃对术的孜孜不倦的探索。道术并重，德艺双馨，二者相互促进、相得益彰。

任何一个想要踏上武术修炼之路的人都不可能离开师父的传授与引导。正所谓"入门引路须口授"。所以亲师是人们能够获得武术技艺、修养武德乃至证悟拳道的根本前提。在师父传授武艺的过程中，同门师兄弟以及武林朋友之间的相互学习、切磋又是武者增进学问、提升技艺、开阔视野的重要途径。因此，任何一个习武之人在武术上的成就其实都是一个群体共同努力的结果，这个群体正是由师父、师兄弟以及其他武林朋友等组成的。可以说，离开亲师访友，习武之人在武术上的任何理想与追求都将难以实现。亲师访友不仅是一个习武者进行武术修炼的必要条件，更是武术修炼的重要组成部分。一个习武者学艺的过程其实就是一个亲师访友的过程。师父的武德技艺、武友的特长优点都在亲师访友的过程中成为习武者的重要修炼内容。与武术相关的规矩、德行、信念也都在亲师访友的过程中潜移默化地植入习武者的内心深处。所以说，亲师访友是对习武者的一种历练，更是一种修炼。习武者通过亲师访友磨砺心性、践行武德，又通过武德精神与道义传统将师友们凝聚在一起，共同努力前行。这样一条学艺、修德、亲师访友的武术修炼之路所诠释出的正是格物致知、明德亲民的大学之道。从古至今，一代代的习武之人就是在这样的一条大学之道上朝着那至善之境不断地砥砺前行，用时间和汗水成就了其完美的武术人生。

习武者在亲师访友的过程中与师友们相互学习切磋并通过对武术技战术以及招式功法等的学习不断地提高着自己的武术技能和实战能力。中华武术几乎每一个拳种流派都有自己独特的武术修炼的方法体系，基本包括武术技击、武术套路、武术道德以及武术功法等方面。武术修炼的方法体系是每一代习武之人不断积累下来的。它们是能够帮助习武者获得武术技能和实战能力的经验方法。习武者按照这些方法进行修炼，将招式技术、战术原则等化为自己的一种能力。这是一个反复学习、模仿、校正、实践的过程。这些技战术方法和原则是习武者学习的对象。将它们化为自己的技术能力和实战能力则是其学习的目的。例如，作为中华武术最具特色的运动形式的武术套路，其每一招每一式皆包含有技击的内涵。武术套路的训练要求习武者要领会套路中招法的技击内涵并能熟练地进行操作，将招式化作自己能够应用于实战的一种能力。除了技击之外，武术套路亦可融入养生的内涵。这时，就要求习武者要领会其中的养生思想并能将习练套路转化为一种养生健身的手段，最终实现养生的效益。除了技击、养生之外，对武术套路还可以进行其他方面的价值开发。习武者通过对不同武术内容的学习，其经验技能自然会有多个方面的提升。通过武术技战术的学习和训练，习武者获得了技战能力。通过武术套路的学习和训练，习武者获得了演练套路的能力。除此，武术中还有各种功法和道德规范方面的内容，对这些内容的学习和训练，必然会使习武者在这些方面获得相应的经验技能。总之，习武者就是在其亲师访友的过程中不断地提升着自己的技艺，丰富着自己的知识，提高着自己的德性。

可见，亲师访友是一个为学日益的过程。其主要表现为习武者对前辈经验心得的学习和实践，学为己用。历代武术前辈们所流传下来的经验方法浩如烟海，为习武者进行武术修炼提供了无尽的素材。习武者可以根据自己的实际情况和兴趣爱好进行有选择的学习。总之，对师友的学习并非一味地照搬照抄。习武之人虽然要对前辈们的方法和经验进行模仿和学习，但也并非不能有所建树。师父所教授的经验技艺，依然需要不断地进行创新和发展。否则，我之经验技能必将永远无法超越前辈之经验技能。如果这样，中华武术的整体技战术水平将会是一代不如一代。武术要创新，前辈们的技术水平可以超越，但前辈们的经验方法却不能跨越。几乎所有的习武之人都要在对前人的经验心得融会贯通的基础上才能有所创新、有所发展。武术修炼必然是一个由学习到贯通再到创新的过程。只有这样才能促进技艺的不断完善，才能不断扩展对现象世界的认知领域。中华武术技战术体系的不断发展完善也体现着习武之人整体经验技能的不断发展完善。

武术修炼视角的亲民强调的是习武之人要积极亲师访友、求学问道。除了现实中的师友之外，前人所留下来的教诲和训诫也是习武之人应该亲访的"师友"，即学于古训亦是习武之人的必要功课。

《尚书·说命》："王，人求多闻，时惟建事学于古训乃有获。"（《书集传卷三》）"学于古训乃有获"，强调的是问学的重要性。如果不学习前人留下的宝贵经验和训导，我们便不能知道自己修炼的方法或路径是否正确。圣人垂训后世，把他的经验方法传教下来供后人学习。后人遵照他的方法修身进德，便能少走弯路。

学于古训，在儒家来讲就是一种道问学，即问学于古训。儒家的古训主要是指六经。孔子删诗书、定礼乐、作春秋、整理六经，古圣贤的教导得以传承下来。之后，学习儒家的四书五经逐渐成为学子们进德修身的主要手段。古训皆是出自圣贤。儒家认为，圣人道全德备，古训即为他们的教诲。儒家的四书五经，从义理的角度而言，穷尽了世间之万事万物之理。学于古训既可以博学多闻又可以通贯义理。我们应该如何去处理人生中遇到的各种事物，圣人古训中皆有相关教诲。我们把圣人的教诲体会入心，在心中思辨义理，久而纯熟之后，便能化为德性。在生活中未必会遇到与经典或古训中完全一样的事情，但古今义理相通，如果义理能得之于心，遇事处之必然合宜。同样的问题不一定用同样的方法处理。学于古训首先是要思辨义理。古训看似是一些教条，但其中蕴含的义理是灵活的、可以变通的，即我们对古训的诠释可以是多元的。

对于一般人而言，进德修身首在于学。依据古训完善自己的人格、修正自己的不足之处，逐渐使自己达到圣人的标准、达到圣人的道德水平，这正是学于古训的意义。在古训中，圣人为我们描述了最完善的人格模型。学古训的目的就是按照这个完善的人格模型来建构自己而逐渐接近于圣人。这一过程本身就是进德修身的过程。古代，学的主要目的是提升一个人的道德修为。一个人德性的提高，既需要尊德性以彰显自我的本然善性，又要道问学以完善自我的人格修养。其实，没有道问学作前提，我们很难知道如何来尊德性、如何进德修身。所以，进德修身的方法皆在圣人的教诲之中，即古训之中。这就是学于古训的意义和价值所在。

学于古训的一个重要前提，就是要对古训心存敬意。笔者并不否认，在中国古代留存下来的古训之中确有一些存在着历史的局限性的封建教条。但笔者所要强调的是，一个持敬的心态是我们能在古训中真正受益的关键。因为，古训是圣贤人生经验和智慧的结晶，是我们中华民族的灵魂和神韵。我们可以对古训进行现代化诠释，使它的内涵得以进步和发展，盲目地批判和怀疑必然是我们学习古训的最大障碍。因此，以一颗谦下和崇敬的心态对古训以新的解读和诠释，使它们在现代社会重新绽放光芒、发挥作用，这将是我们学于古训的最佳方式。我们决不能故步自封，但又绝不可以全盘否定。古训之中凝练着我们中华民族的智慧。谦敬地传承、创造性地诠释，才是我们对待古代圣贤教诲的正确方式。将古训的思想承继下来并赋予新的诠释以适应社会的发展，以学统服务于政统，以古训的新精神服务于治国平天下，这就是在为往圣继绝学，为万世开太平。

武术的古训并不像儒家经典所记载的那样都是圣贤之言。武术的古训是武术前辈们心得经验的总结和提炼，对后学晚辈们有着重要的指导意义。武术中的古训大致包含关于武技战术方面的经验总结、关于习武者言行方面的戒约和规矩，除此之外，武术的一些谚语以及拳谱等亦可以看作古训的内容。在武术的历史发展中，各拳种门派几乎都形成了各自一些拳法秘籍和武德规范。这些古训多出自其门派的创始人或其后学的经验总结，并代代相传，以期能留给后人作为其习武练技与涵养德性的参考依据。作为师父，除了言传身教之外，更是要把本门派的这些古训传于弟子们。每个门派的古训都蕴含着其拳种文化的个性和特点。这些古训寄托着师父对徒弟们的期望，象征着本门拳种生生不息的传承法脉。

武术中的古训在择徒标准上各门派基本上是一样的。"人无恒心者不传，借此求财者不传"（彭卫国，1988：3），"拜师学艺，诚心诚意是本"

"缺德者不可与之学，丧礼者不可教之技"（彭卫国，1988：268）等，这些都是择徒的武德古训。各个门派的每一代弟子们都是要经过这些要求的考验之后方可入师门的。因此，他们自然而然地会以这些古训作为自己的言行准则。通过这些古训的学习，在习武的过程之中不断地强化着对这些训教的遵从，逐渐深入内心，并最终化为自己的价值观和人生观。谦逊、忠厚、守礼等这些武德古训都是师徒之间、师兄弟之间在传道授业和习武练技的过程中以及日常交往之中所遵循的行为准则和道德条目。在武林这种特殊的社会环境下，如果某个人违背了这些古训德目的要求，他必然会遭到排斥或驱逐。甚至，在古代，师父会对这样的弟子清理门户，逐出师门。直到现代，我们也不得不承认，在民间的武术环境中，这样的传统依旧在延续着，只是略有一些弱化而已。武术与其他运动项目相比，授技者称之为师父而少称教练。其原因就是在武术的发展中这些古训承载并传承了中华尊师重道的文化信念，维系着中华武术的文化传统。也正是在这样的文化传统的熏陶之下，成就了武术人这一特殊群体独特的精神和个性。他们不断地在这种文化传统之中吸取营养，并将这种文化传统作为其一生的精神信仰进行追求和持守。

关于习武意志品质上的要求训诫，如"天天练，日日功""拳艺无止境，苦练出真功""学武不用问，第一要吃苦"等（彭卫国，1988：257~259）。自强不息是对习武之人刻苦修炼的总体要求。理论与实践紧密结合是武术的一大特点。在传道授业之中，这些古训是师父对弟子们经常告诫的内容。古训一般言简意赅，但蕴意十分深刻，容易深入人心。尤其是结合着习武的实践，在习武的过程中更能体会出这些古训的深刻内涵。例如，在习武的过程中，习武者心生畏难的情绪，因怕吃苦而不肯再坚持，这时，平时牢记于心的那些古训将会成为激励习武者继续坚持的强大动力。能够做到自强不息、坚持不懈，这本身就是一种德性，就是一个养育武德的过程。古训在这个过程中则取到了巨大的作用，发挥了重要的价值。

武力之用能合乎道义，全在于德。关于习武之人如何用武，诸如"拳不伤人，械不取命"，"尚德为先，以守为重"，"秉于大义，方能大勇","为善最乐，作恶自难","遇强不惧，见弱不欺"等（彭卫国，1988：246），这些都是针对习武之人何时用武、如何用武的训诫和教导。所谓"艺高人胆大"，习武之人如果不能很好地约束自己，则会仗艺欺人、以强凌弱。"人前显胜，傲里夺尊"，描述的是大多数习武之人的争名逐利。这些古训为习武之人确立了一种认知，即受人尊重并不完全取决于武技而是取决于武德。武技高超又能以德服人，成为大多数习武者所追求的人生境界。习武之人在生活中为人处事，亦有一些古训需要遵守。诸如"满招损，谦受益"，"信只为立身之本，进德之源"等，儒家的仁义礼智信等道德要求亦都可入武德之训条。

　　学于古训对于武德的培养而言并非独立的说教，而是与习武实践、武林中的人际交往等相融合在一起的。这些武德古训并非只以文字的形式存在于书籍古典之中，更存在于师父的言传身教之中。这些武德古训也并非只是道德教条，更是自古传承至今的一种文化传统。在这种文化传统下，武德古训融于习武者的精神信仰之中，作为人生信条而恭敬奉持，代代相传，逐渐成为中华武术法脉中的一个重要组成部分。它是中国传统文化对武术的巨大贡献，亦是武术对传统文化的一种别样的诠释与呈现。

　　如果说亲师访友是一个为学日益的过程，那么，习武修德则是一个为道日损的过程。亲师访友的目标是让自己的知识水平和各种技能无限地提升。亲师访友的方法核心在于学，通过学习前辈的经验心得和圣人教诲而逐渐提高自己的经验技能。习武修德的目标是让自己的本性完全开显，成就自己的道与德，努力追求一种道全德备的圣人境界。虽然，这个目标在一般人看来是遥不可及的，但在中国文化中，"人人可为尧舜""人人皆有佛性"指明了每个人都有成圣成佛的潜质。这是习武修德以入圣人之域的根本前提。习武修德的方法，总而言之，即是无化。通过无化恢复"我"的本来面貌。在这其中，可能要借助一些专门明德的方法手段，使无化方法得以具体落实。例如，武术修炼中的打坐、站桩、意守、冥想等都是无化方法的具体手段。

　　武术修炼视角下的明德亲民，强调武者既要习武修德又要亲师访友，体现的是尊德性与道问学的统一、道德与技艺的统一。习武修德是一个不断修持、温故知新的过程。亲师访友是一个"三人行必有我师"的求学问道过程。二者共同促进着习武之人的武德修养与武技提升。习武修德是内向性的挖掘自身的潜能，这是以儒家认为每个人都具有与圣人一样的根本德性为前提的。只要我们把自身本具的德性完全彰显出来，便实现了修身的最高目标，即圣人境界。亲师访友是外向性的学习，研究具体事物中所蕴含的义理以及圣人的教诲或法度等，其目的是建构我们对经验世界的认知，推极我们的知识。它是以天道性理本为一贯为前提的。儒家认为，只要我们能够贯通事物之间的理，便能够体证天道，步入圣域。

大学之道中的明德在于对自我潜能的开发、对本性的彰显。亲民在于对知识技能的学习与建构。无论是明德还是亲民，对武术修炼而言，都是必不可少的。在武术修炼的视角下，明德使习武之人更加注重对自我潜能的挖掘和开发，从而为武术开辟了一条极具中国文化特色的内功修炼道路。亲民则使武术的技术体系不断地丰富完善，形成了如今武林门派林立、拳种纷繁复杂多样的百花齐放的格局。明德是习武之人的内省功夫。自我反省，祛邪扶正，存天理而灭人欲，使本善之性完全彰显。亲民则是习武之人对戒约和规矩的学习，使习武之人的言行得到约束，不善之行得到相应的谴责或惩处。明德与亲民，对于武术修炼而言，是同等重要的。没有亲民，无法满足人们在现实生活中经验层面的各种需求。没有明德，无法满足人们在现实生活中对超验层面的生命体验和证悟。武术修炼在明德和亲民上实现了完美的统一。离开明德，武术就缺少了一些内修特色；离开亲民，武术也缺少了一些百花齐放的张扬。

武术，即人生。因为，无论是武术还是人生，明德与亲民，都是它们所不能或缺的。由武技到武德进而到武道，都体现着明德与亲民的统一。明德与亲民，并不是矛盾的，正如乔凤杰先生所讲，彰显超验心和建构经验心看似矛盾的两者，却在受传统文化影响的中华武术上实现了统一。因为，二者在本质上是不一不异的。它们对武术修炼而言，有着不同的利用价值，这也使得它们能够共同为武术修炼服务。无论是明德还是亲民，对武术修炼而言，都是有意义的；对习武之人而言，都是为己之学。

第三节　武术修炼视角的止于至善

格物致知，是大学之道的起始功夫。对武者而言，它是一种由招熟而渐悟懂劲、由渐修而至顿悟的修炼实践。明德亲民，是大学之道的主体内容。对武者而言，它是一种既要习武修德又要亲师访友的修炼实践。武术修炼视角下的格物致知与明德亲民共同为武者建构和铸造了一条习武修身的大学之道。"大学之道，在明明德，在亲民，在止于至善"。笔者认为，这条大学之道最终所止之境，即习武之人通过武术修炼所要达到的至善之境，应该是从心之所欲、尽善又尽美的。

《太极拳论》："由招熟而渐悟懂劲，由懂劲而阶及神明……懂劲后愈练愈精，默识揣摩，渐至从心所欲。"（张耀忠，1989：1）作者王宗岳为我们描述了太极拳修炼所要达到的最高境界，即"阶及神明"和"从心所欲"。在散手实战中能够做到从心所欲、一触即发，将对手玩弄于股掌之中，似乎神助一般，这就是《太极拳论》中所讲的"阶及神明"。阶及神明，是一种客观描述。从心所欲，是一种主观体验。二者皆是对太极拳最高境界的诠释和表达。孔子"从心所欲不逾矩"的圣人境界不仅仅是儒家修身以及太极拳修炼所追求的理想境界，更是所有习武之人梦想通过武术修炼而达到的至善之境。

按照宋儒的观点，心，有道心和人心之别。道心，是能够觉悟天命之性的真心。人心，是被气质之性所障蔽的私心。需要说明的是，道心和人心并非是两个心，而是心的一体两面。心只有一个，并不是分为道心和人心两个心。从体上讲，道心与人心是一不是二；从用上讲，道心与人心又是不同的。当心被物欲障蔽时，所表现出来的就是人心；当心与本性相应、志道向善时，所表现出来的就是道心。

儒家认为，每个人都具有能够实现本性彰显的道心，即佛家所说的人人皆有佛性。但是，由于人生之后多为气禀所拘，道心易被人欲蒙蔽，表现出来的就是欲望驱使下的人心。"然人莫不有是形，故虽上智不能无人心，亦莫不有是性，故虽下愚不能无道心"（《四书章句集注》）。因此，心之所欲的境界，应该是道心得以养育、人心得以规范的至善之境。要达到这种境界，习武者一方面要努力养育道心，另一方面要不断规范人心，使人心听命于道心，最终实现道心与人心的圆融统一。

养育道心就是告诉我们在通至圣人境界的修炼过程中，有一种内向性的求索，指向自己的本心，不需要外界任何经验建构，而是直接探求我们内心之中本自具有的与天地同体的本性。儒家为我们的修身所建立的这个理念，是与西方文化不同的。儒家文化承认，每个人在本性上是一样的，并且每个人都有达到圣人那种道全德备境界的潜能。正是在这一理念的指导下，中国传统文化的各个方面都体现出了极为明显的内修特色。反求诸己、慎独以及佛家的明心见性、道家的返先天等都体现出了中国传统文化一以贯之的内修理念。

在儒家文化的影响下，习武之人潜移默化地开始对武术进行加工和改造，赋予武术一些有别于其本质特性的内涵，将儒家的德性之学和修身文化与武术修炼有机融合，彻底建构起了一套中华武术的修炼体系。我们可以发现，一些习练传统武术的老前辈，他们经过几十年传统武术的修炼之后在生活中显得十分随和和洒脱，这与他们的武术修炼是不无关系的。表现在他们的拳架上，一招一式显得简单而有内涵且不花哨，每一个招数动作都给人一种身心合一、心物一体的感受。武术，作为一种手段和工具，它的任何功能只有通过人能动地改造和赋予才能实现。

例如，少林武僧们习武的最高目标是参禅，他们把武术当成了一个参禅悟道、明心见性的法门，称为武术禅法门，亦称禅拳合一。武术对少林僧人们而言，只是一个工具和手段。他们的真正目的是借假修真和证悟禅理。武禅的结合，实际上体现了中华武术内修的特色。通过外在的身体上的"动"，来体验内在的心理上的"静"，使自己的内心对身体有更好的把控力和感知力，借助于色身来内求真实的本我。传统少林功夫不在于一招一式的观赏性，而在于其内在的生命体验，重视内在人格的不断完善。气机即禅机，少林武术注重炼气、炼意、炼心，即通过习武来实现对心性的磨炼。

中华武术极为重视心的功能，并不是将心神秘化或迷信化，而是注重对本心明觉的彰显，最大限度地开发和挖掘我们本自具有的巨大潜能。心在中国文化中有着深厚的内涵。儒家认为，心是有虚灵知觉的，能够分辨善恶是非，探析事物义理。喜怒哀乐之未发，称为性；已发，称为情。天命之性，即人的本性，包含于气质之性之中。因此，要完全彰显本性，则要消除掉气质之性，修正气质所偏之处。

儒家经典《尚书》中的"十六字心传"，首先指出了"人心惟危，道心惟微"（《书集传》卷一）。"由于生于形气之私"，所以人心"危殆而不安"（《四书章句集注》）。由于"原于性命之正"，所以道心"微妙而难见"（《四书章句集注》）。宋儒认为，我们的本心与天地自然具体事物的理以及最高的天理是相互融通的，是一体的。尽管道心"微妙而难现"，但每个人的心都包含天命之性，因此即便是下愚之人也是不能没有道心的。只是，他的道心可能被习气蒙蔽的很重而已。又因为我们每个人都是有"形气"的个体，任何人也不能无人心，都需要对人心进行规范。因此，即便是儒家的圣人孔子仍然要学，"好学不倦，诲人不厌"甚至"三人行，必有我师焉"，还要问学于师。当年，孔子问礼于老聃，便是如此。

人的潜能是巨大的，是无限的。只有当我们的本性完全彰显的时候，我们才真正地回归到人之所以为人的本真状态，才是天命之性无任何障蔽下的自然流露。这种状态对人而言是真正的快乐和幸福所在的至善境界。人类的真正幸福并不取决于向外的任何经验性的建构和追求，而是来自向内的回归本性的超验性证悟。任何经验性的快乐都是有局限的，都不是完美的。只有源自本性的法喜才是真正永恒和完美的快乐。习武之人通过道心的养育所要追求的，正是这种超越经验性层面的最完美的超验性的幸福与快乐。

道心指向的是对超验世界的证悟。人心指向的是对经验世界的认知。人自出生之后便不断地在经验世界中学习来规范人心。但同时我们又具有与生俱来的道心。因为道心"原于性命之正"（《四书章句集注》），它是最完美、最真实的本心，是我们本自具有的，不需要我们后天的规范，但需要我们对其加以养育。人心由于受到后天气质的影响以及外诱或私欲的干扰，因此是"危殆而不安"（《四书章句集注》）的，需要我们对其进行规范。

中国文化，无论是儒家、佛家还是道家，它们有一个共同的特征，即形上与形下、道学与器学之间是上下贯通的。天道天理映射于万事万物之中，则表现出具体事物的理。这些各个事物的理同天道天理又是相互贯通的。从本质上而言，它们是不一不异的。这就是中国文化的一大特色。任何艺术门类，在中国文化的滋养和浸润之下，上可志于道，下可游于艺。武术，亦然。

道是中国文化最高智慧的代称。在儒家，道可指天道或天理，是宇宙的本源，天地自然运行的根本规律。道心就是指能够体道的心。在儒家看来，天道通于人性，每个人都有体悟天道、明心见性的潜能。这即是道心。

中华武术将最高境界确定为武道。拳在心外，道在心中。何为武道？武道，又称拳道，是习武之人通过武术的修炼所要追求的一种最高境界。我们相信，武道的境界，与佛家、道家、儒家的圣人境界应该是一样的。武道的道，与儒释道三家的道，也应该是一样的。天地宇宙之间有一个最高的道，按照中国文化的理路，任何艺术、任何学问，最后都可以殊途同归于这个终极的道。因此，武道就是这个最高的道体现于武术上的一个称谓，亦是乔凤杰先生所言超验心的体现。对武道的追求正是彰显超验心的修炼过程。

笔者认为，武道既是出世法的天道，又是世间法的人道；既是对道心的一种养育，又是对人心的一种规范。因为，道在中国文化里，是彻上彻下、上下通贯的。道，是圆融的，虽下愚之人不能无道心，虽上智之人不能无人心。我们不能简单地将武道只是确定于出世性的终极追求上，应将其表现在入世性的人生体验上。我觉得，这样才是中国文化下道的全部内涵。道，绝不是不食人间烟火的消极避世，当然，更不是人间名闻利养上的追求。道，是出世法与世间法的统一与圆融。脱离世间法的道，是无源之水的幻想，没有出世法的道，只能是不究竟的小道。因此，真正的武道，一定是道心与人心的统一，一定是出世法与世间法的统一，一定是形上与形下的统一。这才是中国文化下道的真正内涵。

我们绝不可因为儒家的积极入世而称儒家的道为世间之法，也绝不可因为老庄的无为无我而称老庄的道为出世之法。其实，无论是儒家还是老庄，它们的道都是上下贯通、内外合一的。只是，它们各自关注的重点有所区别而已，而在本质上则是不一不异的。对武道的证悟，既要养育道心又要规范人心。真正的武者一定是将对宇宙根本大道的证悟确定为武术修炼的终极追求。但每一个习武之人要脚踏实地地扎根于生活，在人生中不断积累、不断进步。所以，他们离不开对人心的规范。武道，是在生活中修炼。它源于生活，但又超越生活。

习武之人正是通过武术修炼来实现对武道的证悟的。武技，是形下的技艺。武德，是内心所得和自我修养。武道，是修炼所体现出的一种境界。练武技，要修武德；修武德，要证武道。可见，武技、武德、武道是一个习武之人武术修炼的完整过程，也是武术修炼的三层境界。此三者合一，才是一个完整的武术修炼。此三个过程的螺旋式上升，才是一个真正的武术人生。对于习武者而言，人生即武术，武术即人生。

在儒家看来，人禀赋天理而具有人性，"性相近，习相远"，随着后天习气的增加，人的本性逐渐受到蒙蔽。因此，道心惟微，以致微妙而难现。道心是"原于性命之正"，"然人莫不有是形，故虽上智不能无人心，亦莫不有是性，故虽下愚不能无道心"，道心是生命境界实现蜕变的终极依据。儒家的学问是德性之学，教人如何进德修身，如何明此道心。武术修炼的重要意义，就是要实现道心的养育。通过格至武术这一物来达到致知，进而通达万理，养育道心。道心不是一些具体的外在规范或道德条目，它是一种发自本性的根本智慧，甚至是不需要后天的逻辑推理应物而生的一种禅慧。在道心面前，任何语言文字对它的描述都不是究竟的。它是一种无为而无不为的智慧，它是破除我执、法执后的源自本心的一种灵明。

在道心的层面上，儒释道三家达到了圆融和统一。正是武术修炼包含了养育道心的内容，使得儒释道三家的一些修行方法或理念被武术部分吸收。因为，它们的目标是一致的。所以，任何能够达成此目标的手段或方法都可以被武术修炼借鉴和吸收。正是这样，很多佛家道家的修行人或致力于君子之学的儒生也都刻苦习练和钻研武术，以期能够在武术上感受一些生命体验和吸取一些悟道的智慧。

其实，并非所有的习武者都将对道的证悟作为自己武术修炼的追求目标。但是在中国文化的长期影响下，包括武术在内的很多技艺早就同道联系在了一起。这早已成为一种普遍现象。武术、书法、国画、中医等，虽然在技术上区别显著，但它们都通达于道。因此，它们在很多方面有了相互交流和沟通的可能。就武术本身而言，从武技的角度看，各大拳种门派的功法套路和技战术体系不尽相同。但天下武术是一家，是什么将它们血脉相连？正是通达于武技、表现于武德的道。道提升了武术的内在价值，道丰富了武术的文化内涵，道使中华武术虽百花齐放但同出一源、一脉相承。

习武者通过武术修炼来养育其本有的道心。道心不是由无而有，是本具于己的，只是需要将其好好养育。当武者修炼到较高程度之后就不急于在力量、速度、爆发力、技战术等方面的进一步训练和提高，而更多地专注于一种心境的培养或一种思想的升华。对于习武者而言，思想的提升要比身体的改变困难得多。太极拳修炼者都知道，太极拳要求舍己从人、以柔克刚，但要想真正在实战中做到这一点，首先要从想法意念上树立这个原则。只有在思想上有所认识之后，才能化为行动。在太极拳推手的实战中，习武者要做到松散通空。但是有过实战经验的习武者都知道，实战中是很难做到身心合一的。和对手一接触，便想取胜，结果双方开始较力、较劲。这在太极拳推手中，被称为顶牛。其原因是"双重之病未悟耳"。虽然知道以柔克刚、舍己从人的原则，但到了实战之时心中的想法不能够用身体表达出来。身心分离，知行不能合一。能知能行才是真知，只有做到知行合一，才能算是真的领悟了、真的懂得了。太极拳修炼就是不断地强化和塑造着习武者的身心而逐渐使之升华出一种人生态度和思想认识，并以此来应对生活中的为人处世。习练太极拳的人在社会生活人际交往中，一定能够更加深刻地体会到舍己从人的妙用，亦会更加善于以柔克刚来应对一些人生挫折或困难。这本身已经超越了武技的层面，而是一种武道的体验。养育道心就是让我们通过武术修炼来彻悟本性，发明本心。这个过程是一种渐修和顿悟不断循环往复的过程，直到我们的本性完全彰显。

道心是我们每个人本具的，是先天的真我。人心是因习气而生的后天假我。对于武术修炼而言，既要养育先天的真我，又要规范后天的假我。我们每个人都不是生而知之的圣人，都离不开社会生活这一大环境，也都是在这个大环境下成就自己的道德。道心是我们人生的崇高追求。人心是我们应世的现实需要。每个人都离不开日常生活和社会实践，习武者亦然。这就需要我们规范人心以能更好地适应生活或满足需求。

规范人心，一方面是让我们更好地适应生活，另一方面也有助于道心的养育，使人心听命于道心。虽然，实现道心的养育是习武者的崇高理想，但是对人心的规范又是习武者的现实需要。道心和人心，作为心的一体两面，共同构成了心的全体大用。

少林禅武医是少林武僧们修行的三大法门。其目标是要达到禅通武达医理明的境界。禅是无形无象的，是无法用语言文字进行表达和描述的。少林拳是禅拳合一的。武僧们习武之根本目的在于参悟禅机、明心见性。除此之外，少林寺自古就有济世之怀。无论是传说中的十三棍僧救唐王以及少林僧兵助明军抵御倭寇，还是通过武医教人强身健体、助人祛病疗疾，都体现出了少林武僧们的积极入世。养育道心以出世，是为了更好地规范人心以入世。道心与人心，在少林武僧以及禅拳合一的少林功夫中体现得淋漓尽致，达到了完美的圆融和统一。

修炼武术可以促进身心的和谐，培育积极的人生态度。它为我们应对生活中的各种挑战营造了积极的心理环境。习武可以磨炼人的意志品质。坚忍不拔、自强不息的意志力是事业成功、创造幸福生活的根本保障。我们不可否认，习武真的是能够给我们带来很多的生命体验和人生感悟。这对于我们更好地认识自己、完善自己有着莫大的帮助。武术中的一个技术动作，如果它的难度系数很高甚至有一定的危险性，那么，在学习这个动作的时候，敢不敢去尝试？这正是对自己内心的一个认识和考验的机会。在平时养尊处优的环境下，任何豪言壮语都是不切实际的幻想。只有真正直面危险和困境的时候，才能看到真正的自己。而武术修炼的过程正是一个不断地创造机会考验和磨炼自己的过程。

少林永化堂禅武医传人释德建大师经常在悬崖边上练拳，其目的就是给自己创造一个锻炼胆量、磨炼心性的机会，培养自己临大敌而不惧、心如止水的上乘功夫。通过习武培育起来的这种心境是完全可以迁移到生活之中为我们的人生实践服务、为创造幸福的人生服务的。这即是对人心的规范。

规范人心是为了更好地适应生活。中华武术被人们看作一种正能量，习武之人亦是给人以积极向上的印象，这其实都是武术与生活相互联系、相互影响的结果。武术源于生活，又要服务于生活。因此，对人心的规范，是习武之人进行武术修炼的重要目的。对人心的规范与追求并不是武术修炼目标的降低。离开了对人心的规范，习武就会变得虚无缥缈。

养育道心与规范人心都是武术修炼的目标定位。只是养育道心定位于出世，规范人心定位于入世。出世与入世并没有高低上下的区别，只是人生两种不同的面对。道心面对的是出世、解脱、尊德性等，人心面对的是入世、轮回、道问学等。虽然这样看上去人心不如道心究竟和圆满，但是我们每个人生活在世间，都无法离开人心。只有在以人心来应对世间法的基础上才能更好地追求道心，以获得对出世间法的证悟。人心与道心，从本质上讲是没有分别的。就大多数人而言，人生在世主要面对和解决的是人心的问题。就像物质和精神一样，只有解决了温饱问题、有了一定的物质基础之后，进而才能追求精神世界的解脱和享受。人心与道心，亦然。人心，是普适性的。它体现的是我们的一种担当精神、一种对于家国天下的责任感。"天下兴亡，匹夫有责"，"为天地立心，为生民立命，为往圣继绝学，为万世开太平"，正是这种积极入世的担当精神和责任感，使儒家在注重养育道心的同时并没有忽视对人心的规范，亦开辟了一条修身齐家治国平天下的内圣外王之路。

在规范人心的过程中实现对道心的养育，人心与道心合一于为己修身和社会实践之中，个人的修养与社会担当有机地融为一体，个人利益与国家利益合一。在这种儒家文化的影响下，习武之人将习武修身与报效国家联系在一起，成为一种普适性极强的价值观。正是在这种文化渲染之下，习武者的目标定位既要体现对道心的向往与追求又绝不可忽视带有积极入世性质的人心。规范出一个完善的人心成为每个武术人的梦想。在这样的价值观推动之下，习武之人在国家或民族危难之时必然会挺身而出。虽赴汤蹈火，亦在所不辞。这样的例子如岳飞、戚继光、文天祥等数不胜数。

对道心的追求使很多习武之人洁身自好、不为名利所动，甚至是隐居深山、一心修道。他们是值得我们尊敬的。对人心的追求，使得很多习武之人积极入世、报效国家，甚至建立了不朽之功业，成就了内圣外王的人生。他们亦是值得我们尊敬的。因为，无论是致力于对道心的养育，还是致力于对人心的规范，他们都是在践行着一个习武之人的武道精神。在中国文化的影响下，中华武术体现了道心与人心的融合，这也反过来印证了中国文化的圆融无碍。对道心的养育让我们感受到了武术的圣洁与超脱；对人心的规范让我们感受到了武术的致用与人情。在中国古代，很多习武之人想通过练就一身高超的武艺来建功立业，实现人生的价值。这是在儒家强调积极入世的文化影响下所形成的一种对人心追求的价值思想。在当时的中国，政府亦设有专门的武举考试，来为习武之人进入仕途搭设一座桥梁。这也为习武之人追求人心、积极入世起到了一种推动作用。

我们不可否认，养育道心实现本性的完全彰显是习武之人进行武术修炼的最高理想。但又决不能否定，规范人心以更好地适应社会对习武之人的现实意义。实际上，对于生活在现实社会中的习武之人，二者是缺一不可的。这是中国文化使然，亦是中华武术的特色所在。道心与人心，并非相互矛盾，而是文化上的圆融。因此，武术修炼既要养育道心，又要规范人心。这样才能真正实现从心之所欲的至善之境。

综上所述，笔者将武术修炼视角的止于至善诠释为一种道心得以养育、人心得以规范的从心之所欲的至善之境。下面，笔者将从善与美的角度阐释尽善又尽美的内涵，认为武术修炼视角的止于至善也应该是一种既尽善又尽美的至善之境。

徐中书（1998）在《甲骨文字典》中将"美"解释为："象人首上加羽毛或羊首等饰物之形，古人以此为美。所从之为羊头，为羽毛，《说文》皆从羊，不复区别。《说文》：'美，甘也。从羊从大。羊在六畜主给膳也，与善同意。'《说文》以味甘为美，当是后起之引申义。"由此可见，美中有善之意。《孟子·尽心下》："可欲之谓善，充实之为美。"（《四书章句集注》）亦可见，美是以善作为基础的。

美与善的关系是文与质、形式与内容的关系。美善统一、不偏不倚、文质彬彬、诚于中形于外，这些都是儒家所认为的高尚境界。无论在形式上的建构多么完美，儒家更为重视的还是本质上的善。外在的美与内在的善和谐统一才是真正的美。

《论语·八佾》："子谓《韶》，'尽美矣，又尽善也。'谓《武》，'尽美矣，未尽善也。'"朱熹注曰："美者，声容之盛，善者，美之实。舜绍尧致治，武王伐纣救民，其功一也，故其乐皆尽美。然舜之德性之也，又以揖逊而有天下，武王之德反之也，又以征诛而得天下，故其实有不同者。"程子曰："成汤放桀，惟有惭德，武王亦然，故未尽善。尧、舜、汤、武，其揆一也。征伐非其所欲，所遇之时然而。"（《四书章句集注》）《韶》是指舜乐。《武》是指武王乐。孔子于此对善和美的关系作了清楚的说明。善和美是对同一事物两种不同的评价视角，在儒家看来美的事物不一定善，但善的事物一定是美的。孔子认为，《韶》乐尽善又尽美，《武》乐尽美但未尽善。《韶》为舜帝所作，《武》为周武王所作。两首乐歌实则是代表着舜帝和武王的德性与功业。与其说孔子是对两首乐歌的评价，毋宁说是孔子对舜帝和周武王德性与功业的评价。从功业上来讲，大舜继尧帝之后励精图治、社会昌明；武王吊民伐罪、救民于水火，建立周朝，繁荣礼乐。在功业上他们是一样的，都达到了尽美的程度。但是，大舜之德，性之也，又以揖逊而有天下。武王之德，反之也，又以革命的形式推翻商纣而得天下。在德性上，大舜较之武王，更为尽善。因此，舜之《韶》尽美又尽善，武王之《武》尽美但未尽善。

通过孔子对《韶》《武》的评价可以看出，在儒家的思想中美的事物未必是善的，但善的事物一定是美的。止于至善是儒家所追求的最高理想。孔子通过对《韶》《武》的评价，肯定了美的独立性和客观性。美与善之内容与形式高度统一、达到极致的尽善尽美，才是孔子认为的至善之境。《韶》乐尽善尽美，因此"子在齐闻韶三月不知肉味，曰：'不图为乐之至于斯也'"（《四书章句集注》）。

除美与善的明确区分，孔子有时也将美善等同为一，如里仁为美、君子成人之美不成人之恶等。《论语·八佾》："子夏问曰：'巧笑倩兮，美目盼兮，素以为绚兮，何谓也？'子曰：'绘事后素。'"（《四书章句集注》）绘事指的是绘画之事。古人绘画之前，要先打粉地，以粉地为质，再施绘以五采之文。正如美女一样，需要具有美的潜质与内在的品德，然后再加以文饰，才能展现其真正的美。孔子所称赞的美是内在与外在、文与质相统一的美。《论语·雍也》："子曰：'不有祝鮀之佞，而有宋朝之美，难乎免于今之世矣。'"（《四书章句集注》）尽管这是孔子对衰世的感伤，但也揭示出在孔子那个时代，一个人能够立足于社会既要有外在的美貌又要有内在的才干和能力，只有两者结合才算是完美的。

其实，中国的古人们在善与美的思辨上往往是混淆的。大多数人认为，只要合于道德就是美。如《国语·楚语上》中记载到："夫美也者，上下、内外、小大、远近皆无害焉，故曰美。若于目观则美，缩于财用则匮，是聚民利以自封而瘠民也，胡美之为？……其有美名也，唯其施令德于远近，而小大安之也。若敛民利以成其私欲，使民蒿焉望其安乐，而有远心，其为恶也甚矣，安用目观？"（《国语》卷十七）这段话说明了，灵台之美不在于外表和形式。真正的美是"施令德于民"。基于善的美才是真正的美。这体现的是美与善的统一。美是事物外在的形式。有着善的内容的事物也可能缺乏外在美的形式，而不善的事物只要在形式上符合美的特征亦可以给人以美感的享受。

在三代时期，礼、乐、诗三者是不分的。诗都是要配乐的，并且多是在行礼之时演奏。例如，礼射在三番射时，射者比射要与乐相配合。

不同的礼与场合用不同的诗和乐。诗能够感发人的情志，而乐则能够使情之所发不偏不倚、达于中和。在宴饮、聚会、礼射、外交、朝聘等场合礼乐相合，行礼者的言行举止才能够得宜。"礼之用，和为贵"，诗和乐能够为行礼创造和谐的氛围。诗、乐对人的教化意义在于其能够感通人心、调节情志。

在《诗经》中，关于美与善的思辨更是十分的明显和丰富。《诗经·周南·桃夭》："桃之夭夭，灼灼其华。之子于归，宜其室家。桃之夭夭，有蕡其实。之子于归，宜其家室。桃之夭夭，其叶蓁蓁。之子于归，宜其家人。"（《诗集传》卷一）周南之地的百姓受到文王的教化"男女以正，婚姻以时"，女子之美貌犹如正在盛开的桃花一样鲜艳美丽，像其果实一样丰满盛大，但更为重要的是，女子内心的纯善一定能够使得家庭和顺美满。诗人通过对桃树花叶果实的描写，向大家展现了一个外有艳如桃花的美貌、内有宜家宜室的善德的女子。从中可以看出，诗人对美的理解是既要有外在的形式之美又要有内在的善，只有两者合一，才是尽善尽美。

与《桃夭》形成鲜明对比的是《诗经·君子偕老》（《诗集传》卷三）。该诗的作者极力地渲染宣姜的外貌与服饰的美丽，如"君子偕老，副笄六珈，委委佗佗，如山如河，象服是宜""玼兮玼兮，其之翟也，鬒发如云，不屑髢也，玉之瑱也，象之揥也，扬且之皙也""瑳兮瑳兮，其之展也，蒙彼绉絺，是绁袢也，子之清扬，扬且之颜也"直至发出了"胡然而天也！胡然而帝也！"的感叹，言其服饰容貌之美，使得见之人惊犹鬼神。将宣姜之美渲染到了极致，而诗人对其最终的评价却是"子之不淑，云如之何""展如之人兮，邦之媛也"。作为国君夫人的宣姜，其服饰如此之盛艳，雍容自得，安重宽广又有以宣其象服。但宣姜放荡淫乱，亦将如之何哉？徒有美色而无人君之德，说明其德貌不相称。虽有外貌之美，却无德行之善。

《君子偕老》与《桃夭》两首诗都描写了女子的容貌服饰之美。可以说，都达到了尽美。但《桃夭》既尽美又尽善，而《君子偕老》尽美而未尽善。在《诗经》中，每一首诗的描述与表达并非仅仅局限于女子的阴柔之美，亦有男子的勇武之美、大自然的意象之美等。《诗经·齐风·还》："子之还兮，遭我乎狃之间兮。并驱从两肩兮，揖我谓我儇兮。子之茂兮，遭我乎狃之道兮。并驱从两牡兮，揖我谓我好兮。子之昌兮，遭我乎狃之阳兮。并驱从两狼兮，揖我谓我臧兮。"（《诗集传》卷五）展现了猎手在捕猎时的技艺高超、轻捷利落、威武彪悍的阳刚之美。再如《诗经·郑风·叔于田》："叔于田，巷无居人。岂无居人？不如叔也。洵美且仁。叔于狩，巷无饮酒。岂无饮酒？不如叔也。洵美且好。叔适野，巷无服马。岂无服马？不如叔也。洵美且武。"（《诗集传》卷四）其中，美且仁，就是美与善的统一。这首诗反映了共叔段在郑国百姓的心中已达到了尽善尽美的程度。

美与善的统一实际上正是儒家所宣扬的中和思想。"喜怒哀乐之未发谓之中，发而皆中节谓之和，致中和，天地位焉，万物育焉。""中也者天下之大本也，和也者天下之达道也。"（《四书章句集注》）尽善尽美即是中和思想的有力体现。孔子对《诗经》首篇《关雎》的评价是"乐而不淫，哀而不伤"（《四书章句集注》）。男女之爱恋与忧思，既无过又无不及。中和之美则油然而生。人性本静，合于中道便是善。人情发之中节，能以和为贵便是美。于中和之中，又能尽善尽美。男女之道即是阴阳之道。阴阳中和，便能天地位、万物育。由此亦可看出，《关雎》作为《诗经》首篇，其意义自然不言而喻。

无论是《桃夭》的尽善尽美还是《君子偕老》的尽美未尽善，《诗经》都在为我们表达着一个信息，那就是当我们在对某个事物进行评价和判断时，一定要兼顾其内容与形式两个方面。文的方面，是我们易于观察和感知到的；但质的方面，则更需要我们用心去体会。孔子认为，对一个人做出真实客观的评价一定要"视其所以，观其所由，察其所安"，只有这样才能了解到这个人的本质。在传统美善统一思想的影响下，人们对某人技艺的评价往往是与其人品相联系的。艺品即人品。艺术水平之高低不仅仅取决于艺之美，更取决于人之善。如清代的傅山对唐代书法家赵子昂的评价为"予极不喜赵子昂，薄其人遂恶其书。近细视之，亦未可厚非，熟媚绰约，自是贱态"（廖丹，2009）。可见，傅山对赵子昂艺术水平的评价与其人品紧密联系在了一起。

武术作为一门艺术，在中国传统文化的视域下，其最高境界亦应是美与善的统一、尽善又尽美的。武术修炼从心之所欲的至善之境，亦应是尽善又尽美的。其中，道心得以养育即是尽善；人心得以规范即是尽美。我们说的武术之最高境界，确切地讲是习武之人通过武术修炼所能达到的最高境界。每个习武之人可能对武术最高境界的理解和定义是不尽相同的，但对于大多数习武者来说，他们相信通过武术修炼是可以明心见性、可以证悟最高的道。这个作为本体的最高的道正是老子《道德经》中："道可道，非常道"之道。并非所有的习武者都将自己的习武目标和理想定位于对道的证悟或对本性的彰显。也并没有充足的证据证明，通过武术修炼就一定能够实现证道的目标。但在中国文化下，作为一门艺术的武术同其他艺术门类一样，无不将艺术的终极追求指向了道。这是中国传统艺术的一个共同特征，亦可以说是受传统文化影响的中国人的一个共同思维特征。做任何事情，最终都要服务于自我修养的完善、归于天人合一的系统之中，并且在这一系统中天道与人性是相通的，证道即是见性，即是自我的解脱。

善在儒家思想中有着多层内涵。它有时是一个道德概念，有时亦是一个本体性概念，它指代的是根本意义上的宇宙大道。此时的善已然脱离了善恶的分别，同义于作为儒家本体意义的诚，如"大学之道，在明明德，在亲民，在止于至善"。可见，儒家的至善之境同老子的道、佛家的明心见性与根本解脱并没有本质区别，只是在不同的语言系统下对道的不同描述和称谓罢了。

传统武术往往将一些开悟证道的人赋予习武者的身份，除了假托名人传拳的善巧方便之外，更重要的是为武术确立了一个尽善的目标。达摩、张三丰、孔子等这些人都是人们认为已达至善之境、道全德备的圣人。赋予他们以习武者的身份正是为习武之人确立了一条由艺入道的修炼之路。按儒家《大学》所言，明明德的最高境界为止于至善。"古之欲明明德于天下者，先治其国；欲治其国者，先齐其家；欲齐其家者，先修其身；欲修其身者，先正其心；欲正其心者，先诚其意；欲诚其意者，先致其知。致知在格物。"（《四书章句集注》）物，指万事万物。武术及其他艺术门类皆在物的范围之内。《大学》的这段话揭示的正是由艺修道的内在理路。作为一物的武术，可以通过对它的格至达到知致意诚心正后而身修直至明明德、止于至善。在这条修道之路上，习武之人将武术作为自己彰显德性的工具和手段，以此来实现对道的证悟以及达到至善之境。所谓尽善，对习武之人而言就是对宇宙大道与至善之境的无限追求和向往，亦是对自我根本德性的完全彰显和解脱。尽善的思想提升了中华武术的境界和品位，也为习武之人打通了一条由格"武"而明明德直至止于至善之境的康庄大道。这些都充分体现了习武之人的智慧和勇气。

习武之人进行武术修炼除了追求尽善之外，更少不了对尽美的渴望与执着。武术之美只有通过习武者的演练才能展现出来。因此，美具有极大的主观性。对武术之美的展现，又取决于习武者的能动性。对美的界定，应该是仁者见仁、智者见智的。这就使得习武之人会将武术按照自己的审美标准加以改造和表达，其所呈现出的武术之美应是符合于习武者的自身想法的。习武者对武术的审美标准一定是存在差异性的，但这并不等于武术不存在一个共性化的美的特征体系。虽然在对美的评价上个体之间存在差异性，但仍然有一个符合于大多数人的审美标准。这一审美标准一定是存在于个性之中的共性。显然，在人们心中是存在着一个对武术共性化的审美标准的。正是存在这一共性化的审美标准，才使得习武者对武术之美的表达有一个可以依据的标准体系。所谓尽美，即是说习武之人在武术修炼的过程中对这一标准体系的无限趋近。这也是对武术运动规律的不断探索过程。在这一过程中，习武者的技战术水平不断提升，对武术之美的展现与表达越来越完美、越来越接近从心所欲。

习武者对武术之美的体验与感悟在拳谱与拳诀中都有所体现。例如，越女论剑："其道甚微而易，其意甚幽而深。道有门户，亦有阴阳。开门闭户，阴衰阳兴。凡手战之道，内实精神，外示安仪，见之似好妇，夺之似惧虎，布形候气，与神俱往，杳之若日，偏如腾兔，追形逐影，光

若佛彷，呼吸往来，不及法禁，纵横逆顺，直复不闻。"(《吴越春秋》卷
九）阴阳、开闭、内外等辩证关系以及意象性的生动描述给人们展现了
一幅武术搏击实战的优美画面，让人们深刻地体会到武术实战对抗时的
动作与神态的和谐统一，表现出了武者的机智与勇敢。张孔昭先生《拳
经》序："……而于先生运用之法，变化从心之妙，概未之闻也。盖先生
拳法，藏神在眉尖一线，运气在腰囊一条，发如美人之采花，收如文士
之藏笔，诸葛君之纶巾羽扇，羊叔子之缓带轻裘，差可仿佛。夫岂有圭
角之可寻哉？"(《拳经拳法备要》）"美人之采花"的发招进攻、"文士
之藏笔"的收招定式都给人以无限的想象空间，对武术之美的建构亦有
了更大的发展空间。

习武者对太极拳之美的展现，在逻辑上可以分为太极拳的外在之美
和内在之美。实际上，两者是不可分的。太极拳讲究内外相合，内三合
与外三合要和谐统一、上下相随。表现于外的首先是劲力之美。在《陈
公论太极劲》中讲到劲与力的区别为："力为有形，劲则无形，力方而劲
圆，力涩而劲畅，力迟而劲速，力散而劲聚。"(张耀忠，1989：129）可
见，太极拳中所强调的劲力并非一般意义上的拙力，而是身心内外高度
协调下表现出来的一种内劲。这种劲力亦刚亦柔、刚柔相济、内外如一。
这种劲力之美的获得需要习武者坚持不懈地体会与习练。正如《太极拳
术十要》中所言："若不用力而用意，意之所至，气即至焉，如是气血流
注，日日贯输，周流全身，无时停滞，久久练习，则得真正内劲。"(陈
微明，1994：12）

除了劲力之美外，任何武术套路都要展现一种韵律美。如长拳中的
动静快慢、刚柔虚实、起伏转折、闪展腾挪，要求"动如脱兔，静若处
子，奔若烈马，惊若游龙"。武术套路的演练要快慢相间、虚实相应、富
于变化，给人以节奏感，能使人体会到其中的韵律美。

唐顺之说："拳有势者，所以为变化也。横、邪、侧面起立、起伏，
皆有墙户，可以守，可以攻，故谓之势。拳有定势，而用时则无定势，
然当其用也变无定势，而实不失势，故谓之把势。"(《武编前集》卷五）
这说明，势是习武者掌握武术之美的另一主题。武术原来亦称为把势，

势在武术中的地位尤其重要。势是内在的精气神贯注于形的呈现，是一种似静非静、似动非动、静中有动、动中寓静的状态。马国兴阐释《剑经》序有言："有其形，便有其形之用；形之用者，势也。此'势'字，即《易经·坤卦》所言的'地势坤'，在拳中则为'外形'之动态。"（马国兴，2004：174）陈鑫说："是艺也，不可谓之柔，亦不可谓之刚，只可名之为太极。太极者，刚柔兼至而浑于无迹之谓也。"这种无迹便是对拳势的一种描述。拳势是一种气场，没有具体的形状，但能感知它的存在。拳势之美更是一种意象之美。"劲断意不断，意断神犹连"，犹如高山流水绵绵不断，无论是静态还是动态，都可以展现拳势之美。

从善与美的角度，武术修炼之最高境界一定是尽善又尽美的。尽善彰显的是习武者德性的光辉。尽美彰显的是习武者拳艺的光彩。诚于中，有着合乎道义的善；形于外，有着身法自然的美。这才是真正的从心之所欲、尽善又尽美的武术修炼的至善之境。

第三章

武术修炼视角的中庸之德

在笔者看来，据于德，对武者而言，应该指据于中庸之德。这是因为中庸之德可以帮助武者中立不倚、体悟至理。本章笔者将中庸之德具体展开为时中境界、执中境界、无中境界三个层次。笔者认为在武术修炼的视角下，时中境界强调武者要做到随时以处中、相时而主动；执中境界强调武者要做到炼法不偏倚、性情达中和；无中境界强调武者要做到已发之无化、未发之体验。

第一节　武术修炼视角的时中境界

子曰："中庸之为德也，其至矣乎！民鲜久矣。"（《四书章句集注》）这是"中庸"一词最早的文献记录。那么，中庸的内涵是什么？现代人对中庸的理解大多体现的是中庸的用。一般仅仅把"中"理解为中间、中流，仅从数量上去求"中"。如果"不及"，就要向"过之"的方向进发以趋向于"中"；如果"过之"，就要向"不及"方向退缩以趋向于"中"。然而，中庸兼有体用。只有从体用两个方面对中庸进行体会，才能真正把握中庸的深刻内涵。程子曰："不偏之谓中，不易之谓庸。中者，天下之正道，庸者，天下之正理。"朱熹曰："中者，不偏不倚、无过不及之名。庸，平常也。"（《四书章句集注》）如果我们把不偏不倚、无过不及的中只是理解为生活中的处事原则或是应当遵守的行为教条，那么，我们就把中庸看成了折中主义，把圣人的智慧当作了死板的知识。其实，正所谓"中庸之为德也，其至矣乎"，中庸所代表的是人所具有的最圆满的、最美善的德性。

《中庸》："天命之谓性，率性之谓道，修道之谓教。"（《四书章句集注》）从本体上讲，天命之性是不偏不倚、无过不及的，即是中。从功用上讲，率性之道是平常不易、须臾不离的，即是庸。庸与和，是相通的。从德行上言，是中庸；从性情上言，是中和。"中也者，天下之大本也，和也者，天下之达道也。"（《四书章句集注》）这句话，讲明了中乃是天命之性，和乃是率性之道。"君子之中庸也，君子而时中。"（《四书章句集注》）通过此句可以看出，庸与时，亦是相通的。程子所言的"不易之谓庸"中的不易正是对时的一种描述。时体现的是一种随缘性。它不是固定呆板不变的，而是不定与灵活善变的。正是时具有这种变化性、随缘性，无处不在、无时不有，所以，时又是不易、平常、恒定的。因此，时、和与庸，三者异名而同实。

中，随着参照标准的变化，会具有不同的内涵。例如，太极拳内劲技艺强调在动的状态下仍然要保持"不丢不顶""无过不及""不偏不倚""八面支撑"等，这正是儒家中庸思想在武术修炼上的体现。《太极拳论》："无过不及，随曲就伸……不偏不倚，忽隐忽现。"（张耀忠，1989：1）王宗岳在《打手歌》中亦写道："引进落空合即出，沾连黏随不丢顶。"（《太极拳谱》）《太极拳论》中所谈及的"无过不及""不偏不倚"，表现在太极拳内劲技艺上正是不丢不顶的意思，即在盘拳走架或散手实战时都要保持劲力的不丢不顶状态。其实，太极拳内劲技艺可以称得上是对儒家中庸思想的生动展现。何以如此呢？因为太极拳习练者对内劲技艺的修炼实际上是对将出未出状态的把握和体悟。而将出未出的状态相对于完全的松懈状态，它是一种将出；相对于拙力或妄动，它又是一种未出。完全的松懈状态在武术技击中是一种完全丧失技击能力的状态。无论是在身体上还是在心理上都处于一种完全松懈的状态，这是不及。与之相对应，拙力或妄动是一种出的状态。无论是大力还是极其细微的小力，相对于未出都是一种出的状态，因此，它是过。所以，作为一种将出未出的内劲状态，实际上正是一种无过无不及的中庸状态。子曰："中庸难能也。"太极拳内劲则是一种修炼中庸状态的技艺。习武者通过对内劲的长期修炼和体验，在其内心之中自然会逐渐产生对中庸境界的感悟和体证。

杨少涵（2010）先生在其《孔子中庸的三重境界》一文中，将孔子的中庸思想概括为时中、执中、无中三重境界，认为"孔子中庸的三重境界层层递进，构成一个有机整体"。笔者认为，时中强调的是对"中"的时变，体现的是一切从实际出发、具体问题具体分析的哲学道理。执中强调的是对"中"的执持，体现的是坚持原则、把握本质规律的哲学道理。无中强调的是对"中"的无化，体现的是无可无不可、无为而无不为的哲学道理。时中、执中、无中是中庸思想的三重境界，亦在逻辑上构成了中庸思想的全部内涵。在本章，笔者从时中、执中、无中三个维度对儒家中庸思想进行武术修炼视角的诠释与研究。

"时中"一词，取自《周易》"蒙"卦的《象传》："蒙，亨。以亨行，时中也。"（《周易本义》卷一）亨，有亨通之意，表示畅通无阻。亨行和时中，其实，在本质内涵上是一样的。只有做到亨通畅行才能够真正做到随时随地合乎时宜、处于中道。反言之，只有做到了随时随地合宜处中，也就必然能够亨通畅行而无阻滞。因此，亨行和时中是一体之两面，是一而不是二。

"时中"在儒家思想中占有重要地位，受到儒家圣贤的高度重视。《中庸》："君子之中庸也，君子而时中。"朱熹注曰："以其有君子之德，而又能随时以处中也。"仲尼曰："君子之中庸也，君子而时中，小人之中庸也，小人而无忌惮也。"（《四书章句集注》）君子有中庸之德，所以能随时以处中，即君子时中。小人不具有中庸之德，言行举止自然不能无过与不及之差，所以表现为无所忌惮。

时中的智慧对于武术修炼而言至为重要。武术修炼并非抓住一个口诀或得到一个奇特的方法之后就毫无顾忌、不加思考地进行修炼。武术修炼最为重要的原则就是要时中，要根据自己的实际情况以及所处的环境不断地对修炼方法、手段、内容等进行调整。任何方法或手段，如果将其看成一种永恒的真理、不变的教条，如此的话，习武者将不可能依靠它取得较大的进步和成绩。习武者一定要随着自己修炼境界的提升不断地对武术修炼的思想理念赋予新的诠释来适应当下的需要，只有这样才能保证武术修炼的顺利进行。除此之外，武者在散手实战中也要具有时中的智慧，要随着对手的变化而变化，此即随机应变。如果只是按照自己的特长习惯随意发挥而不考虑对手的实际情况，即是无所忌惮。这样的话，必然会导致失败。

武禹襄在《太极拳论》中提道："无使有缺陷处，无使有凹凸处，无使有断续处。其根在脚，发于腿，主宰于腰，形于手指。由脚而腿而腰，总须完整一气。向前退后，乃得机得势，有不得机得势，身便散乱，必至偏倚，其病必于腰腿求之。"（《太极拳谱》）习练太极拳十分强调松散通空。通的前提是松，松的目的是通。"一分松、一分功，松到一无所有得真功"。太极拳内劲原理的思想精髓即是中庸。以阴阳而言即是阴阳相济，也就是太极。王宗岳在《太极拳论》中所提到的"太极"、"阴阳相济"、"无过不及"和"不偏不倚"等都是从不同的角度对太极拳内劲技艺进行的解读和诠释。太极拳内劲的原理符合儒家的中庸思想。太极拳内劲技艺要求习练者具备中庸之德，对儒家的时中智慧有所理解。这种理解其实是一种身心合一的体悟，即不仅仅是思想上的解悟，更是身心上的证悟。有些太极拳前辈在指导弟子时经常讲到："练拳不光是要思想上明白，更是要身体上明白。"这就是在告诫我们，要把太极拳中的道理真正地用拳法表现出来，而不是停留在对拳理的思辨和解读上。

太极拳要求习练者具有中庸之德。这种中庸之德不仅仅是道德意义上的德性条目，更是太极拳习练者通过勤奋修炼进而对拳理有所领悟之后得之于心并能够以拳法技击的形式表达出来的一种智慧和能力。这种中庸之德不仅仅表现于为人处事之中，更要应用于实战技击之中。太极拳内劲技艺强调的是对无过不及、不偏不倚状态的把握和拿捏，以达到粘黏连随、不丢不顶的境地；强调的是对动静之机、忽隐忽现状态的感知和体察，以达到人不知我而我独知人的境地。总之，太极拳内劲技艺表现出的是一种随时处中、无时不中的时中智慧。无论是盘架子还是散手实战都要保持时中的状态。因此，太极拳习练者只有具备了中庸之德，才能更真切地掌握和体会太极拳内劲技艺的精髓。

在太极拳套路练习和散手实战中，习武者能够做到随时以处中即是做到了"不丢不顶不丢顶""气遍身躯不稍滞"（《太极拳谱》）。王宗岳在《太极拳论》中讲到："仰之则弥高，俯之则弥深。进之则愈长，退之则愈促。"（张耀忠，1989：1）大意是说，在太极拳散手实战中，对方欲要向上推我，则使得对方感觉高耸入云而无有着力处。对方欲要向下按我，则使得对方感觉如坠深渊而不知所措。对方欲要向前进攻，则用粘黏劲引着对方落空，使对方的劲力失去着力点。对方欲要向后撤退，我方就用随劲紧贴着对方的劲力，跟严了，直至对方僵滞不灵，使对方感觉我方的劲力迅猛而无法逃脱。

太极拳十三势中有前进、后退、左顾、右盼、中定。分别对应金、木、水、火、土五行。在《太极拳论》中只谈到了仰、俯、进、退，但这些已经足以代表和说明了太极拳在散手实战中的时中特点和原则。仰之弥高、俯之弥深、进之愈长、退之愈促，是敌方在四种进攻状态下对我方运用内劲技艺所达到的技击效果的切身感受。虽然，对方进攻的形式或招法不同，但我方在处理上所使用的方法和坚持的原理是一致的，那就是随时以处中。也就是在"动"的过程中随时保持着"静"，既不丢掉对方的劲，也不与对方的劲发生顶撞，始终保持着与对方的劲力接定的状态，引导着对方朝着自己指出的方向发放。

不论对方如何进攻，我方始终保持自在、通畅的状态，始终处于一种将出未出又能出的状态之中。这就是太极拳散手实战中的时中境界。当与对方接手时，不与对方发生对抗，避免双重，同时，也不丢掉与对方的联系，用内劲引着对方周旋运转。如果对方进攻，我方要避免由于条件反射使用拙力或妄动而与对方"顶牛"，也要避免出于自我保护的目的而盲目撤退。否则会给对方造成可乘之机而使得我方处于兵败如山倒的境地。一定要在"不丢不顶不丢顶"的前提下，用内劲在其进攻的方向上牵引对方，使对方感觉始终没有着力点而不知所措、心慌不安，进而产生被引进落空之感。这就是"进之则愈长"的技击效果。产生这种技击效果的基础则在于一定要用内劲去处理对方的来力，而不能用拙力。一旦使用拙力处理，就不会产生如此的技击效果了。原因就在于内劲在处理对方的来力时，是一种与对方的劲保持着相对静止或相互接定的状态而没有产生相对运动。这样就不会对对方产生拉、拽、按等刺激而是产生一种粘黏的技击效果。对方也就不会有任何反抗而被我方牵动和控制，使之产生进之愈长的感觉。其他三种技击形式的处理方法皆同为一理。形式招法虽有不同，但处理方法是一致的。不论对方如何进攻，这种时刻与对方保持"不丢不顶不丢顶"的太极状态正是一种随时以处中的状态。

在太极拳散手中，对方会产生仰之弥高、俯之弥深、进之愈长、退之愈促的感受，是因为他在仰、俯、进、退的时候没有找到着力点。对方欲高，我方引之更高；对方欲深，我方引之更深；对方欲进，我方引之更进；对方欲退，我方引之更退。在不与对方产生相对运动的前提下，随顺对方的进攻意图，做到舍己从人，这样就反而使得对方不知所措、心慌意乱。这一切皆在于我方与对方彼此之间的内在联系没有间断，这种内在的联系就是我方与对方在劲力上的接定状态。保持着这种状态不丢，便能随心所欲、畅通无阻。而对方则正好相反，不得自在、为我所制。因此，"仰之则弥高，俯之则弥深，进之则愈长，退之则愈促"所体现的正是太极拳的时中智慧。

笔者认为，太极拳的核心技术在于内劲，而内劲的核心在于粘黏劲。只有练成粘黏劲，才能真正体会太极拳内劲的蕴奥和神奇。从形象上说，粘黏劲就是要与对方粘黏在一起，保持相对静止而不妄动，这即是静。在散手实战中，仰、俯、进、退是双方在形体上的动，其中不动的、保持相对静止的就是我方与对方的粘黏状态。也正是在仰、俯、进、退的动中蕴含着粘黏状态的静，才使对方产生了"仰之则弥高，俯之则弥深，进之则愈长，退之则愈促"的感受。这种动中寓静正是对时中境界的生动诠释。无论在怎样的动的招式进攻之下，始终保持着与对方粘黏着、相对静止的不动，这样就能顺势而为、通畅无阻，真正做到了随时以处中，即时时都能得机得势、恰到好处、合宜处中。

宋明理学认为，中亦指代人的本性。正如《中庸》所言"喜怒哀乐之未发谓之中"，人性本静。人们在生活中的境遇是动态的，是不断变化的，在不同的境遇中做人做事能够合乎本性、合乎道义与真理，便是动中寓静，便是时中。因此，可以看出，时中是一种动中寓静、以静制动的处事智慧。这种智慧表现在太极拳上，就是在对方仰、俯、进、退的进攻之时仍保持着无过不及、不偏不倚的内劲状态，达到以静制动的技击效果。

笔者认为，要做到随时以处中首先要充分地认清自己，要保持内心的静定，守好自己而不"失中"。无论环境或对手如何变化，自己都要时刻保持冷静、安定，以守待攻，以静制动，以不变应万变。在这方面，《左传》中的曹刿论战可以给我们一些启发。《左传·庄公十年》："十年春，齐师伐我。公将战，曹刿请见。其乡人曰：'肉食者谋之，又何间焉。'刿曰：'肉食者鄙，未能远谋。'乃入见。问何以战。公曰：'衣食所安，弗敢专也，必以分人。'对曰：'小惠未遍，民弗从也。'公曰：'牺牲玉帛，弗敢加也，必以信。'对曰：'小信未孚，神弗福也。'公曰：'小大之狱，虽不能察，必以情。'对曰：'忠之属也，可以一战，战则请从。'公与之乘。战于长勺。公将鼓之。刿曰：'未可。'齐人三鼓，刿曰：'可矣。'齐师败绩。公将驰之。刿曰：'未可。'下视其辙，登轼而望之，曰：'可矣。'遂逐齐师。既克，公问其故。对曰：'夫战，勇气也，一鼓作气，再而衰，三而竭。彼竭我盈，故克之。'"（张帅、程开元，2014：46~47）这记载的是鲁庄公十年，齐鲁长勺之战。当时，鲁国弱小齐国强大，曹刿在充分地分析了鲁国国情的基础上，认为鲁国与齐国"可以一战"，但却不能贸然出战而是要以逸待劳、保存实力，在齐军猛烈进攻之下积极防御以削弱对方的士气，养精蓄锐，以静制动，最终鲁国军队在齐军三鼓"彼竭我盈"之时发动进攻，取得了胜利。可见，鲁国一方面在充分地认清了自己的实力之后做出了不可贸然出击的决策，在齐军强大的攻势面前保持静定，以静制动，等待时机；另一方面采用以逸待劳和敌疲我打的策略，变被动为主动，最终抓住了时机，取得了胜利。

曹刿论战启发我们要想随时以处中而不"失中"，就要在复杂或危急的环境下保持冷静、守好自己。例如，少林禅武医传人释德建大师经常在陡峭的悬崖边上习武练拳，其目的正是要修炼自己的心性，在危险的环境中做到心如止水、处变不惊，时时刻刻都能保持一种身心和谐的中庸状态。

除了保持内心的静定之外，要做到随时以处中在笔者看来还要认清和把握住自己的特长和优势。尤其在搏击格斗中，以己之长攻彼之短是制胜之术。要做到随时以处中就要守住自己的优势技术，出其不意，攻其薄弱之处。这启发我们在平时的武术修炼中，一定要结合自身的特点训练适合自己的技术撒手锏，要形成自己的技战术风格，练就出人无我有、人有我优的占绝对优势的技战术。在史料的记载中，很多武林前辈以及各拳种门户都有自己的必杀技，如三皇炮捶的夫子三拱手、少林功夫中的心意把绝技、杨氏太极拳的点断技术、大鸿拳的三晃膀技术等。只有在平日刻苦地训练绝技，才能在搏击中有出奇制胜的把握。习武者要结合自身的特点习练优势技术，创造属于自己的擂台必杀技。

除了保持静定、把握特长和优势之外，还要做到随时以处中最为根本的是要合道。中即是道，也是事物运行的根本规律。能合乎根本大道、按规律办事就一定能做到随时以处中。治国需要随时以处中，修身亦需要随时以处中。无论是治国还是修身，其所处之中从根本上讲都是指道。随时以处中就是时时刻刻都要合乎道义。得道者多助，失道者寡助。一个国家能够随时处中、合乎道义，便能长盛不衰，立于不败之地。即使处于乱世，亦能像周一样"一戎衣而有天下"。这样，就能做到不战而屈人之兵，此亦是兵法之最高境界的体现。取信于民、实行仁政才能得到老百姓的支持，才能从根本上使自己强大起来。例如，商纣暴虐，周文王实行仁政，以至于三分天下有其二。武王得道多助，八百诸侯会于孟津，一戎衣而有天下。商纣无道，天下大乱，周只是位于岐山之下的一个诸侯国，周文王实行仁政，孟子曰："伯夷辟纣，居北海之滨，闻文王作，兴曰：'盍归乎来？吾闻西伯善养老者。'太公辟纣，居东海之滨，闻文王作，兴曰：'盍归乎来？吾闻西伯善养老者。'天下有善养老，则仁人以为己归矣。""所谓西伯善养老者，制其田里，教之树畜，导其妻子，使养其老，五十非帛不暖，七十非肉不饱。不暖不饱，谓之冻馁。

文王之民无冻馁之老者，此之谓也。"（《四书章句集注》）可见，周能取代商朝一绒衣而有天下，并非通过兵诈之术，而是通过自身的文德感召天下，万民归仰。因此，笔者认为，国家治理要做到随时以处中最根本的就是要合乎圣人之道、仁德之道。

就一个国家而言，所当守的在于治国平天下之道，在于使民安居乐业之道。能守好此道，依此道而行，国家便能昌盛，百姓便能富足。就一个人而言，其修身进德所当守的是大学之道，"大学之道，在明明德，在亲民，在止于至善"。"一箪食一瓢饮，在陋巷，人不堪其忧，回也不改其乐"（《四书章句集注》），颜回能够安贫乐道正是因为有所持守。"得一善而拳拳服膺"（《四书章句集注》），体现的是颜回的守善。"自天子至于庶人，一是皆以修身为本。"（《四书章句集注》）君子修身就是恭敬奉持好修身之道、为人处事时时合乎道义，直到至善而绝不松懈。无论是个人修身之道还是国家治理之道，它们都是宇宙根本大道的具体体现。随时以处中于各个领域都是强调要从根本上持守正道、大道，按客观规律办事，不能违背天地自然宇宙万物运行的根本规律。谁能依道而行、按规律办事，谁就必然能获得最终的胜利。

从根本上来讲，在武术修炼中要做到随时以处中就要深入拳理，掌握和领悟武术技艺中的一贯之道。中华武术拳种门户、技术流派纷繁众多，风格各异，打法特点各有不同，每个门派都有自己独特的技术风格。有以快攻硬打见长的少林拳，也有以柔化见长、用意不用力的太极拳。不论什么拳种都要解决以相同的人体生理结构作为基础在生死搏斗的实战中克敌制胜的问题。尽管人的身高、体重、力量、速度、耐力等存在着个体差异，但从根本上人体的生理结构和功能都是相同的。以相同的物质基础处理相同的实际问题，不同的拳种流派必然要遵循于相同的拳理，这就是武术技战术中的一贯之道。

对于习武之人而言，博采众家之长，刻苦练技的目的在于能够融会贯通，得此一贯之道。做不到融会贯通，决不能达到武术的上乘功夫。由此亦知，于武术修炼而言，练与悟是同等重要的。武术技艺之一贯之道必是能够通达于内家、外家、快拳、慢拳的。习武之人欲要达至上乘的功夫境界，在各种环境下随时处中、从心所欲，就要在武术修炼中领悟拳理上的一贯之道并以此融众家之长。李小龙（2014：5）认为，截拳道应是无任何形式与派别的，也正因如此，"截拳道能运用各门各法，不受任何限制"。李小龙之截拳道思想就是破除门户之分别，直接寻求武术的一贯之道。能慎守此道，便能以无法为有法、以无限为有限，能取百家之长，能补自家之短。

笔者认为，从根本上讲，随时以处中的中，即为武术之一贯之道。而此一贯之道在笔者看来即为武术之内劲，又可称为内功。当然，笔者并不认为内劲或内功只是内家拳的专利，所谓的外家拳中亦有之。拳种门户无高下之分别，以内功之法修炼便能得内劲之功。只是内家拳如太极拳、形意拳、八卦掌、意拳等对此多有阐述而已。例如，"论语云：'一以贯之'，此拳亦是求一以贯之道也"（《拳意述真》）、"老子云：'得其一而万事毕'。人得其一谓之大。拳中内外如一之劲用之于敌，当刚而刚，当柔则柔，飞腾变化，无入而不自得，亦无可无不可也。此之谓一以贯之。一之为用，虽然纯熟，总是有一之形迹也，尚未到至妙处，因此要将一化去，化到至虚无之境，谓之至诚至虚至空也。如此'大而化之之谓圣，圣而不可知之之谓神'。神之道理得矣！"（《拳意述真》）、"形意拳术明劲是小学功夫。进退起落，左转右旋，形式有间断，故谓之小学。暗劲是大学之道。上下相连，手足相顾，内外如一，循环无端，形式无有间断，故谓之大学。此喻是发明其拳所以然之理也。"（《拳意述真》）、"夫所谓通家者，不仅精于一门，而于诸般学术，闻其言便知其程度何似，是否正规，有无实际，观其方法，一望而知其底蕴或具体局部，或具体而微，用何法补救，自能一语道破，所谓得其环中，以应无穷"（《拳道中枢》）。习武之人刻苦钻研拳理之一贯之道。守此一贯之道，按部就班，循序渐进，苦下功夫必能有所成就。拳理真正之领悟，表现为心中的想法可用身体表达出来，身心统一，内外相合。在拳术上能体悟一贯之道，便能成为武术之通家。

《太极拳论》中的"仰之则弥高，俯之则弥深。进之则愈长，退之则愈促"，表现的是一种时中智慧。既然是时中，当守时则守，当攻时则攻。攻与守不是固定不变的，而是以时机为准绳。如果说在散手实战中，谨慎防守、随时处中是一种时中智慧的体现。那么，待时机成熟，相时而动、主动进攻亦是一种时中智慧的体现。

相时而动一词源于《左传》。《左传·隐公十一年》："许无刑而伐之，服而舍之，度德而处之，量力而行之，相时而动，无累后人，可谓知礼矣。"（张帅、程开元，2014：25）

相时而动就是审时度势，抓住时机采取行动。我们所熟知的"郑伯克段于鄢"是《春秋》中所着力记述的较早的战例之一，也是对郑庄公相时而动智慧的生动描述。

《左传·隐公元年》："及庄公即位，为之请制。公曰：'制，岩邑也，虢叔死焉，佗邑唯命。'请京，使居之，谓之京城大叔。祭仲曰：'都，城过百雉，国之害也。先王之制：大都，不过参国之一；中，五之一；小，九之一。今京不度，非制也，君将不堪。'公曰：'姜氏欲之，焉辟害？'对曰：'姜氏何厌之有？不如早为之所，无使滋蔓！蔓，难图也。蔓草犹不可除，况君之宠弟乎？'公曰：'多行不义，必自毙，子姑待之。'既而大叔命西鄙、北鄙贰于己。公子吕曰：'国不堪贰，君将若之何？欲与大叔，臣请事之；若弗与，则请除之。无生民心。'公曰：'无庸，将自及。'大叔又收贰以为己邑，至于廪延。子封曰：'可矣，厚将得众。'公曰：'不义不昵，厚将崩。'大叔完、聚，缮甲、兵，具卒、乘，将袭郑，夫人将启之。公闻其期，曰：'可矣！'命子封帅车二百乘以伐京。京叛大叔段，段入于鄢，公伐诸鄢。五月辛丑，大叔出奔共。"（张帅、程开元，2014：1~4）这记载的是郑庄公相时而动、克段于鄢的全过程。郑庄公继承郑国的君位之后，其同胞弟共叔段受母亲武姜的偏爱和支持，在封地京邑蓄意造反，与郑庄公争夺君位。共叔段封于京邑，京邑城墙不合法度，郑庄公并没有进行处置。之后共叔段将郑国的西边和北边的边邑吞并归为己有并逐渐扩大自己的势力范围，郑庄公又未采取行动加以制止。直至共叔段将要偷袭郑国，郑庄公认为时机已到，便命子封率领战车二百乘讨伐京邑并最终打败了共叔段，平定了内乱。可见，郑庄公得知其弟共叔段欲谋夺君位，巧施心计，欲擒故纵。先是诱使共叔段得寸进尺，造成其思想上的松懈，随后抓住时机、相时而动在鄢地大败了共叔段，取得了胜利。

对于战争而言，时机的把握是取得胜利、扭转战局的关键。例如，曹刿论战中"一鼓作气，再而衰，三而竭"就是在等待时机，而当军队在战斗气势上达到"彼竭我盈"之时便是采取行动发动进攻的有利时机。作为兵法战术的相时而动在武术的技战术中也得到了充分的利用和体现。例如，《太极拳论》中言："太极者，无极而生，动静之机，阴阳之母也。"太极是一种动静未分、阴阳未生的状态。在这种状态之下，太极拳强调要以静制动，舍己从人。太极，古人谓之为天地未分之前元气混而为一的状态，即太初、太一也。动之则分，静之则合。静的时候是处于阴阳未分、太极和合的状态。这种状态在太极推手或武术实战中就是一种应敌的状态，也是一种内劲将出未出的状态。"劲源上手"，即将内劲通至手上，既不能拘于体内又要"力不出尖"。在这种状态之下即时判断对方的招数进攻的意图，通过太极拳听劲觉察出对方发劲的大小、方向和路线之后迅速加以判断，抓住时机，在得机得势的情况下相时而动，变被动为主动，发起进攻。这便是武术尤其是太极拳相时而动的战术原则的体现。

可见，即便是讲究以柔克刚、舍己从人的太极拳也并非一定要后发制人，也是可以主动进攻的。又如"彼不动，我不动，彼微动，我先动"（《太极拳谱》）。一听出对方的劲力、觉察出对方的进攻意图，便可以迅速发起进攻。无论是先发制人或是后发制人，其关键在于得机得势，即所谓的抓住时机。谁先得到时机，谁便能掌握进攻的主动权。因此，在武术实战中，时机蕴藏于攻防变换、进退起伏之中，抓住时机、相时而动是出其不意、克敌制胜的关键。

随时以处中侧重的是知己功夫，相时而主动侧重的是知彼功夫。只有知己知彼才能百战不殆。在武术实战中，既要做到知己又要做到知彼，既要随时以处中又要相时而主动，二者是不可分离的。不能做到随时处中就无法为相时而动提供有力的保障。只有知己、守好自己、为随时进攻做好一切准备，才能够准确地抓住时机、相时而动。可见，随时处中是相时而动的基础和前提。只有知己，才能知彼。

在武术实战中，自己的技术水平处于一个什么样的层次就能够在什么样的层次上去知彼。倘若对方的层次高一些，自己便不能够完全地做到知彼，因此会受制于人，不能得机得势。因此，提高自己的技术水平永远是实现随时以处中的重中之重。功夫层次越高，在实战中对时机的把握就越精准，所采取的打击力度就越有威慑性和震慑力。随时以处中就是要确保自己立于不败之地，这也是掌握技击主动权的前提。

随时处中和相时而动是武术实战中攻防战术思想的总体性表现，在一定程度上其涵盖了所有的攻防战术原则和方法。因为，武术实战就是彼此攻防之间的学问。随时处中代表的是己，是守。相时而动代表的是彼，是攻。知己知彼、攻守兼备是任何实战的不变法则。

兵法诡道，抽象出来加以总结亦无非是阴阳之道。一阴一阳谓之道，阴代表的是守，是己，是随时处中、以静制动。阳代表的是攻，是彼，是相时而动、先发制人。无论是军事战争还是武术实战，战术思想的方法原则皆是围绕着攻防而展开的。

在武术修炼的视角下，随时以处中体现的是对己方最大战斗潜力的开发和挖掘。相时而主动体现的是针对对方的实际情况而进行的战术计划和经验建构。

《拳意述真》："及相较之时，或彼先动，或己先动，务要辨地势之远近、险隘、广狭、死生。若二人相离极近，彼或发拳，或发足，皆能伤及吾身，则当如拳经云：'眼要毒，手要奸（奸即巧也），脚踏中门往里钻。眼有监察之精，手有拨转之能，足有行程之功。两肘不离肋，两手不离心，出洞入洞紧随身。乘其无备而攻之，由其不意而出之'……方动之时，不要将神气显露于外，似无意之情形，缓缓走至彼相近处，相机而用。彼动机方露，己即速扑上去，或掌或拳，随左打左，随右打右，彼之刚柔，己之进退，起落变化，总相机而行之。""两肘不离肋，两手不离心"，"不要将神气显露于外"，这些都是随时以处中的体现。"乘其不备而攻之，由其不意而出之""相机而用""彼动机方露己即速扑上去"等都是相时而主动的体现。

可见，传统武术家们对实战经验的总结亦是针对己方突出随时以处中的战术原则，针对彼方则强调相时而主动的战术原则。武术实战中彼此之间的攻防并非很分明，更多的是攻中有防、防中寓攻，虽处于静态却已含有攻意，又于动中寻求恒静之功。身未动，意先行，以意导气，以气运身。在慎守之时，应时刻做好相时而动的准备。即便时机成熟、果断进攻之时，亦应进退有度，不能疏于防守，力求随时以处中。

"彼开吾合，彼合吾开，或吾忽开忽合，忽刚忽柔，忽上忽下，忽短忽长，忽来忽去，不可拘使成法，须相敌之情形而行之。虽不能取胜于敌，亦不能骤然败于敌也。总以谨慎为要。"（《拳意述真》）可见，守不可溃，攻不可乱，攻守灵活巧妙方能在实战中常处优势地位。

在武术实战中，离开随时以处中便失去了根本，就会乱了阵脚。中华武术似乎是以防守自己为最基本要求的。不提倡好勇斗狠的中华武术似乎更加地关注随时以处中的修炼，并将其作为技战术修炼的重点。因此，在中华武术的技战术体系中，"静为本体，动为作用"，强调"养灵根而静心者修道也，固灵根而动心者敌将也。"（《拳意述真》）

随时以处中是本体，相机而主动是功用。本体如不能建立和稳固，便不能有外在的功用。随时以处中和相机而主动虽有内外之别、体用之分，但二者于武术实战之中确是缺一不可的，并且要互相为用、互为根本。谁能于攻防之中变换灵活又处中定、动静之中不拘常法又能守一，谁将会在实战中立于不败之地并获得更多的克敌制胜的机会。

《拳意述真》："故练拳术之道，不可自负其能，无敌于天下也。亦不可有恐惧心，不敢与人相较也。所以务要知己知彼。知己不知彼不能胜人，知彼而不知己亦不能胜人，故能知己知彼，可以能胜人，而亦能成为大英雄之名也。"习武之人在实战中与人交手之时，所谓要随时以处中就是要保持谨慎的心态不能自负骄傲。所谓要相时而主动就是要消除恐惧心敢于出手。如果在气势上被对手威慑住，那么，再高超的技战术水平亦不能发挥作用。随时以处中要求知己，就是要对自己的技术水平有真实客观地把握，不能盲目自大、恃才傲物。相机而主动要求知彼，就是要对对手做充分地观察和了解。《拳意述真》："所宜知者，一见面先察其人精神是否虚灵，气质是否雄厚，身躯是否活泼，再察其言论或谦或矜，其所言与其人之神气形体动作是否相符，观此三者，彼之艺能，知其大概矣。"

武术的技战术水平通过不断地刻苦修炼会逐渐提高，技术会更加全面、更加细腻；战术会更加灵活、更加多变。对于习武者而言，随时以处中就是不断地挖掘自身的潜能、壮大自己的实力，确保自己在实战中立于不败之地。相时而主动就是在知己的基础上充分地观察对手、了解对手，在技战术上找到对手的薄弱之处，抓准时机出其不意，克敌制胜。

第二节 武术修炼视角的执中境界

执中，即允执厥中，强调的是对"中"的执持，体现的是坚持原则、把握本质规律的哲学道理。笔者认为，武术修炼视角的执中境界，一方面表现为习武者在炼法上要做到不偏不倚；另一方面表现为习武者在性情上要达于中和。如此，习武者才能在武术修炼与日常生活中面对和处理各个具体事物之时更好地把握住各个具体事物的"中"，真正地做到时中。执中境界是在时中境界基础上的一种提炼与升华，但二者又是相互融通的。离开执中，就不可能真正地做到时中。反言之，如果不能时中，执中也就变成了执一，固执而不能变通。对于习武者而言，在炼法上不偏不倚，在运用上才能时中自如；在性情上达于中和，在处事上才能时中合宜。

执中的本意为择其两端守其中道，无过无不及，不偏不倚。这个中并不是绝对的中，而是一种相对的中。当参照物发生变化时，中的内涵也会随之变化。以空间而言，一个院落的中与一个城市的中不一定是一样的。当所参照的标准发生变化时，中也会随之而变。可见，执中境界里亦蕴含着时中的理念，执中的中不是固定不变的中而是指时中，即随着空间、时间或环境的变化而选择最为适宜的行动方案，持守中道而不走向任何极端。

执中是儒家十六字心传的重要内容。十六字心传为"人心惟危，道心惟微，惟精惟一，允执厥中"。按照儒家的观点，像尧、舜、禹、汤、文、武、周公，他们都已经达到了圣人境界并仍然以一种谦恭的心态来处理天下国家之事，真正地做到了不偏不倚、随时而中。他们的进德修身也都是惟精惟一、如履薄冰、如临深渊的，都是克己反省、苟日新、日日新、又日新的。于是，在圣君的统治之下，国泰民安，礼乐相合。朱熹在《中庸》序中讲到"人心惟危，道心惟微，惟精惟一，允执厥中"者，舜之所以授禹也。以后，此十六字心传圣圣相承。作为君王的商汤、周文武以及作为贤臣的皋陶、伊尹、傅悦、周公、召公都承接并传承着这个道统，并以此来修身治国平天下。圣人之德，真实无妄。因此，"不待思勉而从容中道"。没有达到圣人境界的人不能够不待勉强、自然而然地持守中道，因此就需要修德，克除私欲，择善固执，执持中道，即所谓的执中。

朱熹曰："中无定体，随时而在。"（《四书章句集注》）就物而言，任何有形状、有质量的物体必然都存在着一个中心点；就事而言，任何事情都有其关节点。只要抓住了事情或问题的关节点或称为主要矛盾即所谓的中，就能够将事情处理得圆满。而抓到这个中则需要有中庸之德。《中庸》所谓"君子时中"。儒家所强调的君子是指具有中庸之德的人，能够随时以处中。君子无私心，不易被外在的诱惑干扰，心地清明，德性纯厚。因此，在为人处事之时，能够合乎义理。"义者，宜也"，把握住事物的本质规律就能够处事合宜。此即执中也。

执中表现在外是一种处事合宜的方式方法，而它却需要做事的人要有内在的德性。因此，执中是以中庸之德为基础的。执中作为儒家十六字心传的一部分，被看作"放之则弥六合，退而藏于密"的孔门心法。之所以有如此的地位，是因为在某种意义上执中是儒家所提出的君子进德修身和为人处事的根本方法。

儒学作为道学，它与各个具体的艺术是相互贯通的。道与艺之间的理亦是相互融通的。武术作为一门艺术，其拳理内涵自然能够通达于道学。执中在武术的技战术修炼中占有重要地位。武术修炼中的很多炼法都充分地体现了不偏不倚、无过无不及的执中思想，也是对执中思想的最好诠释。因此，执中境界在武术修炼上的一个重要体现就是习武者在炼法上做到不偏不倚。那么，如何才能在炼法上做到不偏不倚呢？在笔者看来，在炼法上做到不偏不倚，一方面是在武术技术训练中融入执中的理念；另一方面是在武术战术训练中融入执中的理念。

在武术技术训练中融入执中的理念。对于中的初步理解，我们可以将其看作人的中心或重心。一个人无论是在什么样的动作姿势之下，都存在着中心或重心。保持重心的稳固是习武者在武术实战中应极为注意的，也是其武术技术训练的重点所在。金鸡独立、马步桩、三体式等训练方式，其主要目的就是训练习武者的平衡能力，即对重心的控制能力。身体在各种动作姿势下的重心控制能力和平衡能力是武术技术训练的重要内容。

在现实生活中，习武者在武术修炼上的灵感与启发往往是通过对大自然的积极观察而获得的。其中，有很多灵感来自对动物运动姿势或神态的观察。例如，猫的运动姿势与神态对武术技术训练就有很大的启发和借鉴价值。在日常生活中可以发现，猫在行进的过程之中，其躯干、四肢配合得极为协调，尤其是猫步稳健而有力、轻灵而扎实。猫在快速起动时，动作迅雷不及掩耳，爆发速度快且重心稳固。因此，习武者可以通过对猫行进步姿的模仿来训练身体的平衡和协调能力。吴氏太极拳对此有专门的训练手段，如走猫步，又称步步禅。

吴氏太极拳训练手段中的"走猫步"又称为步步禅，是因为猫以协调的步法在行进过程之中内含着深邃的神韵。除了外在的动作姿势，通过观察猫步我们还可以体会到猫在行进过程中的安静和专注。这就是猫步中蕴含的禅意，也是训练自我控制能力的重点。只有保持内在的安静与专注才能使手脚不忙不乱，这亦是提高武技的基本条件。因此，吴氏太极拳步步禅的训练，每次迈步之后皆要调整重心，时刻保持自己的重心在两脚之间。"步步禅"由并步开始，两手背后，左腿上前迈步成弓步，随之重心前移。其训练的目的在于提高保持身体重心以及自我专注力的能力，其心法要领是体会"如临深渊、如履薄冰"的心境。在步步禅的训练有了一定的基础之后，可以增加难度，训练"抬腿步步禅"，即在迈步时抬腿勾脚停留几秒钟后再落下。这样就大大增加了习武者对自身重心控制的训练难度。类似于吴氏太极拳步步禅重心控制能力的训练方法，在中国各拳种门派的技术训练体系中不胜枚举。例如，知名拳种梅花桩拳就是以在梅花桩上训练为特色的拳种，其对平衡能力的要求则更为突出。形意拳讲究"迈步如行犁，落脚如生根"，这体现的也是对身体的控制力。

在武术技术训练中融入执中的理念，首先体现的是对平衡或重心控制能力的训练。这是武技训练的基本功。因为在搏击实战中，保持自身重心的稳固是克敌制胜的首要前提。离开这个前提条件，就会自乱阵脚，为敌所制，最终必败无疑。除此之外，执中的理念在武术技术训练中还有着更为高深而广泛的运用。执中对习武之人而言，除了强调重心控制能力之外，还有其他方面的引申。习武之人都知道对人体的中盘尤其是腰部的训练在武术技术训练中占有重要地位。对腰部的训练一直是武术技术训练的重点所在。腰是连接上盘和下盘的中间纽带。武禹襄《太极拳论》中言："其根在脚，发于腿，主宰于腰，形于手指。"（《太极拳谱》）可见，腿脚蹬地之力能否有效地上传至双臂并发挥出击打效果，重点取决于腰的通惯性。如果通过训练能够活腰、松垮，就能够使下盘的力量有效地传至上盘。依据杠杆力的原理，劲力于脚上传至两手，其力矩约为人的身高。因此，打出来的力量应该是人单靠双臂发力的数倍甚至是数十倍。而这主要取决于腰的传导作用。所以，根据执中的思想，此时的中就是腰。在训练中执中，就是要特别突出对腰的训练意义。"由脚而腿而腰，总须完整一气，向前、退后，乃能得机得势，有不得机得势处，身便散乱，必至偏倚，其病必于腰腿求之。"（《太极拳谱》）由此可见，腰乃一身之中正所在。不偏不倚谓之中，有偏倚便求之于腰腿。习练太极拳的人决不能忽视对腰的训练。除此之外，形意拳更是将对腰的训练视为拳法秘要，有"八卦步、形意腰、太极手"之说。

其实，中华武术的各个拳种无一不强调腰在技术训练体系中的重要作用。虽然训练手段不同，但都抓到了人体运动的核心要领。现代的运动人体科学已证明，人体的腰胯作为中枢部位在运动中具有重要的作用，是发力的主要来源，也是控制身体运动姿势的重要部位。

以武术技术训练而言，执中就是要抓住事物的主要矛盾，把握技术要领。既然腰在武技中如此重要，那么，在打拳或功法训练中就要有意识地发挥腰的主宰作用。例如，杨氏太极拳有劲源、劲端之说，顾名思义，劲源就是发劲之源，劲端就是劲路的末梢。如果以腰为中，就把腰作为劲源，在行拳中以腰带手、以内带外，这也是所谓的内外相合。很多太极拳前辈都十分重视松腰，他们强调以腰带手打拳，所谓"势势存心揆用意，刻刻留心在腰间"（《太极拳谱》）。其目的就是达到松腰，把腰练活。在进行对腰的训练时，把腰作为中，执中就是以腰为主宰，练腰用腰，行拳走架皆要以腰为发劲之源。

执中的中并非固定的中，亦不仅仅指人体的中间部位。中是时中，是随情况而变的中。当训练的重点发生变化时，中也随之而变。以腰为训练重点，中就是腰。如以内气为训练重点时，中就是内气。此时，执中就是以内气为根本动力，通过训练，发挥内气的巨大作用。

太极拳名家李和生（2006）先生提出了三步训练计划，第一步，以练腰为主，以腰带手，发挥腰功在打拳和推手中的作用；第二步，以训练内气为主，丹田气运手，充分调动内气的动力作用；第三步，以训练神经系统为主，以意带手，"意念指胯肘，劲源自上手"，充分激发人体神经系统的潜能。每一步练习一年时间，三年一小成，五年一大成。可见，李和生先生充分地抓住了训练的重点，做到了技术训练时的执中。

"儒门以'执中'为心法，并以中庸之道为天下后世倡。老子以'守中'为心法，丹道门庭修炼更有'守中'与'守中黄'一诀法，心口相传。佛家亦倡'中道'，主舍空有二边而行中道，最后虽主'中亦不立'，即中亦应舍，然仍以得证中道为修证要妙。故亦可以说，守中为三家共法……天地有天地之中，宇宙有宇宙之中，人心有人心之中，理事有理事之中；得其中，固执而守之，守而勿失，便入道矣。丹道派则须配合八卦五行以'规其中'，复以中为玄牝之门，乃天地之根；故以'中窍'为千古不传之'圣窍'与'道窍'。守之可应天地之中与宇宙之中，得到人心与天心合一及人心与道心合一之境界，因之而神化万千也。"（萧天

石，2007：24~25）

中华武术百花齐放，各拳种门户皆有各自的独门绝技，都有各自的训练重点。其各自的训练重点就是它们的中。因此，执中在武术技术训练中是灵活的，不是固定的，内涵也是丰富而深刻的。可见，执中作为儒家十六字心传的重要内容是当之无愧的。

习武者在炼法上做到不偏不倚，一方面是在武术技术训练中融入执中的理念，另一方面是在武术战术训练中融入执中的理念。在武术搏击或散手时，执中是重要的战术原则。拳谱上讲"脚踏中门夺地位，就是神仙也难防"，形意拳亦讲"脚踏中门往里钻"，之所以十分强调脚踏中门就是要破坏对方的中心或重心。以击打对方的中心或破坏对方的中心为目的的搏击战术就是习武者在武术战术训练时所运用的执中理念。

执中被纳入十六字心传之中，并被看作孔门心法，正是因为它有着十分深刻的内涵。这个中既可以指有形的中，也可以指无形的中。因此，打击对方的中可分为两种情况，一种是打击对方有形的中；另一种是打击对方无形的中。以脚踏中门的打法来破坏对方的中是打击对方有形的中。这个有形的中就是指对方的重心或中心。先让对方失去平衡，在对方失重的情况下再给以重击、制服对手，这是武术实战中十分常用的打法。除了脚踏中门之外，各种摔法也都是以破坏对方的重心为核心要领的。这些战术训练皆以打击对方有形的中为训练重点。除此之外，还有一种打法就是打击对方无形的中。在这一点上，太极拳内劲的技艺有其独到之处。

在太极拳散手实战中，最重要的是得到对方的中。"千招变化中心在，全在一接点中求"，这是杨氏太极拳的内劲心法。执中在太极拳散手实战中就是执点。这个点是内劲的一种状态，不是有形的点或身体中的某个窍位，而是心中的一个点，是心中对内劲状态的形象感知。"一接点中求"，首先就是要得到这个点（汪永泉、刘金印，2014：86）。当与对方接手之时，通过与对方的接触点建立起对手与自己的联系，形成一个内劲的整体。在不丢这个接点的同时，得着对方的中进行引进或发放，这就是太极拳内劲的技击方法。对这个点或者说对内劲的灵活性把握即是执中。可见，这个中不再是身体的中心或重心而是对内劲状态在感知层面上的一种认识。亦可说，这个中不再是指对方有形身体上的中而是指劲力的中。习武者要通过对神意气的修炼来认识这种劲力的中，进而做到劲源上手。劲源上手就是要将内劲通至手上，使身体稍端和躯干建立起劲力的联系。只有这样，才能在散手实战中真正做到劲力不丢不顶，做到执中。

在太极拳的推手中，要做到知己知彼。因此，既要执自己的中也要执对方的中。对方的中仍然不仅仅是形上的中心或重心，最重要的是内劲的中。对自己内劲状态的认识和体会，这种执中是一种知己功夫。内劲在体内的运行通达无碍、畅通无阻，心中要执持好这种状态，做到对己的执中。与此同时，以对自己这种内劲状态的认识去体会和控制对方的内劲。所谓"一接点中求"，就是在与对方接手时，将自己的内劲通至四梢，通过接劲端，点其劲源，这便做到了对彼的执中。总而言之，在太极拳推手中，执中就是要执持好彼此之间的内劲状态，并通过对这种内劲状态的控制与运用达到制胜对手的目的。

《杨氏太极拳述真》（汪永泉，1995：13）中讲到："'中定'是太极拳一系列要领中具有决定意义的一环。无论是养生还是技击，都要求维持好自己的'中'。'中'存则成功，失'中'则失败。'立身中正安舒，方能支撑八面'，老拳谱中的这句话充分说明了'中定'的重要性。练拳时还特别强调：从中心入手，向中心收手。'掤、按、挤、肘、靠'的内劲，要由中心出手发出；'采、挒、捋'的内劲，要通过向中心收手接回。这些要求要以中正安舒为基础，又体现了中正安舒。这是养生和技击的关键之一。养生中的'开''合'，技击中的'放''收'，都不能脱离'中'。掌握了'中'，才能使内气收放自如，灵活运用。技击中最关键的就是要控制住对方的'中'。功夫较高的人可由'中'的舒适放松中获得主动，功夫较差的人则会因失'中'而处于被动不适的地位。"这里所说的中就是一种无形的中，是一种自然无为而无所不为的精神状态和切身感受。太极拳十分强调松，松的目的就是帮助习武者体认这个无形的中，并能够在散手实战中保持这个中。在保持自己的中正安舒的前提下破坏对方的中，使对方处于一种不舒适、被控制的状态之下。在太极拳散手中，习武者一与对方接触，就要用劲问住对方。一接点中求，求的就是对方的中。听出对方劲力的大小、方向，问住对方的中。

《杨氏太极拳述真》（汪永泉，1995：233）中讲："所谓'一接点中求'，就是接手后，在接触点运用听、问、拿、放掌握对方的中心，使自己主动，对方被动。寻常所说的'欺一欺'（欺身之欺）、'挤一挤'、'给点便宜'等，都是为了引诱对方暴露中心。"当对方暴露中心之后，"把自己的内劲渗透到对方的劲源，才能达到'点中求'的目的"，"在接手时，遇到对方的'侧'，就要以'侧'带'平'，击发对方中心"。这些都是执中理念在武术战术训练中的运用，也是习武者在武术修炼上的一种执中境界的体现。

武术修炼视角的执中境界，一方面表现为习武者在炼法上要做到不偏不倚；另一方面表现为习武者在性情上要达于中和。如果说儒家修身在于变化气质。那么，武术修炼亦在于变化气质。习武之人在炼法上追求"不偏不倚""无过不及"的过程中，性情也会自然而然地达于一种中和状态。

炼法上的执中是一种外在的行；性情上的执中是一种内在的德。武者只有具备中庸之德，才能更好地将执中的方法理念运用于武术技战术训练之中。反言之，武术技战术上的执中训练也必然会对武者本身的性情产生重大影响。不偏不倚的武术修炼方法能更好地帮助武者体会儒家中庸思想，促使其内化入德，进而使其性情逐渐达于中和。

程子曰："不偏之谓中，不易之谓庸。中者，天下之正道，庸者，天下之定理。"这是理学家程子对中庸的诠释。中，不偏不倚，没有任何的歪斜，是天下的正道。庸，平常恒定，永无改变，是天下的定理。

在《中庸》中，与中庸相对应的另一个概念是中和。"喜怒哀乐之未发谓之中，发而皆中节谓之和，中也者，天下之大本也，和也者，天下之达道也。"喜怒哀乐是人的情。情之未发，即是性。人的性是静的，人的情是动的。性是本体，情是外用。未发之性是不偏不倚的，所以称之为中。循性而发的情皆能中节、无所乖戾，便是和的状态。

按照儒家的观点，中，指代的是天命之性，它是宇宙万物运行的根本依据，是道之本体。天下之理，皆由此出。和，即是率性之道，宇宙万物运行所共由之道，是道之外用。中和与中庸是对道之体用的不同视角的描述。游氏曰："以性情言之，则曰中和。以德行言之，则曰中庸。"（《四书章句集注》）从性情的角度看，道的体用即是中和。从德行的角度看，道的体用即是中庸。

中，作为道的本体，指的是天命之性。和与庸，是循性而生的人情和行为，指的是率性之道。因为人受后天气禀所拘，所发之情与言行举止不能够"中节"而合道，这样就需要内修以复性，即修道之教。圣人设教的目的正是在于使人复归本性之自然无为、不偏不倚的状态，即中庸、中和之状态。

仲尼曰："君子中庸，小人反中庸。君子之中庸也，君子而时中；小人之反中庸也，小人而无忌惮也。"君子注重内省修身，时常使自己的身心处于一种无过无不及的中庸状态。这是性情中和的状态，也是道的境界。而小人正好与此相反。其情之所发与言行举止不能够合乎中道、达于中和。君子戒慎恐惧的目的，就是要时时刻刻保持自己的身心处于中道，即所谓的君子时中。与此相反，小人之心不能体会性情之中和状态而肆欲妄行、无所忌惮。

儒家认为，天生万物之时，人物之性便赋予其中了。没有任何一个人、任何一个物不具有天所赋予的性。人物之性通达于天道天理，这就是"天命之谓性"。天命之性于人而言，即是人性。它是人之道德与正情的根本依据。它既具有与天道天理相通达的超验性，也具有与人伦日用相交接的能动性。由天命之性所发的情是人的正情；由天命之性所出的行是人的德行。天命之性与人的正情达于中和状态；天命之性与人的德行达于中庸状态。以性情言之，则为中和；以德行言之，则为中庸。天命之性的境界是人的喜怒哀乐处于未发但又能发的一种状态。因为未发，所以不偏不倚，处于中；因为能发，所以适时而为，所发无不中节，处于和。总而言之，人之性情最理想的状态应是一种中和的状态。因此，对于习武之人而言，武术修炼上的执中境界除了体现在炼法上的不偏不倚、无过不及之外，还体现在性情上的达于中和。

　　按照儒家的观点，上天赋予人以仁、义、礼、智、信之性。但是，每个人的天生禀赋是不尽相同的。例如，有的人似乎与生俱来就具有很强烈的爱心，愿意为别人付出和提供帮助，甚至是在不计任何回报的情况下也会心甘情愿地去付出。这样的人在其所禀赋的仁义礼智信之性中，仁的特质更多一些。有的人喜欢思辨，善于逻辑，并且处事合宜，对事物之间的内在联系能够很好地辨析和认知。这样的人其所禀赋的义之性更多一些。有的人做事循规蹈矩，善于条理，恪守规矩。这样的人其所禀赋的礼之性更多一些。有的人善于思考，富有智慧，处事多有良谋，善于应变，机智灵敏。这样的人其所禀赋的智之性更多一些。有的人诚实守信，很容易得到别人的信赖和依托，能够坚守誓言，并能够不畏困难和挫折履行和实现誓言。这样的人其所禀赋的信之性更多一些。

　　我们每个人的性格特点和身体条件是不尽相同的。这就使得我们内心所喜好和倾向的拳种也不会相同。因为，在一定程度上，我们的性格特点、人生阅历、价值取向以及身体条件等诸多因素决定了我们会对武术中不同的技术风格的拳种有不同的倾向。我们所选练的拳种与我们的性格特点是相应的。同时，在武术修炼过程中，所练拳种的风格特点也一定会对习武者自身的性格产生重要的影响。习武之人要想在武术修炼的过程中使自己的性情达于中和，就要根据自己的性格特点选择合适的拳种进行习练。这样，所练拳种的技术风格及其所蕴含的哲学理念在某种程度上就会对习武者性情的调节产生积极的促进作用。例如，性情急躁的人可以选择具有柔和缓慢特点的太极拳进行修炼；性情弛缓的人可以选择具有刚猛快速特点的少林拳进行修炼。这些都是通过对特定拳种的习练从反方向调节习武者的性情并使之逐渐达于中和状态的修炼方法。除此之外，习武者还可以选择在技术风格上与其性情特点相应的拳种进行习练，这样往往也可以起到调节性情并使之达于中和的效果。总之，中华武术拳种丰富、门派众多，这使得习武者能够根据自己的兴趣爱好、性情特点以及身体条件选择最为适合自己的拳种进行习练。每个拳种都有自己独特的技术特色和技术哲理。习武之人在选择了适合自己的拳种之后，通过对所练拳种在理论和实践上的研习，其性情在潜移默化中受到了所练拳种技术风格与技术哲理的影响与熏陶。这种影响与熏陶往往会对习武者的性情起到一种积极的促进作用。

我们知道了不同的技术风格会对习武者的性情产生不同的影响。因此，习武者要根据自己的性情特点选择适合自己的拳种进行习练。但是，更值得我们注意和思考的是，习武者自身的性情也会对其技术水平产生重大的影响。在这方面，以训练神意气为主的太极拳内劲技艺因其在生理基础上与人的性情联系的最为紧密可以被作为例子进行说明。

《太极拳论》中提到的"忽隐忽现"，可以从多个角度去诠释。在笔者看来，它是对内劲状态的一种真实的描述。内劲是太极拳中的一种内功技术，更是一种我们本具的身心功能。内劲在体内的一个最为直观的状态正是王宗岳先师所言的"忽隐忽现"。说其隐，是因为它不外显，也不能用外在的行为直接表现出来。但是，懂劲的行家里手，在一举手、一投足之间，便可以判定一个武者内劲的修炼程度。说其现，是因为当我们真正懂劲并且能够娴熟运用之后，内劲便可以随意调出，一想便有，不假思索。太极拳修炼所追求的功夫上手，即是内劲上手。内劲的有无、现隐、出入，皆在一念之间，亦在有无之间。

有些拳家将武术内劲视为入道之门，认为通过内劲技术的修炼似乎可以入于武者德性灵魂的深处，达于天道性理的境界。笔者认为，将内劲置于如此玄妙之地也并不无道理。此种境界也并非语言文字所能穷达。非自身有所体悟而不能感受到其至深至妙之处。正所谓"放之则弥六合，卷之则退藏于密，君子语大，天下莫能载焉；语小，天下莫能破焉"。内劲并不表现为一招一式或某种具体的技术。它是人自身本具的一种神经系统功能。这种功能有别于我们通常所感知的一般身心状态。内劲的修炼重在生活中的养。一个养字最为难得，内劲非是练得，而是养成。

通常而言，内劲被说成是神意气的化合。从人体科学角度而言，内劲所开辟的是人的另一种神经系统的感知功能。正如我们双手具有感知物体的重量和硬度两种不同的感知功能一样，内劲之于拙力，就好比我们对物体重量之于物体硬度的感知一样，它们是两种不同的神经系统的感知功能。我们在生活中很少使用或专门训练内劲状态的神经感知系统，因而此种神经系统经常处于一种被抑制或有待激活的状态之中。但是，我们即便通过适宜的方法打开了通往内劲技艺大门的通道并掌握了内劲技艺，更值得注意和深刻反思的是，我们是否会因此而产生自满的情绪？除却我们在内劲上身、功夫上手之后的那种无法抑制的喜悦之外，我们是否会产生傲惰之心？一旦产生，我们的内心便不再是"喜怒哀乐之未发、发而皆中节"的中和状态了。这种中和状态一旦遭到破坏，我们的内劲功夫便会大打折扣，甚至会消亡。因为内劲的状态本是一种阴阳相济的中和状态。内劲状态与性情上的中和状态，二者是一不是二。

因此，对于一个太极拳习练者而言，尤其是致力于内劲修炼的习武者而言，功夫和德性是一体之两面，二者不可分，功夫即是德性，德性亦即是功夫，不可能在功夫之外再修德性。这也表明了，一个习武者德性有多高、性情有多中和，其功夫便会有多高的造诣。因为德性决定着功夫，二者是一不是二。在太极拳内劲的修炼上，我们因此也并不会担心，一个功夫高手在德性上会成为武林败类而危害社会。其实，一个德性上没有成就的武者，其功夫必然难登大雅之堂。功夫造就德性，德性成就功夫，二者是圆融统一的。

王宗岳先师在《太极拳论》中所说的"忽隐忽现"似乎在告诫着我们，在太极拳内劲的修炼中一定要保持一颗谦卑恭敬之心，只有这样才能有所收获。一旦生起傲慢之心，中和状态便会被破坏，内劲便会消隐。正所谓"有德者居之，无德者失之"。功夫与德性的这种内在的联系，正是"忽隐忽现"的最好诠释。

其实，内劲不仅仅是一种技艺，它还是入道之门，是一种人生哲学，是连接形下与形上的桥梁。对习武者而言，有所体悟，不可过于兴奋；无所收获，不可轻言放弃。这才是性情的中和状态，也只有在这种状态下，才能真正养就出内劲功夫。因此，可以说，内劲技艺带给我们的绝不仅仅局限于武术中的一门技巧，更是一种对于人生、对于性命的思考和体证。通过太极拳内劲的修炼，我们会更好地体悟中和。这种体悟不仅仅限于文字上的思辨，而是用自己的身心状态和内劲功夫来对中和进行诠释和验证。

武术修炼视角的执中境界体现的是武者在性情上要达于一种中和状态。其实，习武之人对这种中和状态的追求是永无止境的。在笔者看来，这种性情中和状态的最高境界与儒家的圣人境界是无异的。

《论语》："子之燕居，申申如也，夭夭如也。"燕居，闲暇无事之时。杨氏曰："申申，其容舒也。夭夭，其色愉也。"程子曰："今人燕居之时，不怠惰放肆，必太严厉。严厉时着此四字不得，怠惰放肆时亦着此四字不得，惟圣人便自有中和之气。"（《四书章句集注》）"申申如也""夭夭如也"体现了圣人性情的中和状态。《论语·述而》："子温而厉，威而不猛，恭而安。"朱熹注曰："人之德性本无不备，而气质所赋，鲜有不偏，惟圣人全体浑然，阴阳合德，故其中和之气见于容貌之间者如此。"（《四书章句集注》）

笔者认为，正如《孟子·离娄下》所言："大人者，不失其赤子之心者也。"（《四书章句集注》）圣人的这种性情中和状态，正是一种赤子之心的状态。赤子之心是一种纯一无伪的状态。刚出生的婴儿被称作赤子，他的内心最接近于人的本然状态，没有受到任何物诱的干扰，最为纯真无邪。儒家用这种心境来象征圣人的心境。这里所称赤子之心，并不是像婴儿那样混蒙无所知，而是指像婴儿那样的纯一无伪。儒家用赤子之心来形容我们每个人与生俱来的本然善性。赤子之心是每个人所固有的，只是被后天的习气障蔽了。《孟子》中所讲的"不失其赤子之心"。其内涵正如老子《道德经》所言"能婴儿乎？"。

我们可以体会到一些功夫高深的老拳师一般都为人随和、与世无争。这样的一种形象早已成为我们对老拳师和武术家的普遍认识。其实，这正是性情中和的体现，也是他们长期进行武术修炼的效验。儒家强调变化气质，一个人气质的改变主要体现于其心境的改变。中华武术的独到之处正是在于在技术修炼体系中融入了修身理念，借鉴儒家的一些修身方法并与武术修炼相结合，创造出了深厚的修炼文化。中华武术对儒家文化的吸收使一些单纯的技术与修身理念相融合，致使这些技术发生了根本性的改变，使这些技术形式成为开发习武者内心潜能的工具或手段。

武术修炼重在思想而不局限于具体的形式，但也不能脱离形式。李小龙曾"以无法为有法，以无限为有限"。习武之人进行武术修炼必然会经历一个由有形到无形、由严格遵守技术要领或各种规矩到从心所欲不逾矩以至于起手抬足、行住坐卧之间皆有功夫内含其中的过程。武术修炼是功法技术与思想理念的一种融合。把修身养性的思想理念融入任何功法技术之中，其功法技术便成为针对心意与性情的修炼方法。

例如，武术中的任何一种桩法都可以用来作为性情修炼的体验形式。其关键在于我们赋予什么样的思想于桩法这一功法形式之中。如果在站桩时，内心的指向或目的在于训练下肢耐力或是调理气血，这样的训练则难以体现出对性情的修炼。但当我们把站桩作为调节心意的方式并在站桩的过程中挖掘和体验那种心中本来固有但又不易被察觉的一丝灵动，然后再将其加以存养并以此来滋润我们的心灵，这才更多地体现出对性情的一种修炼。即便通过这种修炼我们并不能真正体验性情中和状态下的灵明与超验，但这种趋向和积累则为我们实现生命境界的升华提供了些许可能。

对性情的修炼绝不仅仅表现为静止状态，在动态中也可以修炼性情。例如，少林武术中的上乘功夫心意把便是如此。少林寺曾有"宁教十套拳，不传一个把"的说法。从少林武术对心意把的高度重视可以想到心意把应该是与众不同的。其独特之处正是在于心意把乃是少林武术中非常重要的心意训练方法。它没有固定的套路，只是由几个单独把式组成。每一个把式演练起来，动作极为简单，却蕴含着非凡的内在体验。心意把主要是练人的心意气，使人的心完全能够驾驭自己的身体。气机即禅机。通过禅拳合一，激发出心意的潜能。心意把是一种动态的演练，可快可缓。快慢与否完全取决于习武者当时的心境。通过长期心意把的训练，妄想杂念在心意把的修炼过程中逐渐减少，武者的内心逐渐趋向于静定，内在的先天性的中和状态逐渐彰显。其最终所达到的正是一种"从心所欲不逾矩"的人生境界。

对性情的修炼实际上属于武术内功修炼的范畴。在本研究中，内功并不是十分玄妙的概念，它是通过以神意气为主的修炼而获得的一种高级功夫。太极拳内劲技艺就是武术内功的典型代表。高深的内功修为的一个重要体现就是武者性情的中和。大智若愚往往是一些内功深厚的武术大师的外在表现。他们在生活中性情中和，便自然与人无争。内功运用于技击实战中，则明显有别于一般性的身形技法，而表现出一种"拳无拳，意无意，无意之中是真意"的内在的高级功夫。儒家的修身方法对中华武术的影响绝不是一些虚无缥缈的空谈理论，而是一种真实的生命体验，能够感受于内并能形验于外。武术中的内功修炼积极吸收了儒家的很多修身方法和理念，换言之，儒家的修身方法和理念为武术开辟了一条"全凭心意下功夫"的内功修炼的道路。

例如，《周身大用论》（《太极拳谱》）讲"一要心性与意静"。太极拳乃至中华武术的所有拳种在心意上的要求几乎无不是要求一个静字。"全凭心意下功夫"，这个功夫就是要修心练意，仍然是要求心意平静。习武之人心性与意静所体现的正是性情的中和状态。要能做到心性与意静，其效果就是"自然无处不轻灵"。周身轻灵无所僵滞，这也是太极拳在技术上的总体要求。"二要遍体气流行"。太极拳要求气遍全身，浩然无碍。只有意静体松，才能内气充实，持久养护，便能达到浩然状态。这体现了性情中和、心性与意静对养浩然之气的助益。养浩然之气也有助于习武者性情达于中和，如练气化神、练神还虚、练虚合道，通过对形气的修炼逐渐进入对心意的修炼层次。"三要猴头永不抛，问尽天下众英豪"，猴头来自"心猿意马"，喻指我们的本心。《孟子》中讲"大人者，不失其赤子之心也"，即达到德性最高境界的圣人才能够守住自己的本然善性而不失去。圣人本心自性不会为外诱所扰，应物自然，无有一丝私欲或恐惧。中华武术充分吸收了《孟子》中这种炼养方法，强调"猴头永不抛"，即所谓自性本心永远不丢失。守住自己的本心，体现在功夫上就是心静如水，无所畏惧，不管遇到多么强大的武林高手，仍然能够做到"不动心"。"自反而缩，虽千万人吾往矣。"有了这样功夫，于是便可以"问尽天下众英豪"了。

中华武术之所以没有走向单一化的发展道路而是百花齐放，其重要原因在于儒家修身文化为武术引出了一条追求圣人境界的为己之学的道路。以修身理念为指导进行内向性的生命体验。这种体验其本身便具有非标准化的特性。每个人的经历、感悟不同，其体验和理解的程度便不会相同，因此，便产生了对内功的各种体悟和方法的总结，由此也使得部分习武之人无法真正解释内功的真实含义，给武术中的内功修炼披上了一层神秘的面纱。有的武术家侧重于对内功修炼方法的研究，有的则侧重于对内功思想内涵的探索。其实，形式和内容、方法和理念是内功的一体之两面，二者是分不开的。意拳大师王芗斋先生强调武术的心意训练而不假借于任何套路形式。可以说，他真正体会到了武术内功的实质。但不可否认的是，通过内功修炼而使人生境界得到升华、性情达于中和也并非一件易事，即便成功，也是需要一个漫长的修炼过程的。这也使得很多习武之人对武术内功修炼望而生畏、不敢触及。

中华武术与其他国家的搏击术或其他体育运动相比，习武之人的谦让和逊给人们留下的印象往往是最为深刻的。这是习武之人所表现出来的一种德性。而这种德性正是性情中和的体现。尽管在现实中我们对中和状态的追求可能是永无止境的，但只要坚持不懈，我们就会真切地体验到自我生命的不断升华。

第三节　武术修炼视角的无中境界

时中强调的是把握事事物物具体的中；执中强调的是执持事事物物本质的中；无中强调的是在执中的基础上进行无化，恢复喜怒哀乐未发之中。作为最高境界与终极追求，无中境界既是本性彰显的境界，亦是喜怒哀乐之未发境界；既是天理天道之大化流行的境界，亦是圣人纯一无伪之至善境界；等等。其实，它们同出而异名，都是从不同的角度对同一境界的描述。值得说明的是，时中、执中、无中并非三个相互独立的中，而是中的三种不同的呈现。它们一而三、三而一，彼此不同却又相互融通。"喜怒哀乐之未发谓之中，发而皆中节谓之和"，从已发未发的角度说，时中、执中侧重的是已发层面，体现的是对已发的中节；无中侧重的是未发层面，体现的是对未发的体验。在笔者看来，当我们面对事事物物，无论是把握具体的中做到时中，还是执持本质的中做到执中，都是已发层面的"有为法"。而真正要实现无中境界，恢复未发之中的状态，则需要对这些已发层面的"有为法"进行无化。除此之外，要实现无中境界，还可以直接对喜怒哀乐未发之中进行体验。因此，无化已发与体验未发共同构成了实现无中境界的逻辑整体。它们也为武者通过武术修炼实现无中境界提供了启发和借鉴。

乔凤杰（2014：145）先生在《文化符号：武术》中指出："'无化'，即是对一切人为的方法意识、自我意识甚至这个'无化'意识的彻底放弃。武术推崇的内向训练，就是通过'无化'来进入那个完全依靠超验心之本能发挥的'无法之法'的最高境界。"其中，"对一切人为的方法意识、自我意识甚至这个'无化'意识的彻底放弃"即是对已发的无化；"完全依靠超验心之本能发挥的'无法之法'的最高境界"即是无中境界。除此之外，乔凤杰（2014：145~146）先生还强调："'无化'，并不是一种可以归属于武术的击技技法、套路技法或者道德观念中任何一类的经验方法，而只是彰显超验心的武术内向训练的训练思路。崇尚'无化'，只是强调武术训练要以彰显超验心为终极目标，而并非是要排斥经验世界中武术实践的任何经验方法。'无化'，是一个从有为到无为的损之又损的心理甚至是超心理训练过程。它是对武术训练的终极追求，也是对习武者的极端要求。""对'无化'的强调，则是在告诉人们，终极的武术运动训练，应该通过消除一切人为的经验意识而向着这个理想状态奋进。"（《文化符号：武术》）

"天命之谓性，率性之谓道，修道之谓教"，此三句话是《中庸》的开篇，亦是整篇《中庸》的核心思想。笔者以此三句话为基础对无化的哲理进行系统的论述。《中庸》："天命之谓性。"性与命是同理同源的。在天，曰命；在人，曰性。朱熹注曰："命犹令也，性即理也，天以阴阳五行化生万物，气以成形，而理亦赋焉，犹命令也。于是人物之生，因各得其所赋之理，以为健顺五常之德，所谓性也。"（《四书章句集注》）天理赋予万物之后便成了性。人与万物的性是一样的。儒家认为，天生万物，人为最灵秀。人，作为天地人三才之一，得天地之正理。每个人的本性为天之所命即天命之性，其与天道天理是相通的。这就是"天命之谓性"。天所赋予我们的本性不会因后天的习气以及物欲的干扰而丧失，它与天地自然、宇宙万物的本体是贯通的。依循着本性而为，便是率性之道。这个道既包含作为本体的天命之性又体现着天命之性的功用。这个体用兼备的道，为我们建构了一条已发与未发之间的桥梁。通过对已发的无化来体证未发之气象，这是彰显天命之性、实现无中境界的重要方法。虽然，我们每个人同圣人一样都被赋予了天命之性。但是，我们的本性被人欲蒙蔽，不能够完全地彰显。因此，我们需要修道以复归本性。"修道之谓教"即是无化的具体实践。以彰显"天命之性"作为无化的终极目标，以依循"率性之道"作为无化的操作方法，以践行"修道之教"作为无化的具体实践，此即是无化的内在理路。

　　天命之性是未发的境界，而率性之道则是已发的境界。虽然如此，率性之道仍然不离性体，它是作为本体的天命之性发出的外在功用。因此，率性之道兼备体用，连接着形上与形下，沟通着已发与未发。所以，要从经验性的"我"实现向超验性的"我"的质性飞跃，由已发进入未发实现无中境界，就要依循着率性之道进行无化，直至最后连"无化"也要放下，彻底实现天命之性的彰显。率性之道是修道之教的方法依据。循天命之性下来的率性之道是作为本体的天命之性的外在功用。须臾不可离的率性之道是沟通形上与形下、已发与未发的桥梁。自上而下，率性之道是性体之功用，是未发之中在已发上所表现出的中节之和；自下而上，率性之道是由器入道的方法途径，是格至万物之理、豁然贯通于心之后向着本性的回归，是在已发中进行修道之教的具体实践而复归于未发的方法依据。无化即是由器入道、参用悟体的一个"返"的过程。无化作为后天返先天的修炼实践，率性之道是其依循的操作方法。无化必然要参照着率性之道来进行修道之教的功夫实践才能最终实现对天命之性亦即无中境界的证悟。

　　"修道之谓教"蕴含的是真正的修持功夫，是阳明先生所谓的"事上磨炼"。如果"率性之谓道"代表的是知道的话，那么，"修道之谓教"代表的便是行道，是指在具体实践领域中的修炼。习武者在具体的实践中进行无化的修炼，使自己的身心合道，最终达到完美理想的天命之性的无中境界。无化的整体理路就是由修道而合道，由有入无，最终实现天命之性的完全彰显。无化的最高目标在于复归本性，实现天命之性的完全彰显，亦即实现对无中境界的证悟。因此，习武者达到武术修炼的最高境界后，天命之性能够在心中清朗彻见，喜怒哀乐之情自然能循性而发，性情达于中和。其言行举止随时随处皆能合乎中道。这是习武之人经过无化的修炼在达成终极目标之后所应表现出的一种人生境界。不管我们是否有意于无中境界的追求，但我们不可否认，具有超验性的无中境界是我们经验世界中任何领域以及万事万物皆所应当指向的终极目标。因此，毫无疑问，无中境界亦是武术修炼的终极旨归。

　　循着作为根本依据的天命之性而为，循着作为未发之中的天命之性而发，便是率性。率性而成的即是道。道，犹路也。它是万事万物达于天道天理的途径与方法。万事万物按照其所当行的理而行，便是合道。只有合道，才能复归于天命之性。不合道，便偏离了天命之性的中和状态。这个道，即是科学中所讲的万事万物运行的根本规律。无化只有合乎这个根本规律才能够取得复归天命之性的"生命科学实验"的成功，才能够实现那个似乎只能存在于理想之中的无中境界。正如乔凤杰先生所言："使习武者精湛地掌握各种运动技法与良好地遵循道德规范，建构习武者的经验心，已是传统武术训练的一个很了不起的现实目标，然而，中国古人对于理想境界的无限向往，却使传统武术的内向训练远远超越现实而指向了真实的超验心。"这种真实的超验心即是天命之性，即是无可无不可、无为无不为的无中境界。传统武术最为了不起的地方，即在于它受传统文化的影响而被赋予了无化的理念，并且，从古至今有无数的习武者在无化这条修炼之路上不断地探索和实践，为后之学者积累了大量的宝贵经验，树立了崇高的榜样。

　　告子曰："性犹湍水也，决诸东方则东流，决诸西方则西流。人性之无分于善不善也，犹水之无分于东西也。"孟子曰："水信无分于东西，无分于上下乎？人性之善也，犹水之就下也。人无有不善，水无有不下。今夫水，搏而跃之，可使过颡；激而行之，可使在山。是岂水之性哉？

其势则然也。人之可使为不善，其性亦犹是也。"理学家们认为，性即天理，本来就是善的，就像水之就下。虽然水有时受到地势、飓风等影响而搏激逆流，但这并不是水的本性，而是受到了外物的影响所致。水之就下的本性从来也没有改变过。人虽然会受到外物诱惑的牵扰，但本性之明觉也从来没有丧失过。

《中庸》中所讲的天命之性即人的本性，亦是佛家所说的佛性、真如、自性等；亦是道家所说的先天一炁、真意、元神等。称谓不同，但其所指代的对象是一样的。实现天命之性或人之本性彰显的境界即是无中境界。自古以来，深受儒释道文化影响的武术先辈们会不自觉地在习武过程中对这种无中境界进行思考和探索，这正是文化使然。儒释道传统文化中许多无化的方法也被习武者自发地引到了武术修炼之中，形成了武术内功功法。虽然，武术人未必能够真正地解析何为无中境界，也未必能够实现对无中境界的证悟。但是，他们会以此为目标坚持不懈地追求和探索下去。其实，无中境界就是人所本具的潜能得以彻底开发的状态。习武者进行无化的修炼就是为了挖掘人自身的巨大潜能。正是受到了儒释道文化的影响，习武者坚信人的潜能是巨大的，是超验性的。武术修炼除了以加法的形式提升人的后天能力之外，还应该通过无化以减法的形式充分开发人的先天潜能。人的潜能一旦得以挖掘，则会产生不可思议的效果，正如六祖慧能所说"何其自性，能生万法"。"天命之谓性"的思想说明了人的本性通于天道天理。无中境界就是一种天理流行、无可无不可、本性完全彰显的境界。

乔凤杰（2007：129~130）先生在《武术哲学》中讲到："传统武术训练把彰显超验心作为自己的终极目标，是与中国古代的文化传统关系很大的。虽然，到底是哪一家主流文化首先影响了传统武术的哪一个拳种，我们可能已无法考证，但是，我们相信，不管是主流传统文化的哪一家首先影响了传统武术的哪一个流派，儒释道三家对于传统武术训练之终极目标的提升，作用都是不可小视的。"其实，无中境界即是乔凤杰先生所说的超验心彰显的境界，亦是传统文化中所说的道的境界。除此之外，在武术中亦有很多与其相对应的名称，如内劲、太极、拳道、松灵、虚无等，这些都与无中境界有着相同的内涵。换言之，内劲、太极、拳道、松灵、虚无等都是武术修炼视角下对无中境界的别称。乔凤杰（2007：113）先生在《武术哲学》中讲到："在古代中国，各家文化对超验心的称谓与认识不尽相同。在我看来，人们之所以对超验心有种种不同的称谓，特别是人们之所以对超验心的功能有种种不同的认识，乃是因为人们所思考的角度的不同：当我们寻找万物的本原时，它的状态就是物自身；当我们寻找万事万物的价值依据时，它的意志就是终极原理；当我们寻找处理事物的方法手段时，它的表现就是根本智慧；等等。"如《太极拳论》的首句："太极者，无极而生，动静之机，阴阳之母也。"此说明了太极是形上之体，阴阳是形下之用。作为道体的太极即是喜怒哀乐之未发的无中境界。因此，武者对无中境界的实现除了可以说是通过对已发的无化复归到未发之中的状态，亦可以说是彻底地挖掘人所本具的潜能、修炼内劲、证悟拳道、进入太极境界等。又如，《拳意述真》："夫道者，阴阳之根，万物之体也。其道未发，悬于太虚之内；其道已发，流行于万物之中。夫道，一而已矣。在天曰命，在人曰性，在物曰理，在拳术曰内劲，所以内家拳术有形意、八卦、太极三派形式不同；其极，还虚之道，则一也。"可见，在习武者的思想中，天之命、人之性、物之理、拳术之内劲都是宇宙最高的道，亦即无中境界在不同领域中的具体称谓，它们的本质内涵其实都是一样的。

儒家虽然讲求心性上的功夫，但却有别于禅宗的打坐参禅、明心见性，而是要把修身养性的功夫落到实处，用于人伦日用之中，注重在具体实践领域通过学而时习的不断努力以及克己复礼的修持功夫逐渐去除后天私欲以复归本性。这一实践过程即是无化的修炼实践。具体实践所依循的即是天命之性赋予在事物中的当行之理，即率性之道。"或生而知之，或学而知之，或困而知之，及其知之，一也。"生而知之是圣人境界，是一种天命之性完全彰显、由道而器、本体起用、应物自然的无中境界。学而知之乃至困而知之是由器入道、参用悟体，通过"诚之者"而达到"诚者"的自明诚的过程。只有圣人才具备的生而知之的天赋，对于一般人而言是不可期冀的。但通过后天的勤奋努力，通过学问思辨行而最终止于至善，则生知、学知、困知及其知之，一也。子思在《中庸》中，虽然高举"率性"，其实是要以"率性"来阐明"修道"。此之意，正与"物有本末，事有终始"的思想不谋而合。《中庸》开篇即讲"天命之谓性，率性之谓道，修道之谓教"，正是要先明确作为"本"和"终"的天命之性、率性之道，再言作为"末"和"始"的修道之教。《大学》："知止而后有定"，先要树立止于至善的终极目标，而后才能定心于当下，开始修身进德。对于学知和困知的普通人而言，先要确立天命之性的终极目标，明确须臾不可离的率性之道，进而才是戒慎不睹、恐惧不闻的修道之教的开始。此即是"诚之者"之事。《中庸》二十章，虽然突出"诚者"，其目的却是以"诚者"为参照来阐明"诚之者"。《中庸》一书为未明道者而作，只是以圣人之道为参照，来阐明君子之学而已。从学知到生知、从诚之者到诚者，是原始反终。其实，诚即是无化，无化即是一个反身，而诚的过程，属于"诚之者"之事。

　　习武者通过对已发的无化，在具体的实践领域，时措其行，中节其情，慎独而时中，进而达于无中境界。顺者为人，逆者成仙。无化正是通过后天返先天的修证实践恢复人的本然善性。无化所体现的是儒家反身而诚、克己复礼的修身功夫。我们的本性被人欲障蔽，本明之德不能够明，本具之性不能够彰显。因此，我们需要反求诸己，诚身无化。尽管我们知道只有反身而诚的无化才能够通达于本性之至善。但是，在现实中，我们反求诸身而所存所发并不能够做到真实而无妄。这说明我们诚身的功夫不够。如何解决这一问题？《中庸》指出："诚身有道：不明乎善，不诚乎身矣。"（《四书章句集注》）所谓"明乎善"，即是我们要精察于人心天命之本然，知道至善之所在，此正是《大学》中所说的"知止"。子曰："回之为人也，择乎中庸，得一善，则拳拳服膺而弗失之矣。"生活在现实的经验世界中的我们，对世间善恶的评价与判断，取决于我们的德性。我们的德性达不到圣人的境界，就不能够"择乎中庸"，就不能真知善之所在。明善，是诚身的前提。我们只有明善，才能从善去恶。而从善去恶，正是诚身的功夫。明善最重要的是在经验性的众善之中明确什么是超验性的至善，并把至善作为我们诚身的目标。这样，诚身的功夫才能够持久、坚定、真实而无妄。

除了诚身之外，儒家亦注重以慎独的方式进行无化。所谓慎独，主要是指戒慎我们的心念。独是指我们独处之地，别人看不见、不知道而只有自己知道的地方。儒家强调，在这样的地方尤其要自我约束。别人不知而我们独知的最隐微的地方莫过于我们自己的内心。我们任何一个念头的善与恶，只有我们自己清楚，别人不知道。而这正是儒家认为最应该下功夫的地方。世界上的任何事情都是起源于隐微之处。刚开始的时候可能还很弱小，处于一种萌芽的状态，如果我们不加以控制，它就会逐渐明显，最终会造成一定的影响。慎独即是无化，就是要向内审察自己的内心涵养德性，使自己的心无时无刻都保持着中庸的状态，并不断地克制和消除私欲，恢复本性中本具的正气与光明。萧天石（2007：23~24）先生在《道海玄微》中关于道家静坐十二心法讲到："即当做工夫时，宜绝念忘机，静心定神；提防动心起念，惟有一灵独耀……修道而能至一灵独耀，便能'入色界不被色惑，入声界不被声惑，入香界不被香惑，入味界不被味惑，入触界不被触惑，入法界不被法惑。'（临济语）无入而不自得也。在此境界中，'言语道断，心行处灭'，最易体认天理，彻识仁体，明心见性而与道合真。孔门'慎独'之功，亦即在求能保此一灵独耀之灵明也。孟子倡'良知'，阳明承之倡'致良知'，均系此一静极通神工夫。故曰：'心至无心神自定，一灵独耀遍乾坤。'"

无化最重要的是保持一个戒慎恐惧的心态，"戒慎乎其所不睹，恐惧乎其所不闻"，不要放纵我们的私欲。因为任何一个细小的不善的念头，如果我们不及时察觉并消除掉，它都可能引导我们产生不良的行为，并造成严重的后果。就这样严密地戒慎我们产生的任何一个不善的念头，长久坚持而不松懈，我们的德性自然就提高了。我们的一些习气和私欲也就随之减少或消除，本性的光明自然显现。我们可以因此而感受到内心越来越清静，言谈举止之间所表现出的正气也会被别人感知，这就是无化的功用和效果。

无化会使我们的内心更加严密，对事物细微和隐深的义理体察得更加清楚。其实，这些正是我们德性提高的表现。所以，无化不是一个外在的规矩，而是我们要切实在生活中去实践的修己功夫。"诚于中而形于外"，我们内心中任何不善的念头看似于隐微之处不能被人察觉，而实际上都会在我们的言谈举止中表现出来。无化就是要保持一颗真诚的心，不能在别人面前掩其不善、自欺欺人。一般情况下，我们是能够分辨善恶的，但是我们缺乏去恶从善的勇气，不能够实用其力或长久坚持。因此，无化不是我们心外的规矩条目而是我们要行之于心、长久坚持的实践功夫。

在作为官方文化的儒家文化的长期影响下，习武之人尤其重视在生活实践中的无化修养。中华武术几乎所有的门派都为习武子弟制定了明确的武德规范或一些戒规条目。只有我们自身真正在生活实践中做到了无化，外在的行为才能够合乎道德规范。"未曾习武先习德"，这里所说的习德主要是修炼我们的内心，要让我们的心作为一身的主宰。这也是儒家所强调的正心，消除我们内心中的私欲，不被外在的诱惑牵引，保持我们内心的清静。这才是通过无化增进武德的真正内涵。反之，如果一个习武之人不在生活实践中无化或内省，只是遵守着一些外在的行为规范，那并不是真正的武德。例如，武德规范中要求习武之人不可奸盗邪淫、为非作歹。如果把它看作一个外在的武德要求或行为规范，那么，只要在生活中不做这样的事情、禁止这样的行为，就算是一个有武德的人了。其实，这是远远不够的。一般情况下，我们的行为起始于内心的想法。行为是外显的，心念是内隐的。我们在更多的时候是注意对行为的规范而不是对内心的约束。因为心意是最隐微的地方，不易被人发现。因而，常常被我们忽略。在生活中，当与人交往时，我们容易控制自己的言行，做到中规中矩，即所谓"见君子而后厌然，掩其不善"。而当我们独处时，自我约束的力量就会松懈。而最独处的地方则莫过于我们的内心，因此，它更容易被我们忽视。无化正是要在最隐微、最不易被人察觉的内心处下功夫。

武术修炼如此重视在生活实践中进行无化，是因为当我们对自己的心念有极强的把控能力时，内心中的私欲就会逐渐减少，我们自身本具的那个与天道天理相通的性体就会逐渐显现，心就会变得静与明。心静能够为我们的武术修炼提供一个良好的心理环境，心明可以使我们对武术中的技理、技法有更好的体悟和辨析。只有当我们掌控住自己的内心，我们才能驾驭高深的武术。如果心不静不明、私欲杂乱，在这样的心境下练武，必然会使我们的身心更加躁动、气血不畅，不但不能提升武技反而容易对身体造成损伤。因此，习武之人极为重视无化功夫的修炼。

武术讲究六合，分为内三合和外三合。内三合是心与意合、意与气合、气与力合。以心行意，以意导气，以气运身。外三合主要是指肩、肘、胯要相合。武术与竞技体育相比，其最大的特色就是极为重视神意气的训练。神意气是看不见、摸不着的，我们不能去量化和标准化。在武术中除了一些专门训练神意气的方法之外，最主要的还是要靠我们在生活实践中用心体会，将训练融于生活之中。无化就是一种察识内省的修炼。当我们对内心正邪善恶的意念能够清楚地辨析并可以及时地去恶存善的时候，我们调节自身神意气的能力也会随之增长。神不守舍、神魂颠倒等这些都是神意气不和谐的表现。而其根源则在于我们的心不静不定。所以，习武之人要想达到武术中内外相合的状态，一定要在生活中注重无化的修炼。诚于中形于外，内在的德性与外在的行为合一。表里如一才是真正的内外相合，也是习武之人追求的一种功夫境界。通过武术修炼使自己的精神气质、身心状态趋于完善，将高超的武技内化于心，深厚笃实，达到一种心物一体的境界。习武之人在生活实践中牢牢把握住了无化，使得生活与习武相互融合、相互促进，将武术修炼融于生活之中，在生活中修炼，生活武术化，武术生活化。

《中庸》："喜怒哀乐之未发谓之中，发而皆中节谓之和。"无中境界是一种喜怒哀乐之未发的境界。除了前面所论述的无化之外，要实现无中境界还可以直接对未发进行体验。体验未发是儒家在修身方面为我们提供的一个重要方法。它对中华武术在内向性的体验上产生了深远的影响。中华武术门派拳种众多，形式纷繁复杂，技法运用各有所长，即使穷尽习武者一生，恐其也难以尽学全部武艺。但是，中华武术在已发层面不断建构和丰富技战术体系的同时，又开辟出了一条通往习武者喜怒哀乐之未发层面的生命体验的道路，即所谓的内功或内劲修炼。与已发层面经验性的技战术相比，未发层面超验性的内劲则是无形无象，脱离了任何招式技法的束缚，是无中所生之"有"，是道中所生之"一"。"天道一而已矣，在天曰命，在人曰性，在物曰理，在拳术曰内劲"（《拳意述真》），道在不同的具体事物中的表达方式不同，但其内涵是一样的。习武者进行内劲修炼的目的就是要感悟和体证武术中的道，即拳道。在笔者看来，修炼武术内劲正是体验未发在武术修炼领域中的重要表现形式。习武者通过内劲的修炼来体验喜怒哀乐之未发气象，"由懂劲而阶及神明"，以拳悟道，实现无中境界。

其实，太极拳或武术中的内劲是每个人都本具的一种身心状态。只是在后天的生活中，这种状态得不到经常性的保持和训练，以致逐渐消退和减弱。内劲修炼的目的就是通过专门的方法和手段来认识这种特殊的劲力状态。其中最重要的一个方法就是体验未发。武术中的劲力是多种多样的，不同的修炼方法会练出不同的劲力。内劲是一种极为特殊的劲力状态，它是动中所寓之静、无中所生之有。运用内劲与对手搏击格斗并不表现出明显的外形动作而是通过对彼此之间劲力联系的把握制敌取胜。因此，武术中也常常将内劲称为内功。

内劲是每个人本来具有的一种本能。武术界可能很早就存在一个关于内劲的认识错误，那就是认为内劲是通过训练由无到有的，即认为习武之人原本不具有内劲而是通过专门训练而产生了内劲这种新的能力。笔者要说明的是内劲是我们每一个人的本能，是与生俱来的。所谓的内劲训练，只是帮助我们来认识和体会这种内劲状态。中华武术内向性修炼的理念就是恢复自己的本然状态，挖掘自己本具的潜能。自性具足、不假外求是内劲修炼的根本指导思想。王芗斋先生所说的宇宙之力和自然力，其实就是对内劲或内功的称谓。可见，内劲并非是通过外求而得的，是本来就有的，所谓的练出功夫，即是把它挖掘和彰显出来而已。

我们知道，在漫长的历史发展中，中华武术已形成了内家与外家两大技术风格明显的拳种体系。大多数习武者认为内家是以修炼神意气为主，而外家则是以训练筋骨肌肉为主。内家是以太极拳、形意拳、八卦掌为代表，外家则是以少林拳、南拳、长拳等为代表。笔者认为，虽然内家拳和外家拳确实存在着较大的差异，但是绝不能将二者严格地划分界线。其实，这也是做不到的。因为，即便是以训练神意气为主的内家拳也有各种外在功法和技战术的训练内容。同时，外家拳虽以筋骨肌肉以及招法战术训练为主，但也都强调神意的作用，讲究内外相合、上下相随。

在中国传统文化的语言系统下，内家拳的训练，我们可以称之为神意气的训练。其实，我们亦可以将其称为一种特殊的心理训练。太极拳名家祝大彤（2007）认为太极拳实际上是一种心脑运动。另一位太极拳名家李和生也曾讲到人其实有两个运动系统，第一套运动系统就是我们一般认为的骨骼肌肉等组成的运动系统，而第二套运动系统则是内在的神意气系统。外在的骨骼肌肉等组成的这套系统是存在着训练极限的。无论是力量、耐力还是速度，在更高、更快、更强的理念下进行训练，虽然可以得到显著提高，但必然会存在着人类本身所无法逾越的极限。武术在进行外向性训练以开发第一套运动系统的同时又极为重视内向性修炼或称之为超级心理训练以开发以神意气为主的第二套运动系统。通过一些内家拳老拳师的切身体验来看，以神意气为主的运动系统，其潜能是无比巨大的。它不是力量、速度、耐力等指标量的积累，而是在"用意不用力""全凭心意下功夫"等这些要求下的质的飞跃。它是先天性的，是人所本具的。习武者通过合理如法的训练可以将人所本具的巨大潜能彻底地开发出来。

作为内家拳之一的太极拳原本是极为重视内劲修炼的，但现在大多数太极拳习练者忽视了对内劲的修炼。于是，太极拳也就逐渐演化成了太极操。不得不说，这已偏离了太极拳的本质。内劲修炼是以对心脑神意气的训练为主的，绝不只是外在手眼身法步的练习，更不仅仅表现为武术技术动作的高难新美。太极拳是一种以内劲修炼为主的拳种。当年杨露禅、杨健侯、杨少侯等皆是以高超的内劲技艺而名扬武林。在一些记载中得知，杨家与人格斗时并不以招式上的巧妙获胜而是皆以内劲取胜。因此，杨氏太极拳得到了武术界的重视，进而发展出了吴、武、孙等很多太极拳流派。杨氏太极拳中讲究招数。招是外在的技术招法，术指的就是内劲。因此，招数就是内劲支配下的招式运用。没有内劲的支配，太极拳就成为太极操了。

我们不得不承认神意气等这些极具中国文化内涵的概念是无法严格地运用科学的手段加以量化或显化的。它们更多的是我们自身的一种体验和感悟。但是我们也绝不能因为它的"不科学"而武断地否认它的存在和价值。因为，一代代武术前辈们所积累下来的经验足以使我们相信，中华武术内劲修炼是一种有规律可循的体验文化。既然内劲修炼更多的是依赖于习武者自身的感悟，那么，内向性地体验未发则是内劲修炼的关键。因为，体验未发就是直指本心善性，坚守而不放失，久而久之，功夫纯一无杂，本性彰显，实现我们为己修身和生命体验上的质的飞跃。例如，站桩是很多拳种门户修炼内劲的一种常用手段。有些桩法要求意守丹田，将自己的注意力集中于丹田以培养内气。也有一些气功修炼则将重点放在对命门穴的开发上，意想命门穴以激发其功能活力。武术中很多内劲的修炼方法都是直接或间接地吸收来自道家、佛家的一些修持方式。而佛道两家的养生或证悟性质的修持手段，其大多数也是以意念上的假想或心理上的修炼为主，是一种精神层面上的修炼，以意识反作用于物质的方式达到身心质的蜕变与飞跃。

心意上的专注是武术内劲修炼的核心要领。"入化本是集中意，无形无相莫猜疑"，心意散乱的习武者是不可能练出内劲的。一般情况下，习武者的功夫高低是可以通过他的眼神表达出来的。眼睛明亮、炯炯有神，往往便可据此断定其功夫必定高深。其实，这是有科学依据的。中医上讲，眼睛是一个人精气神的汇集之处，五脏气血的状况都可以通过眼睛反映出来。一个有着深厚内功修为的习武者一定是心意平静、气血饱满的，这反映在眼睛上一定是炯炯有神而不是六神无主的。心意上的专注是需要按照一定的方法长久修炼而成的。武术中有意到气到的说法，心意的集中能够带动内气的汇集。只有在内心安静、意念专注的状态下，才能够感受到身体内气血运行的微细变化。太极拳的内劲修炼是以训练神意气为主。以心导意、以意导气、以气运身，称为内运。内运外动、内外相合是内劲修炼的一个基本理路。在行拳走架时，要以神意气的内运来支配各种招式的外动。这也是在练拳中体验未发的操作方法。如果不是体验神意气的运化而是主于招式技法的练习，那就不能称得上是内劲修炼了。内劲修炼首先要解决思想问题，要在思想上认清未发的真正内涵与核心要领，如此之后进而要在身体上有所体会和感知，要能够将内心的想法用身体表达出来，做到身心合一。

体验未发是内劲修炼中最为核心的要领。佛家讲"制心一处，无事不办"，在内劲的修炼中一定要重视精神或心理的作用，深入开发心意的潜能并使之发挥出巨大的作用，这是内劲修炼的核心所在。而心意潜能的开发又取决于内心的平静、专注以及心意的明觉。一个心不静的人是很难修炼好内劲的。《大学》中讲静、定、安、虑、得。德者，得也。一个人德性修为的前提条件是要心安、心静。一般而言，一个德性不高的人，为人处事未能常合于义，其心必不能安静，因此，也就丧失了内劲修炼的基本条件。习武之目的在于修德，没有高深的德性便无法驾驭高深的武术。反之，内劲修炼对于习武者自身德性的提高也是有很大帮助的。由此可见，习武者内劲的修炼是与自己的德性修为紧密相连的。因此，将原本是儒家德性修持方法的体验未发运用于武术内劲修炼上也是符合其内在理路的。

习武之人尤其是太极拳的习练者都知道，在内劲的修炼过程中，听劲的训练是十分重要与必不可少的。《太极拳论》："一羽不能加，蝇虫不能落。人不知我，我独知人。"一羽不能加、蝇虫不能落指的是太极拳中的听劲功夫。听劲是对劲力大小、方向、快慢的一种感知和察觉能力。听劲并不是一种可以眼见的外在动作，也并不表现为某种劲力，而是在推手中对对方劲力的一种灵敏感知。它是与武术习练者的内劲修为紧密联系的。有一定内劲基础的习武者，其听劲是非常灵敏的。因为内劲是听劲的基础。在笔者看来，如果把对劲力的感知与觉察看作内劲修炼中听劲的初级功夫，那么，对喜怒哀乐未发之时本然的静定状态的体验，则是听劲的高级境界。体验未发是儒家重要的修身功夫，笔者将它视为听劲修炼的一种升华。将体验未发引入太极拳或武术修炼领域，一定能够帮助习武者更好地体悟功夫的真谛，进入功夫的大乘境界。

有很多太极拳前辈曾指出，听劲的关键在于感知接触点上的温度变化，以此来判断对方劲力运行的情况。太极拳名家李和生先生曾指出，听劲就是运用支配人体两臂的臂丛神经来感觉对方的劲力的大小、方向。可见，听劲之修炼最重要的就是通过训练使神经系统变得敏感和灵活，最终达到"一羽不能加，蝇虫不能落"的境界。其实，这并非拳师们的幻想，科学证明人体的末梢神经可以感知到极其细微的力的变化。神经系统的这种感知能力必须经过一定的训练才能达到较高的程度，而这种训练的重点是在松静状态下对专注力和感知力的训练。

从技术层面讲，听劲就是在与对方接手时要听出对方的"中"。例如，在太极拳散手实战中，与对方接手，关键在于得"中"。这个"中"即是对方暴露出的顶点。能否得到"中"以及是否精准，则取决于听劲训练的水平。而听劲的训练，关键在于松与静，具体的操作方法在于"松梢"，即保证双手处于一种不用力、没有被占上的状态。此时，在这样的一种静定的状态下，人们才能更清晰地感知对方的劲力变化。听劲的前提是要我们处于一种静定的内劲状态，如果不能处于此种状态之中，则不可能清晰地感知对方的劲力变化。我们处于一种什么样的修炼层面，就能感知到对方在此种层面的东西。以用力的思维或用力的习惯是永远无法体会和把握内劲的状态的。

体验未发是一种持静的能力。儒家更多的是将这种能力运用于自己心念善恶的觉察以及克除私欲、持守正念的修身功夫之上。因此，儒家尤其是宋儒极为强调正襟危坐、"半日读书，半日静坐"。其目的正是培养觉察正邪、持守正念的精一功夫。而这种体验未发的功夫运用于听劲训练之中，就会有助于习武者增强对神意气的感知能力以及提高神经系统的敏感性。道家对先天之气的调动以及佛家对明心见性的追求也都离不开心意上的精一。保持内心的平静，不受外界环境的干扰，这本身亦是习武者或佛道修行者追求的一种功夫和境界。只有在静的状态下才能够体会和激发人的本能和潜力。因此，听劲的修炼一定是在一种松静、松灵的状态下进行的，只有这样才能有助于听劲功夫的提升。无论是站桩、打坐以及意念假想等训练皆是培养心意上的精一。通过系统性的听劲训练，习武者心意的专注力、辨析力以及控制力都会获得提高。体验未发的功夫达到了一定程度之后，武者对自己身心的觉察以及控制力都会显著提高。

在儒家的思想里，体验未发是一种内省修德的实际功夫。笔者之所以将其用于指导听劲的训练，一方面是对其进行武术修炼视角下的新的诠释，另一方面亦是由于其本身所具有的修身内涵对武术修炼有着巨大的启发价值。太极拳听劲的训练往往是在一种较为安静状态下的心理训练。与一般意义上的心理训练所不同的是听劲的训练最终是要服务于技击的。其实，体验未发表现在听劲训练上就是一种对自身的超级心理体验和控制。我们可能无法去描述和形容这种超级心理体验与控制的最高境界，但是，有大量的材料表明，在道家的修炼中确实有一些修炼者练成内视的功夫，他们对自己身体中气血运行的情况能够精准地把握，对经络运行的状况了然于心。

儒释道三家对圣人的称谓不同，对圣人境界的描述各异。但是，它们都是从不同的角度对同一境界的描述。这一境界即是我们本性彰显后的大彻大悟、全体朗现的无中境界。虽然习武者以武术的手段进行未发的体验是以此境界为终极追求的，但并不是要出离世间以寻求人伦日用之外的任何体验。体验未发并非以获得各种神通或求得心中一些奇异光景为目的的，所谓的体验未发、实现无中境界也并非要成神、成仙。毋庸置疑，武术先辈们在武术领域进行体验未发的探索和实践，必然是在一定程度上受到了中国儒释道修炼文化的影响。但是，除此之外，人之所以为人，人性本善的力量也会不自觉地促使我们向着仁义礼智之性的方向回归。这正是孟子所说的"恻隐之心，人皆有之；羞恶之心，人皆有之；恭敬之心，人皆有之；是非之心，人皆有之。恻隐之心，仁也；羞恶之心，义也；恭敬之心，礼也；是非之心，智也。"（《四书章句集注》）我们对未发的探索和体验，实际上是一种对生命和人性的思考与体悟，其动力正是来源于我们自性中本具的智慧与善根。此亦是《中庸》中所谓的"至诚无息"。

以太极拳为例，其之所以有如此的技术特色，有如此的技术哲理，从根本上讲是因为太极拳乃是一种指向于内向性体验，即未发之体验的拳法。通过内劲的修炼，太极拳最终要展开的是对人生命的终极探索，是对宇宙本源的终极追溯。如果说技术层面和哲理层面的太极拳修炼是指向于入世、服务于现实生活的话，那么，未发层面的太极拳修炼则是指向于出世、服务于人本性的彰显。这体现的是儒家所谓的反身而诚、致良知、明明德、止于至善；是佛家所谓的明心见性、证悟解脱；是道家所谓的成就金丹大道、后天返先天、羽化飞升。

　　武技、武德、武道虽然从逻辑上讲都有其各自的属性，然而从本质上讲，它们是没有区别的。武技的训练对习武者自身德性的影响，很难做量与质的研究和论证。但是它对武德的循序渐进的影响是每一个习武之人都能够切身感受的。至于从中感悟的武道更是与天理人性相融通的。武道是一种智慧，是无法用知识去衡量的。对武道的证悟所表现出来的往往是一种人生智慧，其中的禅意与妙处并非能够以言语来表达。作为习武之人，在接触到武术之后，首先便是对武术技术的感知和体会。这离不开我们的身心，离不开我们的生理功能。任何脱离人的生理功能的武术技术一定是不存在的。习武之人通过武术技能的训练可以防身自卫、强身健体以及增加对自身的生理潜能的认知，这都是就武术技术层面而言的。当武术技术练到身上之后，对习武者而言，他的身心会随着武术技术水平的提高而发生着改变。在思想上，习武者会通过对武术技术的感知进而体悟到其中所蕴含的深刻哲理，并会结合中国儒释道等传统思想进行深入思考。于是，武术技术的实践便使之在内心之中逐渐生发出了一些与技术相关的哲理性观念，而这些观念又会直接或间接地影响到习武者对人生、对所处人事环境的思考，进而影响到他在为人处事中的言行。可见，武术哲理层面显然已经超脱了武术技术层面的实践范围。武术哲理面向的是习武者对生活的思考、对人生的领悟，形成的是一种人生态度。

　　其实，自古以来，我们的知识分子就有着在闲暇之时谈玄论道的习惯，但这并不影响他们在现实生活中积极地入世和进取。对于习武者而言，其实是一样的。习武者并非整天思索着如何通过习练武术而成佛、成圣。这显然是不现实的，也是不切合实际的。但是，这也并不是说，我们在武术的技术层面和哲理层面服务了我们的防身自卫、强身健体、自娱自乐、为人处事等现实需求之后，我们不能将道、诚、性、未发等宇宙本源性的探讨寄托和赋予武术之中。换言之，并不是说，只有克己复礼、研习经教，体会圣人之心并在事上磨炼，付诸于行，最后知行合一才能渐入圣域。然而，武术又何尝不行呢？习武者通过内劲的修炼来体验未发一样可以追求对圣人之心的领悟。并不是说，只有静心打坐或者参话头，在机缘成熟之时由师父棒喝一声豁然贯通、心开意朗、明心见性。然而，武术又何尝不行呢？习武者通过内劲的修炼来体验未发，一样可以直指本心、见性成佛。并不是说，只有打坐炼丹、内视守窍，通过筑基、炼精、炼气、炼神进而炼虚合道方能得道成仙。习武者亦可以通过内劲的修炼来体验未发，进行对生命的探索和修炼，使得我们掌握生命的规律和本真，更好地领悟这个世界所赋予我们的神奇。

武术内劲修炼领域的体验未发并非对武术的一种神秘化、玄学化，而是在赋予武术一种超脱性的目标之后，使得武术自身的意义更加丰富，使武术对于习武者而言多了一份持守和追求的意义。习武者通过武术修炼的方式对未发进行体验，最终能否实现佛的境界、道的境界、圣人的境界？这个是不得而知的，也是不可执着的。但是，武术修炼有了这样的一种指向，有了这样的一种追求，至少对于武术而言，它的意义和价值有了些许的升华，也扩展了习武之人内在的心胸和格局。

第四章

武术修炼视角的一体之仁

在笔者看来，依于仁，对武者而言，应该指依于一体之仁。乃是因为一体之仁可以帮助武者和谐身心、融合万物。本章，笔者将一体之仁具体展开为身心一体、人我一体、天人一体三个层次。在武术修炼的视角下，身心一体强调武者要做到身养浩然气、心明太极理；人我一体强调武者要做到人刚而我柔、我顺而人背；天人一体强调武者要做到天行健不已、人自强不息。

第一节　武术修炼视角的身心一体

"仁者以天地万物为一体"一句出自北宋学者程颢。程子曰："医书以手足痿痹为不仁，此言最善名状。仁者以天地万物为一体，莫非己也。认得为己，何所不至；若不属己，自与己不相干。如手足之不仁，气已不贯，皆不属己。"（《二程集》）儒家之仁，彻上彻下，天人与共。孟子说："尽其心者，知其性也，知其性则知天矣""夫君子所过者化，所存者神，上下与天地同流，岂曰小补之哉？""万物皆备于我矣，反身而诚，乐莫大焉。"表达的都是天人合一、万物一体之意。

在武术修炼的视角下，笔者从身心、人我、天人三个维度对天地万物一体之仁进行诠释，将儒家一体之仁的思想引入武学，同时，通过武学也进一步丰富儒家一体之仁的思想内涵。

一体之仁表现在人的身心关系上则是身心一体。对武术修炼而言，儒家一体之仁思想首先观照的是人的身心。武术强调内外兼修，内指的是人的心意，外指的是人的身形。可见，习武者在修炼实践中一直在践行着身心一体的思想。在武术修炼视角下笔者将武者对身心一体思想的实践或修炼具体表述为身养浩然气与心明太极理。

尽管宋明理学关于理气先后存有不同观点，但笔者认为，浩然之气与太极之理其实是一体之两面。浩然之气中自然含有太极之理，而太极之理也必然伴随浩然之气。武者只有在太极之理的思想指导下才能更好地养就浩然之气，反之，对浩然之气的炼养亦能够使武者更好地体悟太极之理。因此，武术修炼视角的身心一体应该具体表现为身对浩然之气的养就与心对太极之理的明达。身养浩然气与心明太极理，二者一体两面、不一不异。

武术中有"以心行意、以意导气、以气运身"的说法。中华武术极为重视气。气文化可以说是中国文化中的一大特色。朱熹曰："气者，体之充也。"（《四书章句集注》）中医上讲："正气存内，邪不可干。"孟子论述了志与气的关系，认为心志是气的统帅，人的心志有所指向并且专一，则气必然随志而有所趋向。因此，孟子主张，持其志但不可暴其气。气与志是相互影响的关系，一方面志能统制和引导气并且为气之所动指出方向；另一方面，气在某一方向上的驱动也能反过来促使心志的变动。但是，程子认为："志动气者十九，气动志者十一。"（《四书章句集注》）志应该是气的主导。在武术中往往把志理解为心意，讲求的是心意对气的引导和发用。

气在中国文化中被赋予了丰富的内涵。无论是形上的本体还是形下的事物都或多或少地蕴含着中国气文化的元素。但古人对气的最初理解应该是将气看作类似于可以感知的空气之类的物质。由于中华武术吸收了道家内丹、中医等理论，武术中的气有着丰富的内涵，涵盖了呼吸之气、营卫之气、内气、丹田气以及先天气等多个方面的内容。

中国文化中的气以及武术中的气，其实，很难严格分清是物质性的还是精神性的。实际上，气既有精神性又包含物质性。孟子所讲的浩然之气，其中既含有作为体之充的气，又不可否认它同时具有明显的道德内涵。其实，正是因为气具有多元化内涵，气文化与中华武术才融合得最为充分和全面，使得气文化在中华武术中占据着举足轻重的地位，成为中华武术最具特色的一个方面。

无论是在儒家文化中还是在中华武术中、无论是表现为精神性的还是表现为物质性的，气早已成为人们探究自然万物运行规律时的一个重要研究对象。在武术中，对气的研究主要体现于技战术、养生等方面。孟子"善养浩然之气"的思想对中华武术在生命体验上产生了重要影响。通过认识气的特性、研究气的规律，习武之人创造出了丰富的方法手段来培养浩然之气。这些方法手段成为武术技击和养生方法体系中的重要组成部分。

在笔者看来，身养浩然气，主要是强调习武者在武术修炼的过程中要加强对内气的炼养。例如，太极拳习练者经过一定阶段的修炼之后，逐渐会有"气遍周身"的体验。这是太极拳修炼由外而内、由粗入细的一个重要标志。"尚气者无力，养气者纯刚"（《太极拳谱》），所养之气不是呼吸之气，不是硬气功，而是孟子所言的浩然之气。

从中医上讲，我们每个人都有内气。体内的气血按照一定的规律不停地运行。只有气血的正常运行，才能保障五脏六腑等生理功能的正常运转。一旦气血的运行受到阻碍，就可能产生相应的疾病。习练武术尤其是各种健身气功如易筋经、五禽戏、八段锦等都是按照气血的运行规律通过动作导引与呼吸意念的配合来调节我们体内气血的运行。一般认为，人的下丹田是气府，即内气产生的源泉。因此，武术极为重视对下丹田的修炼。

太极拳的推手以及武术的搏击都极为注重气势的作用。孙禄堂曾讲，真正的武术高手不在于技艺水平的高超，关键在于敢打敢拼；意拳大师王芗斋讲过，在真正实战交手中要完全忽视对方，你打你的，我打我的；以及少林拳的"欲学拳技，先破生死观"等，都是在强调武术实战中气势的重要作用。

在儒家，浩然之气具有明显的道德意味。"浩然之气，集义而成"。为人处事合乎义理，内心安定无所亏欠，日积月累，浩然之气便能充实于体内。这种气并不是生理意义上的气，确切地说是人们通过遵守道德原则、处事合宜而建立起来的一种良好的精神状态。表现于外就是一个人的气质。我们不可否认，通过合于道德而获得的良好的精神状态对人们生理上的健康是有积极影响的。因此，养浩然之气对中华武术的影响，一方面强调习武之人的武德，即做事合义，集义而成就道德意义上的气质；另一方面是创造了各种功法技术培养和训练生理意义上的内气。二者是相互关联的，内在的精神状态即神意的功能与人体内气血的功能是相互作用、相互影响的，二者共同建构成了武术中的浩然之气。

中华武术各个门派都极为重视内气的培养和训练。"外练筋骨皮，内练一口气"，以气运身就是将人体的内气充实于身体的各个部位。其实，关于武术中内气的解释尚无定论。有人将其解释为人体神经系统的一种内在感知觉；有人则认为是人体中的生物电磁场。总而言之，内气是习武之人通过修炼确实可以切身感知并能在实战中运用发挥技击效果的一种能量。

笔者认为，武术中的内气并不是仅仅指中医上所讲的在经络中运行的气，而是一种神意气共同作用下的产物。它既含有精神性的成分亦含有生理性的成分，是两者相互作用、相互影响下的产物而不是两者的简单组合。浩然之气是需要我们去认识并要借助一定的方法才能培育和修养出来的。习武之人对浩然之气的炼养是武术修炼的一个重要内容。

养浩然之气在生命体验方面对中华武术产生了深远的影响。炼气养气成为武术技击实战以及养生等修炼中的一大特色。在某种程度上说，武术的任何理论思想都与气有着直接或间接的联系。中国传统文化影响下的中华武术没有将身与心、物质与精神截然地分开，而是将它们有机地圆融在了一起，而在其中起关键作用的就是气的思想。

气本身是一个极具包容性的文化体系，既指可见可感知的具体事物，又指推动天地万物运行的内在根据。气的这种文化内涵也为武术技战术体系的构建开辟了广阔的天地。通过对气文化的不同认知和理解，习武之人从气文化中吸取了不同的营养并与武术相结合，进而形成了不同的技术特色。例如，少林拳的金钟罩、铁布衫等，都是利用了神意与气的集中，瞬间充实于身体之中以提高抗击打能力。太极拳则反对气的集中，而是强调气与神意的有机化合，通过长久修炼而产生一种特殊的能量，即太极拳中常讲的内气。

武禹襄在《太极拳论要解》中讲到"气敛入骨，神舒体静"，这便是强调气与神意的有机化合。孟子认为，志为气的统帅，志一则气动。志在武术上即为神意，只有神意安舒，气才能充实稳固。因此，要"内固精神，外示安逸""全身意在蓄神"。只有神识安静才能养气，即孟子所说"持其志勿暴其气"。武禹襄也强调"不在气，在气则滞""尚气者无力，养气者纯刚"。武术与气的结合之所以能产生出如此庞大的技战术体系就在于中国气文化的博大精深。除了武术之外，养浩然之气也已成为中国其他各个艺术门类共同的修炼内容。书法、国画等也皆以养气为要，以浩然状态为追求目标。

《孟子》中的养浩然之气是与志、义分不开的。生理意义上，气为体之充，它与一个人的道德境界是紧密联系的，并且是能够相互沟通的。这与西方哲学的形上与形下的两元论是明显不同的。在儒家文化中，外在的现象世界都是与自身的主观世界相互融通的。因此，其着眼点更多的是反求诸己。儒家认为，修身是处理好一切事情的根本。无论是孟子在国家治理方面引导梁惠王修身以施行仁义之道还是曾子在日常生活中"吾日三省吾身"，儒家文化的重点皆在于反求诸己的修身功夫。儒家文化的核心是围绕着人而进行的，离开人便谈不上修身了。这也正是儒家文化能够对武术产生启发和指导意义的关键所在。因为武术的实践主体亦是人，一个深受儒家文化影响的人不可能不把儒家的修身理念、人生价值等思想融于他自身的习武实践之中。将儒家思想融于武术之中并非有意为之，而是一个受儒家思想影响的习武者的自觉行为。可以说，整个儒家文化对人的影响是为人提供了修身的方法和理念，教导人去进行修身实践以达到圣贤境界，实现内圣外王的人生理想。我们在《论语》中可以体会到孔子对学生的教导无不是教其如何修身以提高德性的。在儒家这种修身文化的影响之下，中国人习惯将任何一门技艺看作一种修身养性的手段。在功能上，包括武术在内的一些传统技艺如国画、书法等皆成为人们的修身法门。

按照身心一体的思想，如果我们将养生从逻辑上剖析的话，那么，它应该包含两个方面，一是养身，二是养心。养身和养心，两者相互影响，统一于我们的身心整体的健康。《太极拳论》中"耄耋御众之形"给我们展现了一幅老有所为、老当益壮的美妙画卷，也给我们留下了充分的想象空间。耄耋之年的老拳师们能有如此刚健的体魄和精神，尽管我们不可否认在一定程度上这是拳论作者的一种夸张性描述，但是也说明了太极拳具有极大的养生价值。笔者认为，耄耋御众所体现出的这种刚健，具体表现在两个方面，一者是指体魄上的刚健；一者是指精神上的刚健。对此二者的训练和培育，正是太极拳养生的重要内容。太极拳的修心养生价值已经成为一件不争的事实。

太极拳之养身的原理，主要在于太极拳舒展缓慢，能够调理气血，有助于元气的滋养。元气就好像是我们身体的能源一样，在人出生之时，其元气最为旺盛。但是，随着年龄的增长，我们的元气逐渐地消减，直到年老体衰，元气消绝。可见，元气是维持着人生命发展的根本能源。元气的充足与否在很大的程度上决定着一个人的健康程度与寿命长短。

因此，在中国传统文化的指导下，自古以来无论是道家、儒家还是医家，在养生上都十分注重人体元气的培植和滋养，并以此作为长视久生甚至是成仙得道的一种重要手段。例如，道家的内丹之术，讲究炼己筑基、炼精化气、炼气化神、炼神还虚、炼虚合道，即基于滋养元气的一种炼养实践。儒家所讲的浩然之气在生理的层面上也是同人体元气有直接关联的。而医家更是有着极其丰富的关于元气与医术之间的思想学问。如今，已有大量的研究表明，太极拳运动对人体元气的培植具有重要的功效和作用，这就是太极拳促进身体健康的重要理论基础。

老子讲"虚其心，实其腹"，就是强调要去掉我们内心的私欲，充实和培养浩然之气。太极拳养心的原理，主要在于一个静字。虽然太极拳是一项运动。但是，这种缓慢的身体运动，配合着自然的呼吸，恰好能够帮助人们减少思虑、平静心神。太极拳习练者在舒缓的运动中，体会着身与心、人与天之间的和谐与联系。在这种静谧之中，人能够更多地感知到人与自然本来就存在着的各种内在联系，感悟到天地自然的造化机理。这种静扩展了我们的想象空间，使我们的内心变得更加宽广和博大，同时，也变得更加平静和安详。太极拳这样的一种对人心情的调节作用正是其养心价值的重要体现。长期进行太极拳运动，一个人的性格也会逐渐地发生改变，逐渐地趋于平和，遇到任何事情都能够泰然处之、从容应对。

"天有三宝日月星，地有三宝水火风，人有三宝精气神"。养浩然之气是在天人合一的理念下进行的。所养之气的浩然状态正是突破了人自身的局限而与天地自然融为一体后形成的，正如孟子对浩然之气的描述那样，"其为气也，至大至刚，以直养而无害，则塞于天地之间"。因此，武者对浩然之气的炼养绝不仅仅局限于技击能力的提高或养生方面的进益，其最终要实现的是一种与天地相合、自然相融，身心一体的仁者境界。

武术修炼视角的身心一体，既表现为身对浩然之气的炼养，又表现为心对太极之理的明达。身之浩然气与心之太极理相互滋养、促进，共同成就武者的身心一体。

太极之理是武术修炼尤其是太极拳修炼的重要指导思想。《太极拳论》首句："太极者，无极而生，动静之机，阴阳之母也。"此句为整篇拳论之核心。因为这个作为动静之机与阴阳之母的太极正是太极拳内劲技艺的核心原理。朱熹《太极图说解》云："太极之有动静，是天命之流行也，所谓'一阴一阳之谓道'。诚者，圣人之本，物之终始，而命之道也。其动也，诚之通也，继之者善，万物之所资以始也；其静也，诚之复也，成之者性，万物各正其性命也。动极而静，静极复动，一动一静，互为其根，命之所以流行而不已也；动而生阳，静而生阴，分阴分阳，两仪立焉，分之所以一定而不移也。盖太极者，本然之妙也；动静者，所乘之机也。太极，形而上之道也；阴阳，形而下之器也。是以自其著者而观之，则动静不同时，阴阳不同位，而太极无不在焉。自其微者而观之，则冲漠无朕，而动静阴阳之理，已悉具于其中矣。虽然，推之于前，而不见其始之合；引之于后，而不见其终之离也。故程子曰：'动静无端，阴阳无始。'非知道者，孰能识之。"

《周易》中关于太极的记载为："是故易有太极，是生两仪，两仪生四象，四象生八卦。"（《周易本义》卷五）《系辞》："是故形而上者谓之道，形而下者谓之器。"朱熹注曰："卦爻阴阳皆形而下者，其理则道也。"《朱熹语类》："问：'形而上下，如何以形言？'曰：'此言最的当。设若以有形无形言，便是物与理相间断了。所以谓截得分明者，只是上下之间，分别得一个界止分明。器亦道，道亦器，有分别而不相离也'""形而上者是理，形而下者是物，如此开说，方见分明，如此了方说得道不离乎器，器不远乎道处""道是道理，事事物物皆有个道理；器是形迹，事事物物亦皆有个形迹。有道须有器，有器须有道，物必有则……形而上者指理而言，形而下者指事物而言。事事物物，皆有其理；事物可见，而其理难知"（《朱子语类汇校》）。

《太极拳论》："太极者，无极而生，动静之机，阴阳之母也。"《周易》中并没有无极一词，南宋理学家朱熹以"无形而有理"释"无极而太极"。"上天之载，无声无臭，而实造化之枢纽，品汇之根柢也。故曰：'无极而太极。'非太极之外，复有无极也。"王宗岳所言的"太极者，无极而生"与周子之"无极而太极"之意相同。其实不仅仅是太极拳，中华武术几乎所有拳种都引入了太极思想以指导其拳法修炼和技击实战。只是相对而言，太极拳修炼则更为注重对太极之理的领悟。

太极是形而上之道，阴阳是形而下之器。道是无形的，而器是有形的。在武术修炼与实战中，进退、攻守、起落、上下、轻重、缓急、虚实、有无等都是阴阳思想的体现。它们之间的相互转化体现的也是阴阳互转。"是故，易有太极，是生两仪，两仪生四象，四象生八卦"，阴阳、四象、五行、八卦都引于拳理之中，武术人借以阐述武学思想。

谈太极，便离不开阴阳。《易》曰"一阴一阳之谓道"，《系辞》曰："易有太极，是生两仪。"（《周易本义》卷五）《周易》序："太极者道也，两仪者阴阳也，阴阳一道也，太极无极也。万物之生，负阴而抱阳，莫不有太极，莫不有两仪，氤氲交感，变化无穷。"易道之中，所谓太极是在阴阳之中，所谓阴阳则在太极之内。周子所谓"五行一阴阳，阴阳一太极，太极本无极也"（《太极图说解》）。《说文》对阴和阳的解释为："阴，黔，云覆日也，阳，高明也。"《黄帝内经·素问》："阴阳者，天地之道也，万物之纲纪，变化之父母，生杀之本始，神明之府也，治病必求于本。故积阳为天，积阴为地。阴静阳躁，阳生阴长，阳杀阴藏。阳化气，阴成形。"（张云昌等，1995：34）"天地者，万物之上下也；阴阳者，血气之男女也；左右者，阴阳之道路也；水火者，阴阳之征兆也；阴阳者，万物之能始也。故曰：阴在内，阳之守也；阳在外，阴之使也。"（张云昌等，1995：36）老子曰："万物负阴而抱阳，冲气以为和。"（《道德经》）《太极图说》："无极而太极。太极动而生阳，动极而静，静而生阴，静极复动。一动一静，互为其根。"（《周敦颐集》卷一）理学家朱熹认为，太极是一个理，在宇宙万物成形之前，确是要先有一个理的存在。也就是说，太极，是形而上之道；阴阳，是形而下之器。万事万物的运行，皆是太极阴阳互相推衍转化而成，无一物而不符合于太极阴阳之运行规律。

朱熹曰："天地之间无往而非阴阳，一动一静，一语一默皆是阴阳之理。"（《朱子语类汇校》）我们生存、生活于天地之间，要想更好地适应于这个生存环境，就必须合乎它的运行法则，按其运行规律行事，即是要和顺阴阳。我们的经验技能、道德观念、处事原则等，无不要法天则地、和顺阴阳。喜怒哀乐发而中节谓之和。中节，即是要和顺阴阳的运行规律和运行法则。如果违背这一天地运行的根本大法，那么，我们必然招致疾病、祸乱、挫折等不幸之事。因此，我们应时刻警醒自己，要按规律办事。

《太极拳论》："阳不离阴，阴不离阳，阴阳相济，方为懂劲。"其实，以太极阴阳阐释拳理，并不仅仅是太极拳的特色，整个中华武术皆然。阴阳相济，是中华武术的基本特征。太极哲理，是中华武术的基本指导思想，是习武者在武术养生、武术技击、武术道德等方面进行修炼以促进身心和谐的重要方法论和指导原则。

武术养生是所有习武之人在武术修炼过程中都不可忽视的一大话题。武术的本质是技击。对于习武者而言，如果没有一个良好的身体素质，便谈不上技击能力的获得与提高。习武者的技击能力与身心健康，可能没有必然的联系。例如，一个有身心方面疾病的人也有可能具备超强的技击能力。但如果放之长远，则健康的身心一定是习武之人训练和提高技击能力的重要基础。

对于习武者而言，养生包含两个方面，一是与平常人一样，一般意义上的养生，没有任何武术内涵的养生；二是具有武术特色和内涵的养生，是以武术为手段的养生。对于习武者而言，后者的养生模式是其修炼的重点。无论是一般意义上的养生还是以武术为手段的养生，它们都以一个共同的方法论为指导，那就是太极阴阳的哲理。在日常生活中，饮食、起居、待人、接物等，都要有阴阳和合的思想，时时刻刻都要有阴阳相济的意识。在某种意义上说，养生的根本在于阴阳和谐。儒家所提倡的最为重要的养生方法，即是礼乐相合。《乐记》云："乐由中出，礼自外作。乐由中出，故静。礼自外作，故文。"（《礼记》）静为阴，动为阳，是故乐为阴，礼为阳。古人在日常生活中，处处要合礼配乐。可见，礼乐相合，所体现的是阴阳相合，所追求的是太极状态。

武术养生，即是以武术为手段来促进身心达于一种阴阳和谐的太极状态以实现养生的目的。武术中的一些导引术，如五禽戏、八段锦等，都是内调气血、外练身形，通过内外兼修，达到阴阳和合以促进健康的目的。传统武术中站桩功法的修炼亦讲究阴阳的顺应与和谐，十分讲究站桩时的方向位置。例如，站桩要面南背北。因为，只有这样才符合道家"负阴抱阳"之理念，也有利于通过阴阳之气的互相交感提高人体的正气和免疫能力。"正气存内，邪不可干"。正气为阳，邪气为阴。武术养生重在培养人体的正气，祛除体内的邪气。练拳时，我们要注意场地环境的选择。湿气太重、空气不流通或是声音嘈杂等地方，都不适宜练拳养生。因为，这种环境不适宜人体正气的养育。在太极阴阳思想的影响下，传统武术养生所涉及的方方面面都要求顺乎太极阴阳的运行规律，促进身心的和谐。甚至练武的时辰、内容等也都要以太极阴阳哲理为指导进行选择。以现代科学的观念看，我们武术先辈们似乎在习武养生的指导思想上过于教条和保守。但我们绝对不可否认，他们对太极阴阳变化运转规律的研究和遵循却是一种大智慧的体现。因为，他们抓住了事物运行的本质规律。在对自然世界的认知和建构上，他们确实做到了从实践出发，按规律办事。养生的根本在于阴阳和谐。习武者正是以武术为手段来促进这种和谐状态的实现，以达到健康长寿的目的。

除了养生之外，在武术技击的修炼上，几乎所有武术思想家在总结他们的习武心得或阐释他们的武学思想的时候都无一例外地要借以太极阴阳的思想进行表达。可见，太极阴阳的思想已经深深地植于武术文化的基因之中。习武者欲提高武术技击能力，则不可能不以太极阴阳的思想为指导去研究和探索更有效的修炼方法。太极阴阳哲理，即是习武者提高技战能力、进行武术修炼的根本大法。

例如，在太极拳修炼上要阴阳并举，歌诀云："一阴九阳跟头棍，二阴八阳是散手。三阴七阳犹觉硬，四阴六阳显好手。惟有五阴并五阳，阴阳无偏称妙手。"武术修炼一定要阴阳相济，无过无不及。例如，以柔软阴静为主的太极拳在修炼中却要练出"绵里裹铁"的阳刚之劲；以刚猛有力为主的少林拳在修炼中却十分注重松静内养。武术技击贵在掌握一阴一阳的运转变化规律。在实战中，人们要因时而变、因地制宜，既可以静制动、以柔克刚、以守待攻，又可主动进攻、"硬攻硬打无遮拦"，总之，要于阴阳之变中把握好分寸。顺阴阳之易者胜，逆阴阳之易者败。

顺应太极阴阳之道体现于武术道德修炼上，即习武者的价值取向、言行举止、为人处事要合乎道义。道义，即合乎太极阴阳运行规律的行为准则。儒家以礼的方式规定着人们的言行，使之合于道义。佛家、道家以戒的方式，使人之言行合于规矩。因此，深受儒释道文化影响的中华武术，对习武者道德规范都有着严格的要求。少林武术"十不传"："①人品不端者不传；②不忠不孝者不传；③人无恒心者不传；④文武不就者不传；⑤借此求财者不传；⑥俗气入骨者不传；⑦市井刁滑者不传；⑧骨柔质钝者不传；⑨拳脚把式花架者不传；⑩不知珍重者不传。"（彭卫国，1988：3）

《论语·季氏》："君子有三戒：少之时，血气未定，戒之在色；及其壮也，血气方刚，戒之在斗；及其老也，血气既衰，戒之在得。"（《四书

章句集注》）这是以血气的变化规律来说明人在不同的生命时期都要有
所戒。人的血气的变化是遵循着阴阳消长的变化规律的。儒家正是认识
到了这一规律，才按照阴阳的变化规律对人的行为有相应的要求。戒色、
戒斗、戒得，都是对一个人道德的要求和规范。而这个道德的规范却是
按照血气生理变化规律而制定的。

可见，道德修养一定要遵循着阴阳运行变化的客观规律而进行。习
武之人进行武术道德修炼也必然要按照阴阳运行变化的客观规律进行。
在道德意识、价值取向、为人处事上要顺应阴阳之道，这样才能使习武
者获得更美好的生命体验。

我们知道，太极拳被称为哲拳或内家拳，是因为太极拳修炼的主导
思想即是太极阴阳哲理。朱熹曰："盖太极者，本然之妙也，动静者，所
乘之机也。"（《太极图说解》）这与王宗岳所言："太极者，无极而生，
动静之机，阴阳之母也。"其本意是相同的。机的大意是事物发生的枢纽
或是最为合宜之时。动静之机即是在动与非动、静与非静之间的一种状
态。在太极拳修炼中，这种状态即是太极状态。太极拳的内劲修炼即是
对太极状态的认知和体悟。

太极被称为动静之机，是因为在太极状态下，静中寓动，动中寓静。
动之形势未发但又可以随时而发，形势虽在动之中，但其中的太极即朱
熹所谓的理却又一直未动，而是处于中定状态。太极于太极拳中的具体
表现即是所谓的中定。中定并非身形的中定而是一种发而未发、未发又
能发的状态的中定与保持。而这种状态即是一种表现为武术内劲技艺中
的太极状态。

太极拳内劲的修炼大致可以分为明劲、暗劲、化劲三个阶段。太极
拳习练者在明劲的修炼过程中，以象入武，以武演象，对拳法招式的内
涵与劲理逐渐明晰通达。在招式的运用上，也能娴熟自如。如此经过一
段时间的磨炼与积累便能渐悟懂劲，直至豁然贯通而进入暗劲阶段。暗
劲较之明劲，技法更加细腻，内劲更加纯粹。在思想与身体上对内劲之
理更加清晰，即所谓的"劲源上手""功夫上手""东西有了"等。化劲
则是在暗劲的基础上"默识揣摩渐至从心所欲"。太极拳内劲的修炼，是

一种内向性修炼。因此，练与悟，同等重要。内劲之技艺，与其说是训练而得，不如说是体悟而得。因为，内向性训练是对我们本具的一些潜能进行开发和挖掘。所谓的训练，确切地说是通过一些方法或手段帮助我们对本具的潜能加以体认。因此，在太极拳的暗劲修炼阶段，体悟拳理是关键，即体悟太极之理。

武术内劲修炼讲究以心导意、以意导气、以气运身。心意发动之后必然会产生一种势，这种势发出去之后表现为有形有力的具体动作招式。《中庸》讲："喜怒哀乐之未发谓之中，发而皆中节谓之和。"未发之中是形而上的太极、道体。已发之和是形而下阴阳的和谐运化。明太极之理就是要在未发之中进行修炼以体悟其中的太极状态进而在已发之时做到和谐适中。

在心意发动之后与气力之势形成一段极为短促的阶段内，有一种静而未动但又可以随时而动的状态，这种状态即为中定的太极状态。就好像一支上了膛的手枪，虽然没有发射却随时可以进行射击。体悟中定的太极状态是太极拳以及武术内劲修炼的重要方式。它让习武者于拳术练习之中获得一种可以贯通天地之道的特殊体验。

太极之理蕴于万物之中。宇宙是一大太极，人身即是一小太极，万物之中处处一太极。朱熹曰："自男女而观之，则男女各一其性，而男女一太极也；自万物而观之，则万物各一其性，而万物一太极也。盖合而言之，万物统体一太极也；分而言之，一物各具一太极也。所谓天下无性外之物，而性无不在者，于此尤可以见其全矣。子思子曰：'君子语大，天下莫能载焉；语小，天下莫能破焉。'此之谓也。"（《太极图说解》）

因此，习武者通过对自身太极的体悟亦可通达于形而上之宇宙大道。太极之道于人则为本性；于天则为天道；于物即为物性；于《易》则为乾道。在实战或推手中，习武者体悟太极之理的方式即是将内劲运用于实战和推手之中。无论对手以何种招式进攻，自己总要保持太极状态即中定状态。在与对方接手之后点问对方的中，促使对方处于将发而未能发的状态，使对方的势不能成形，欲发而不能，这样对方便被己所制，于是就能将其发放或拿住。

正如《太极拳论》所言："一羽不能加，蝇虫不能落，人不知我，我独知人。英雄所向无敌，盖皆由此而及也。斯技旁门甚多，虽势有区别，概不外乎壮欺弱，慢让快耳。有力打无力，手慢让手快，皆是先天自然之能，非关学力而有为也。察四两拨千斤之句，显非力胜；观耄耋能御众之形，快何能为。"太极拳内劲修炼的要旨即是体悟太极之理。因此，太极拳主张用意不用力、全凭心意下功夫，即是说太极拳修炼是以太极为指导思想，以体认太极状态为核心，以感悟太极之理为旨归。

《拳意述真》："夫道者，阴阳之根，万物之体也。其道未发，悬于太虚之内；其道已发，流行于万物之中。夫道，一而已矣。在天曰命，在人曰性，在物曰理，在拳术曰内劲，所以内家拳术有形意、八卦、太极三派形式不同；其极，还虚之道，则一也。"

"三派拳术，形式不同，其理则同；用法不一，其制人之中心，而取胜于人者则一也。按一派拳术之中，诸位先生之言论形式，亦有不同者，盖其运用或有异耳。三派拳术之道始于一理，中分为三派，末复合为一理。其一理者，三派亦各有所得也：形意拳之诚一也、八卦拳之万法归一也、太极拳之抱元守一也。古人云：'天得一以清，地得一以宁，人得一以灵，得其一而万事毕也。'"（《拳意述真》）这里所说的一即是太极。诚一、万法归一、抱元守一都是在武术修炼中体悟太极之理的具体操作方法。

太极拳内劲是以身体气血和心理体验为基础的。而人类作为大自然中的一个组成部分是与万物有着普遍联系的。我们的先人们通过不断地实践与经验积累揭示并总结了丰富的自然万物运行的规律或现象，这为习武者通过一些功法探索生命规律提供了理论根据。武术内劲修炼是中华武术的一大特色。内劲是沟通身心、探索更高生命体验、提升德性修养的一个重要方式。在中国的历史发展中，儒家对修身的重视促使了习武者对内劲的高度热爱，这也形成了中华武术区别于西方竞技体育的一个重要特征。

对于一个学中医的人而言，他看待和思考这个世界以及身处这个世界并与之打交道的时候，他必然会以中医的视角去审视这一切，进而采取一些在此指导下的行为。同理，从事任何一个专业的人都不可避免地会以其本专业的视角去看待生活和思考世界。那么，作为习武之人，武术会带给我们怎样的一个视角呢？武术要成为一个我们能够思考世界和人生的视角，那就必然要从武术的技术层面升华到哲理层面。武术的传统哲理不仅仅是一种指导我们习武的思想理论，更是一种以武术的视角思考人生的新途径。

对于一个习武之人而言，只停留于技术层面是不够的，是不完美的。他必须要通过武术技术的习练而得到一种心灵上的洗礼，并因此而获得一种思考人生和指导生活的新方式。其实，这并不是有意赋予武术的功能，而是几乎每一个习武者通过长期的武术修炼之后自然产生的一种效验。习武更像是一种修行，我们的身心在武术修炼的过程中逐渐地发生着改变，甚至是一种蜕变，进而实现一种心灵上的升华。

儒家认为，我们内在的本性与外在事物的根本规律都是与存在于宇宙之中最高的天道、天理相通的。因此，心明太极理与身养浩然气皆是为了体证道体，这个道体就是儒家所讲的天道，也指圣心本性、天理、太极等。从整个中国文化上讲，道是我们中国人所指代的宇宙的本体，天地运行最根本的动力。从本质上讲，心明太极理与身养浩然气是一不是二，二者是一体两面。从现象上讲，二者又是有区别的，心明太极理可以理解为内向性的修身，身养浩然气可以理解为一种外向性的修身，二者虽有区别但紧密联系，有时又是相互影响的。如朱熹所讲"非存心无以致知""存心者又不可以不致知"，所以，笔者按照逻辑将二者明显分开完全是一种论述的需要，但在现实中，心明太极理与身养浩然气是相互结合、相互促进的，这是习武之人进行武术修炼的真实状况。

第二节　武术修炼视角的人我一体

一体之仁表现在人我彼此之间的关系上则是人我一体。武术修炼视角的人我一体，强调武者要在训练或实战中对人我彼此之间的内劲联系进行体认，通过"刺皮不刺骨""彼此之劲不混合"的内劲技艺达到控制对方的目的。在这方面，作为内家拳种之一的太极拳表现得尤为突出。太极拳的推手训练或散手实战讲求的不是对抗而是在比较"和谐"的状态下求得"牵动四两拨千斤"的技击效果。这就需要武者在太极拳修炼的过程中要不断地加深对内劲的体认并在推手训练或散手实战中做到用意不用力与舍己从人。《太极拳论》："人刚我柔谓之走，我顺人背谓之粘。"武术修炼的重要理念是阴阳相济。阴不离阳，阳不离阴，阴阳相济方谓懂劲。人我一体就像阴阳相济一样，当人为阳，我则为阴；当人为阴，我则为阳。人我一体即是阴阳相济。在笔者看来，《太极拳论》中的"人刚我柔谓之走，我顺人背谓之粘。"所体现的正是人我一体的思想。人刚而我柔，是一种走化。我顺而人背，是一种粘黏。此二者体现的正是阴阳相济、人我一体的思想。要想真正实现人刚我柔、我顺人背，就必须要掌握内劲技艺。

对方以刚来，我以柔应之，进行走化。"人刚我柔谓之走"，实质上是关于用内劲处理外力的问题。只有掌握内劲技艺，即做到懂劲，才能真正做到用意不用力，实现人刚我柔的走化。"我顺人背谓之粘"，实质上是关于舍己从人的问题。只有做到舍己从人，才能真正做到由背转顺，实现我顺人背的粘黏。而舍己从人的前提，也是要懂劲，即掌握内劲技艺。总之，只有懂劲、掌握内劲技艺，才能在推手或散手中体认到对方与自己彼此之间的内劲联系，进而在保持与对方内劲联系不断的情况下，实现人刚我柔的走化与我顺人背的粘黏。可见，这种用意不用力与舍己从人的内劲技艺所蕴含的正是人我一体的思想内涵。因此可以说，人刚我柔的走化与我顺人背的粘黏，都是人我一体思想的体现，也都是内劲技艺在太极拳推手或散手中的运用。因此，笔者从武术修炼视角对人我一体进行研究，并将重点对太极拳内劲技艺进行论述。人刚而我柔、我顺而人背都是以内劲技艺为基础和前提的。离开内劲技艺，我之柔与人之刚，只是力量上的差异而无本质的不同；离开内劲技艺，我之顺与人之背，只是形势上的差异而无本质的不同。只有掌握内劲技艺，我之柔与人之刚、我之顺与人之背，才能成为劲与力两个不同层面的竞技。因此，要想实现人刚我柔的走化，就要认清力与内劲的区别，掌握内劲技艺，做到用意不用力；要想实现我顺人背的粘黏，就要遵守内劲技艺的根本原则，做到舍己从人。值得说明的是，人刚我柔的走化与我顺人背的粘黏，都是以太极拳内劲技艺为基础的，它们的根本原理是一样的。笔者在谈论"人刚而我柔"时强调对力与劲区别的论述，而在谈论"我顺而人背"时强调对舍己从人原则的论述，并不是说懂得力与劲的区别对"我顺人背谓之粘"不重要，也并不是说坚持舍己从人的原则对"人刚我柔谓之走"无所谓。换言之，欲要真正做到人刚我柔的走化，就要坚持舍己从人的原则；欲要真正做到我顺人背的粘黏，就要掌握内劲技艺，明确力与劲的区别所在。"人刚我柔谓之走，我顺人背谓之粘"，二者都是内劲技艺在不同情形下的运用，都是人我一体思想的体现。所以，二者是不一不异的。

太极拳内劲技艺讲究用意不用力。但是，我们会有所疑惑，如果是不用力，那么，在散手或实战中如何制敌取胜？不用力必然会使自己处于被动挨打的境地。因此，有人便主张太极拳不用力即为不用大力或拙力，而是运用技巧实现借力打力，将用力降低到最小限度，并实现其最大的技击效果。笔者认为，于内劲而言，这些观点只是触及了其表层，而没有揭示其真正的内涵。从表征上说，内劲技术确实是不用拙力，实现力的巧妙运用达到最佳的技击效果。但是，如何才能做到这些呢？当我们想实现力的巧妙运用的时候，只要有此意念，便必然落入拙力。正所谓，当局者迷旁观者清。在力的层面上寻求解决问题的最佳方案，永远也跳跃不出力的范畴。在技击实战中，只要受到对方进攻的刺激，用力的习惯必然使我们陷入拙力之中。

何为懂劲？劲和力又有什么区别呢？首先，无论是力量、速度等的外向性修炼还是内劲、神意等的内向性修炼，它们都是以我们人自身所具有的生理功能以及心理功能为基础的。物质决定意识，意识反作用于物质。这个根本原理是不变的。因此，当我们在探讨内劲的时候，必然离不开我们人自身的一些身心功能。武术内劲技术的训练就是对我们自身本具的身心功能的最大限度地开发和彰显，直至我们本具的无限潜能完全被开发出来。这也是我们中国传统修身文化的基本精神。

　　任何一门武术拳种所表现出来的技术风格以及它的技术构成要素一定是植根于人的生理功能的。脱离人的生理功能的武术技术是不存在的。不仅武术如此，任何一项运动项目亦是如此。

　　可能作为某一个拳种而言，似乎并不能十分自信地说已对人的身心功能开发到了极致。但中华武术作为一个整体，在其从古至今的发展过程中，可以说它对人的身心功能的开发已经近乎极致了。中华武术有着众多的拳种流派，形成了广博而高深的技术体系以及各种各样的技术风格。每一个拳种都为人体身心功能的开发做出了自己的贡献。

　　任何一个国家、任何一个民族、任何一个地域的人们，都会有意识地对自己的生理功能加以关注并进行训练和开发，并逐渐形成独具特色的一些格斗术或其他武术形式。但是，中国形成了如此丰富的武术拳种体系，就足以证明我们的先辈们对人生理功能的关注和探索是极其重视的。这可能是我们的文化使然，也可能是因为中华民族本身即是一个十分倾向于内向思考以及对探索生命奥秘充满极大兴趣的民族。不管怎样，在事实上，我们已经形成了并且拥有着如此丰富的拳种门类，使得任何一个习武者能够根据自己的兴趣爱好和性格偏向以及身体条件进行武术拳种的选择。

　　内劲与力量在我们身心状态上的表现，可以用手摸面包来做比喻。当我们用手摸面包的时候，我们既可以感知面包的重量，也可以感知面包的软硬。然而，当我们细细体会就会发现，对面包重量的感知和对面包软硬的感知是不一样的。我们的手似乎是在两种不同的神经状态下对面包两种不同性质的特征进行感知的。其实，我们在生活中未曾加以注意，类似的情况是十分常见的。也许人们可能会认为，我们的手能够同时对面包的重量和软硬进行感知并做出判断。但是，当我们细心体验一下就会发现，当我们对面包的重量进行感知的瞬间，我们是无法同时对面包的软硬做出判断的，反之亦然。在实战中我们用力的习惯，就类似于我们对面包重量的感知。而内劲的状态，就类似于我们对面包软硬的感知。

　　力量与内劲，在身心状态上或生理功能上是绝不相同的，二者有着本质上的区别。我们在感知面包软硬的时候，是不会以用力的思维和状态去感知的，而是进入另外一种不同的感知状态中。内劲正是如此，以用力的思维是无法体验神意气的一些性质和特征的。要想控制对方的内劲，好比体会面包的软硬，其前提是我们要调动出神意的身心状态。如果我们处于一种用力的状态，是不能感知和控制对方的内劲的。就好比以感知面包重量的状态去感知面包的软硬程度，这显然是无法做到的。

通过这个比喻，我们可以知道，太极拳内劲并非不用力，而是要调动神意层面上的一种身心状态。尽管我们处于内劲的状态之中，但并不是说力是完全消失的。正如，我们手拿面包感知其软硬程度的时候，我们所处的状态是一种对面包软硬的感知状态而不是一种用力的状态，但这也不否定我们手拿面包而不付出一定的力量。

内劲的状态即将出未出的身心状态。这种状态在我们的日常生活中是很少用到的。因此，相对于其他的生理功能，它处于一种被抑制的状态中。但是，即便如此，并不是说我们不具备这样的身心功能。它是每一个正常人都具备的身心功能。反之，那些在日常生活中经常被我们使用的身心功能，则是处于一种相对兴奋的状态。由于我们经常使用，它在我们神经系统中所留下的印迹也是十分深刻的。例如，用力的状态就是我们在日常生活中经常用到的身心状态。我们的骨骼肌肉在神经系统的支配下，这种用力的身心状态在日常生活中的行住坐卧以及工作劳动中不停地被使用着。它越是得到不断的使用，则会变得越来越强大和灵敏。因此，用力的状态通过我们在日常生活中的经常使用而得到不断的强化。

但是，我们可以体会一下，在日常生活中，又有多少时间或有多少机会，能够处于一种将出未出的内劲的状态呢？即便我们不经意间在将出未出的状态中停留了一下，又有谁会注意它呢？谁又能将之联想到武术技击呢？这种将出未出的内劲状态是我们与生俱来的，它是任何一个正常人都具备的身心功能，不会因为经过一些特殊的武术修炼而产生，亦不会因为没有经过这样的修炼而不具备。修炼不是使我们产生和获得一种新的能力，而是让本身就具备这种能力的我们能够通过修炼而体认到它。因此，内劲的修炼不是一个做加法的过程，而是一个做减法的过程。

关于用力的状态，我们很容易理解和体会。因为，我们在日常的生活中离不开它，需要经常地用到它。也正因为如此，我们有时候会有意识地将武术训练生活化。武术根据技术的要求需要进行一些特殊的力量训练，除此之外，我们也会在生活中有意识地进行力量的训练。将武术训练生活化，古已有之。例如，少林功夫就十分重视武僧们在日常生活、行住坐卧之中有意识地进行训练。他们会利用挑水而训练双臂的力量和耐力，会利用扫地而训练身法和步法，等等。对此，我们不难体会日常的生活与专门的武术训练是有着一种内在的相通性的。而这种相通性是取决于它们有共同的载体，那就是我们自身的身心功能。如果把日常生活中的行住坐卧也看作一种训练的话，那么，它与武术则是有着相同的训练对象，就是我们的身心。它们都是对我们身心功能进行开发的手段和方式。也正是因为如此，武术与中医、书法、国画、养生、戏曲等艺术形式存在内在的相通性，这也使得它们之间能够融会贯通和相得益彰。

正是因为用力的状态是我们在日常生活中会常常用到的一种状态，我们对它更加熟悉和习惯。这就使得我们在实战中，会不自觉地首先调动用力的思维与习惯。经过武术的专门训练，我们对力的运用会更加灵活和通透。再通过技术与技巧的运用，我们可以最大限度地将力量调动起来并发挥它的最大效用。这是经过武术专门训练和未经过武术专门训练的人的区别所在。相对于接受过武术专门训练的习武者而言，一般人在实战中不能够使他自身的力量得到最有效地发挥和利用。因此也就不能对对方造成最有效的打击效果。而经过武术专门训练的人，则正与之相反，能够十分娴熟地运用力量和技巧来对对方产生最佳的打击效果。

因为内劲的运用是一种对将出未出状态的运用与开发，因此，它在实战中所表现出的是一种中庸之道。正如《中庸》所言："诗云：'予怀明德，不大声以色。'子曰：'声色之于以化民，末也。'诗曰：'德輶如毛。'毛犹有伦。'上天之载，无声无臭。'至矣。"（《四书章句集注》）

在实战中，运用力量即对出的状态加以运用，这就好比是声色化民。我们用一种有形的、出的状态的技术来在实战中实现克敌制胜的目的。这相对于中庸之道而言，即为末技也。相对于内劲的运用而言，力在实战中的运用，是一种过或不及。我们绝不否认，通过武术的专门训练，我们可以将力的运用发挥到极致，使之产生极好的技击效果。这是任何经过武术训练的人都能够有所体会的。但是，即便对于一个武术高手而言，无论他对于力的运用达到了什么样的高明地步，也仍然没有进入一种中庸的状态，仍然处于一种出或过的状态之中，即所谓的"德輶如毛"。毛犹有伦，也就是说，无论我们对力运用得多么的高超，即便我们可以对细微的力能够做出很清晰的觉察或者是能够运用很轻的力实现克敌制胜，即使这足以让人看上去很轻灵和潇洒，但是它仍然是一种力的状态，是一种出的状态。而内劲的这种中庸状态，这种将出未出的状态，则好比"上天之载，无声无臭"，至矣。

内劲也是一种定的状态。这种状态类似于用筷子夹住一个花生米时的状态，即一种将出未出的状态。当我们静下心来仔细想想，其实，用筷子夹住花生米时，正是因为"将出"，所以花生米才不会掉落；又是因为"未出"，所以花生米才不会被筷子夹碎或挤出去。总而言之，内劲的状态是一种定的状态，即一种将出未出的状态，类似于用筷子夹住一个花生米时的状态。我们用此状态与对方接手，即所谓的"接上""和上"，对方的劲便会被我方控制。何以如此呢？因为当我们用这种将出未出的状态与对方接手时，便将对方纳入我们的内劲体系，即纳入我们这种将出未出（定）的内劲状态之中。因为"将出"，便会给对方以刺激使对方的劲处于一种将出的状态而不能回去；因为"未出"，便会给对方以无有着力点的感觉使对方有劲而使不出来。这样便将对方的劲控制住了。保持这种状态，用意念为内劲指个方向，对方便出去了。此乃太极拳内劲技艺之用意不用力、四两拨千斤之原理也。其实，简而言之，即是当我们与对方接手时，要做到"恰到好处"，多一点不行，少一点也不行，既不能"丢"又不能"顶"，做到不偏不倚。此种状态即是内劲状态，即是中庸状态，即是太极状态，即是如如不动的定的状态。人能常养此状态，即是善养浩然之气也。久而久之，自然能心宽体胖、性情中和。此正乃"详推用意终何在，延年益寿不老春"也。

内劲在实战中的运用完全是一种与对手在神意气层面上的交流。招数是由招和术组合在一起的。在实战中，离不开技巧的运用，即所谓的招。但是，如果在招中没有术作为后援，招的使用效果将会大打折扣。而这个术，就是内劲。在实战中，我们可以根据对手的具体情况而选择招式的运用，招式也是多种多样的，但作为术的内劲却是一以贯之的。相对于各种招式的变化，作为术的内劲是不变的，是静的。在术的基础上将招式贯通，招和术融合在一起，才能够发挥出最佳的技击效果。招是有形的，是具体的，是看得见、摸得着的。但术是无形的，是不拘于形式的。

相对于外在的骨骼肌肉系统，我们还有一套内在的神意气系统。内劲即是人体神意气化合出的一种产物。它是内在的神意气与外在的形体动作高度配合而产生的一种效果。它是以神意气为主导的，通过外在的形体动作表现出来。也可以说，通过手上的动作为内劲指出方向，内劲即是心中的想法在手上的一种表达。如何调动内劲，其实很简单，在与对方接手时，想象自己的手处于一种被对方吸住的感觉，此时即能激活内劲系统。

内劲修炼实际上是对人体神经系统功能的一种深入开发和利用。当在实战中与对方接手时，我们会很自然地、本能地与对方在力量上较量，产生对抗。这是我们在这种情境下的一般性反应，类似于条件反射。但这不是内劲的运用。内劲在运用时，我们要进入另外的在生活中不常体验到的一种神意状态。在与对方双手接触之时，我们的手不要妄动。手如果一妄动，就会刺激对方，而使双方进入一种双重的对抗状态。因此，手不可用力，一旦用力即是过。但又不能不及，不能松懈，否则就会给对方造成可乘之机，一旦对方发起主动进攻，我们就会处于一种被动挨打的局面，这是兵败如山倒。内劲就是要在这种无过与无不及的状态中，体会一种神经系统对我们肢体或是双手的控制状态。这种控制状态是一种使我们的双手处于将出未出又能出的一种状态。一旦进入了这种状态或者说这种状态被我们调动出来之后，我们便会感到，通过我们的手与对方的接触点能够控制或牵动对方神意气的整体状态。对方的一种无形的神意状态能够通过这个接触点而被控制在我们的手里，此时，便是我们的内劲与对方的内劲相接的一种状态，然后，在保持接触点不动，即彼此内劲连接状态不变的前提下，指出方向对对方进行发放或引进落空。

内劲是一种神意气的化合，是一种将出未出又能出的身心状态，所以，在力量的层面上人们是不可能体会和感受内劲的状态的，也无法在实战中听清和控制对方的内劲。在太极拳推手的实战训练中，自己在神意气与肢体动作高度配合的情况下，通过与对方形体上的接触，感受和听清对方的神意气的状态，牵动对方的内劲。此时，对方的神意气在整体上已经为我所制，即对方的那种将出未出的状态被我们引导出来，使对方进退不能，无法发劲，只有这样才能产生四两拨千斤的技击效果。因此，需要特别加以强调的是，内劲在实战推手中的运用，是一种神意气层面上的实践，绝不是推手双方在力量上的较量。我们通过训练，对内劲的开发，即是对一种身心状态的认知，也是对神意气与肢体动作高度配合能力的训练与开发。

内劲是神意气化合而产生的一种身心状态，并不是神意气的集中。金钟罩、铁布衫、金枪锁喉等技术体现的都是神意气的集中。这些技术通过神意气的瞬间调集和集中而在身体的某一局部产生一种无比坚硬和刚强的状态，实现一种抗击打或增加击打力度的技击效果。但是，这与内劲的原理正好相反。内劲是神意气的化合，并不表现为一种力量上的整劲或弹簧力，而是一种能够侵入和影响对方内劲的身心状态。使对方在我们没有明显或过多外在动作的情况下受到控制，身心不得自在，这是太极拳内劲技击原理的真谛所在。

当今，太极拳的迅速普及，一方面能够使得越来越多的人了解和习练太极拳，使得太极拳成为人们健身、养生的重要方式之一；另一方面，太极拳的广泛传播，也使得太极拳最为核心的技术原理未能得到高度重视，在太极拳普及的过程中未能得到有效传承。对于作为一种内家拳种并在实战技击上具有独特技术方法的太极拳而言，这不得不说是极为遗憾的。

内劲是太极拳的技术核心，也是王宗岳《太极拳论》的核心。在《太极拳论》中，所用的理论原理以及对技击效果的解释和描述都是指向和围绕着内劲而展开的。在力量的层面，我们是无法真正体会和理解《太极拳论》中所阐述的道理的。我们能够意识到力的时候，便会用力；能够意识到气的时候，便会用气；能够意识到意的时候，便会用意。太极拳内劲的原则即是用意不用力。并不是说我们在推手或实战中，完全不产生以及不运用力，而是我们的身心状态不是在力的状态上而是在一种神意气的状态之中。运用内劲的目的是要控制对方的内劲，一旦对方的内劲被控制住以后，对方便会感觉没有着力点、感觉对方的力量十分巨大，但实际上这是一种假象，有如此的感觉是因为他无法使力。

太极拳内劲在推手或实战中的运用产生的效果应该是使对方无法出力，而不是等对方出力之后再进行化解。正是内劲能够让对方无法出力，使不出劲来，这样才能够不顾对方的体重、身高、力量等条件而真正做到牵动四两拨千斤的技击效果。这就好比中医治未病的思想，在还没有生病的时候，将产生疾病的病因消除和控制住，使之不能发生作用。中医治未病的思想与太极拳内劲的原理是相似的。

尽管我们在理论上对内劲的原理可以进行深入的探讨和研究，但是，在实践中要对内劲有切身的体验和感知的话，即所谓的功夫上身，则一定是要勤修苦练与深入钻研的。因为，太极拳内劲技艺的有些体验是无法用语言文字进行表达的，此正是言不能尽意。伏羲画八卦，立象以尽意，用象的形式来表达圣人心意。正是由于经验性的言辞并不能真正描述超验性的体悟，孟子四十不动心，当被问及如何做到的时候，孟子讲我善养吾浩然之气。但是，当弟子们向他请教什么是浩然之气的时候，孟子说"难言也"。在先儒们对此的注释中提到，正是这种对浩然之气的难以言说，才证明了孟子真正地体验到了浩然之气。所以，欲要探究内劲技艺，决不能仅仅停留于拳谱文字之中，而应该努力实践，用切实的体验来求证《太极拳论》中的境界和内涵。

通过对太极拳内劲原理的揭示，《太极拳论》中的四两拨千斤以及耄耋御众并非完全的夸张表达，而是基于内劲原理对技击效果的一种描述。

"'壮欺弱'、'慢让快'耳，有力打无力，手慢让手快"，这是力的层面上的技击。"察四两拨千斤之句，显非力胜！观耄耋御众之形，快何能为？"，这是内劲的层面上的技击。两类技击方法，所用的神意状态是不同的。正如吴氏太极拳名家王培生先生所讲的，外家拳的用力就好比拉弓，而内家拳的用力就好比放箭。

每一个拳种流派的技术体系都是武术先辈们在不断地探索中逐渐积累而成的。他们对人体生理功能的经验性认知也因此而得到了不断的积累。我们有理由相信，任何一个拳种中某一新技术的产生，其灵感一定是源于创造者对某一生理功能的发现和体验，并在此基础之上，对其进行技击化加工和利用，最终成就了一个新的武术技术的创造。武术技术的传承和创造奠定了每个拳种流派技术体系的基础。

在现实中，无论是社会大众抑或是习武之人，外家拳是大家容易理解和认知的。而内家拳则显得有些神秘和玄妙。如果仅从外形上看，很难为内家和外家的本质区别提供一个有足够说服力的解释。如果我们将那些动作缓慢、柔静内敛的拳法看成内家拳，而将那些动作快速、刚烈迅猛的拳法看成外家拳，这显然是难有说服力的。因为，即便是一直以外家拳著称的少林功夫，也有十分缓慢、注重内养的套路和功法；即便是一直以内家拳著称的太极拳，也有动作快捷、发力刚猛的杨氏小架和陈氏太极。因此，在技术层面上，什么才是内家拳和外家拳的本质区别呢？这个问题一定要回归到人自身的生理基础上去寻找答案。

力量和内劲是不在同一个层面上的。力量是一个出的状态，是过或不及。而内劲是一个未出的状态，是中或时中。因此，所谓的太极拳中的听劲即是对内劲的感知。然而，能否听清对方的内劲，首先，一个必要的前提条件就是自己要处于内劲的状态，即将出未出的状态，其亦是一种中和的状态。如果自己处于力量的状态即出的状态、过或不及的状态，是不可能听清或感知对方的内劲的，只能听清和感知对方的力量。因此，要想控制对方的内劲，一定要使自己处于内劲的状态之中，然后才能听清对方的内劲，进而才能与对方的内劲接上，实现发放或引进落空。

太极拳内劲技艺讲究用意不用力。人的意是致广大而尽精微的。意念的作用是不可思议的。内劲修炼一定是"全凭心意用功夫",绝不是在筋肉骨骼上去追求。心意表现在武术上就是拳意。习武者要将自己的神意用拳法表达出来,一招一式里面要透出意思来,这个意思即是拳意。

神意的运用是变化万千的。书法家将神意表现在书法上,那就是书法中所透出的神意;画家将神意表现在绘画上,那就是画作中所透出的神意;习武者将神意表现在拳法上,那就是拳法中所透出的神意,这种神意通常称之为拳意。

习练任何一门技艺到了较高的层次,一定要把习练者的神意融于技艺之中,将意与艺合为一体,通过神意提升技艺的层次境界。同时,技艺的习练和钻研又使得神意变得诚实而灵动,"苟日新,日日新,又日新",这样,技艺便自然而然地变成了习练者诚意正心的修持手段了。

太极拳讲究"用意不用力""全凭心意用功夫"等。在日常生活中,我们的后天习惯将更多的注意力放在了形体动作等外在的运动之上,很少对内在的神意心理等进行体察和感知。太极拳作为内家拳种之一,其可贵之处正是在于,太极拳为我们开辟了另外一片广阔的天地,那就是与外在的身法步体系相对的内在的神意气体系。太极拳注重对神意气系统的修炼与开发,使我们本具的一些先天的功能得到激活和利用,并运用于拳法之中发挥它的功能和作用。当然,神意气系统并不是孤立存在的,它要与身法步相配合、相协调。这也正是太极拳所强调的内外相合。只是,较之其他拳种,太极拳更加注重对内在系统功能的开发和利用,主张以内为主、以外为辅,内外相合、内运外动。这是太极拳的独特之处。

太极拳注重内在神意气的修炼与开发,绝不是孤立地和片面地进行内练,而是要将内之运与外之动相互结合,使内在的神意气与外在的身法步等形体动作达到高度得协调和统一,做到形神兼备,诚于中而形于外。总之,武者只有懂得了劲与力的区别、掌握了内劲技艺,才能真正地做到人刚我柔的走化。否则,必然会与对方发生"顶牛"。既然"顶牛",不是人我一体的体现,只有跳出用力的范畴,运用内劲实现刚柔走化，才是对人我一体的最好诠释。

欲知刚柔，则需要懂得力与劲之间的区别。懂得内劲，才能真正做到人刚我柔，实现走化。因此，在"人刚而我柔"方面，笔者重点论述了力与劲之间的区别，将能够真正实现人刚我柔的太极拳内劲技艺的内涵揭示了出来。欲知顺背，则需要懂得太极拳内劲技艺中舍己从人的道理。懂得舍己从人，才能真正做到我顺人背，实现粘黏。因此，在"我顺而人背"方面，笔者将重点阐述太极拳之舍己从人理念与粘黏劲，将能够真正实现我顺人背的舍己从人理念的内涵揭示出来。总之，无论是人刚我柔的走化还是我顺人背的粘黏，都是太极拳内劲技艺的运用效果，都是人我一体在武术修炼上的重要体现。离开内劲技艺，我们将难以领悟刚柔、顺背之真正内涵，也将难以真正做到武术修炼上的人我一体。

《太极拳论》："懂劲后，愈练愈精……本是舍己从人，多误舍近求远……不可不详辨焉！"王宗岳在拳论中指出了太极拳在实战中的核心思想，即舍己从人。舍己从人是一种有着中国传统思想特色的为人处事的方法原则。如此的为人处事原则，何以能成为太极拳在实战中的技击原则呢？

其实，《太极拳论》中的舍己从人思想并不是王宗岳先生有意牵强附会于中国传统思想而提出的太极拳实战原则，而是太极拳的核心技术——内劲技术在实战中应用的必然要求和真实写照。舍己从人是太极拳技战术的灵魂和特色。对于太极拳习练者而言，如果能够真正做到舍己从人，便掌握了太极拳的根本。舍己从人是太极拳内劲技击效果的生动描述，是太极拳技击战术的思想精髓。

那么，在《太极拳论》中，舍己从人的真正内涵是什么呢？例如，在太极拳散手实战中，当我方的内劲与对方的内劲相接时，在接点处便要听清对方内劲的变化和动向。此时，听得清楚、深入，则全在于放下拙力，放下对抗之心。如此，即是舍己。在"不丢不顶不丢顶"的情况下，是顺势发放还是引进落空，则取决于对方劲力的趋向。如此，即是从人。

舍己从人并不是说我方一定要以静制动、由守转攻，而是可以采取主动进攻。但无论是以静制动还是主动进攻，都是在听清对方劲力并与之相接之后，根据对方的劲力情况采取行动。因此，从这个意义上说，无论是以静制动还是主动进攻，太极拳内劲的技击原则都可以称为舍己从人。因为，只有舍己从人，才能更好地听清对方的劲力；只有舍己从人，才能更好地根据对方的劲力因势利导，创造出最佳技击效果。

可见，舍己从人不仅是我们为人处事的一种哲学思想，更是太极拳技术要领与战术思想的最好诠释。太极拳被称为哲拳，由此，也可见一斑。

具体而言，舍己从人在太极拳散手技击上，表现为放下拙力、对抗、我执、妄动等。在力量层面上的实战，格斗双方必然产生对抗，即"虽势有区别，概不外'壮欺弱'、'慢让快'耳，有力打无力，手慢让手快"。有过散手训练或实战的人都会知道，当我们与对方格斗时，分别心和我执心很难避免地存在于实战技击的过程之中。武术实战中的分别心，即在我们心中同时存在一个我和一个对手。我们会感知对手的状态以及技击招式，通过迅速反应进行对抗和反击，从而达到制胜的目的。因此，在这一过程之中，我们心中始终有一个对抗的思维。这个对抗的思维就是武术实战中的分别心。"当局者迷，旁观者清"，我们有对抗的分别心时，就不能够听清对方的虚实，就不能够知己知彼。武术实战中的我执心，就是在技击实战中，思想上有一个"我"的存在。不能够将"我"的观念放下，这即是我执心。

太极拳内劲技艺永远不主张对抗的分别心和妄动的我执心。真正做到舍己从人，首先要破除我执。所谓放下我执，便是无我。这里需要特别注意的是，内劲中的无我境界绝不是将我之生死置之度外、与对手舍命搏杀的精神。少林拳有曰：欲学技击，须破生死观。这种无我是一种搏击精神的无我，并不是太极拳内劲中无我的内涵。内劲技艺的无我最直接的表现，就是在实战技击中把自己的手腾出来，手上不允许用力。

一般情况下，当我们与对手搏击的时候，我们的意在自己的双拳上，抓准时机，迅猛出拳，攻击对方，这是外家拳的一般思路。笔者认为，内家拳与外家拳的主要区别之一，就在于实战技击中是否腾手。其实，腾手技术即是太极拳所强调的松的技术。这个松指的是我们的手不要妄动，而是要在我们的神意引领之下运动。神意引领多少，手动多少。松并不是一般意义上的将身心放松。一般情况下，我们会认为，在松的状态下能更好地完成击打动作，发出的攻击能更加迅猛。这种对松的理解和认识与太极拳内劲所强调的松是有所不同的。太极拳所强调的松，其实就是一种无我的境界。这种松静状态下的无我不是不惧死亡的勇敢，也不是放松身心以更好地发挥技术动作，而是要求身体任何一个部位的运动都不能是妄动，一定要在神意的支配下运动。表现为外在的动与内在的神意的运化完全融合、高度统一。这就是太极拳的松，也是内劲技艺的一个前提条件，即将双手腾出来。

因为，只有当我们将注意力从手上腾出来，手才能处于一种松的状态，一种没有被占上的状态。当手处于这种松的状态的时候，当我们的神意能够支配和引领着手运动的时候，我们就会发现，另外的一种神经系统被激活和调动起来了。这一神经系统能够更清晰地知道彼此双方的情况，能够真正地做到知己知彼。这并非是有意而为，而是我们本具的一种身心功能。当这一身心功能被激活和调动起来后，实战双方内在的联系便能够被很好地感知到。我们保持着这个联系，通出一个方向，便可以控制住对方。因为，这种联系的主动权是由我们掌握的。这就是太极拳动中寓静的内涵。所以说，太极拳不主张对抗，它所强调的是和谐。在实战中，通过内劲将双方合为一体，没有分别，没有我执，完全是一种舍己从人的思想理念。

太极拳内劲在实战中运用所表现的是出手极为轻巧，似乎给人以不用力就能将人牵动的感觉。这就是彼此之劲相接后运用内劲的效果。如果是用力量的话，是达不到这种效果的。尽管力道把握得十分精妙、技巧运用得十分娴熟，也会让人感到有一种内在的对抗。用力强调的是借彼之力、顺势而为，抑或是在某种招式技巧的运用之下利用反关节的原理制服对方。这些其实都是一种对抗的思维。内劲的运用，主旨在于与对手产生一种和谐，合为一个整体，只是这个整体的主导者和控制者在于自己。

　　所谓与对方的劲接上，即是指自己的将出未出的状态与对方的将出未出的状态的对接，在保持着这种联系的前提下进行发放或引进落空。因为将出，即指出了运行的方向，所以对方的劲要被引向一个方向。因为未出，即保持着与对方的静止状态，所以对方将无力可施，产生似乎没有着力点的感觉。这样，便可以实现牵动四两拨千斤的打击效果。

　　当我们用力去控制对方身体上的一个部分的时候，例如，用力控制对方的手臂，那么，即便是对方的手臂被大力控制而不能动，但他身体的其他部位还是可以做出反抗的。即当手臂被控制后，对方仍然可以起脚踢打。但是，如果对方的内劲被控制之后，如通过手臂控制对方的内劲，那么，对方的整个身体是动弹不得的。会产生这样的效果，是因为力是一种出或不出的状态，而内劲则是一种将出未出的状态。以大力胜小力的方式去控制对方出的状态是不能控制对方的整体的。然而，以将出未出的状态去对接对方将出未出的状态即控制对方的内劲，则是引导对方渐进处于一种将出未出的状态。因为将出，所以对方的神经系统会被刺激而产生兴奋；因为未出，所以对方整体会处于一种静止的状态，这样便实现了控制对方整体的效果即四两拨千斤。而实现牵动四两拨千斤的前提条件即是放下拙力与妄动，如此，也就真正做到了舍己从人。

　　内劲的技击原理，绝不是对抗。而是一种在彼此十分和谐的状态下、在自己内外通透的状态下，彼此之劲合为一体之后的顺势而为。内劲上手之后，会感觉无比得通透，也自然会知道在推手或实战中如何运用内劲。这是一种不假思索的纯任自然的状态。对抗是彼此之力相互混合的状态，而内劲相接则是一种彼此之劲分明不混且主动权在我的状态。

　　毫釐御众的太极拳内劲技艺，在技术原理上包含着两部分内容。第一，内运外动。以手为例，实战中我们的手不允许主动进攻，而是要在神意的支配下运动，将手腾出来。手的任务只是负责侦察，没有进攻的义务。第二，动中寓静。所谓的静不是绝对静止，而是保持着与对方的一种无形的联系不断，在不破坏这种内在的联系的基础上通出方向，将对方击发出去。这即是动中寓静。这里有一个关键点，就是对实战双方内在联系的认知。在某种程度上说，能够认知到这种内在的联系就是《太极拳论》中所说的懂劲。这种内在的联系并不是创造出来的，而是本来就有的一种客观存在。

太极拳内劲技艺是一种实实在在的格斗技术，并不玄妙神化。太极拳内劲在武术中显得十分的高深莫测，就在于这种客观存在的内在联系不易被我们感知和认识。懂劲是太极拳的一道门槛。对于一个太极拳习练者而言，其只有懂劲才算是真正踏入了太极拳的大门。没有懂劲，即使太极拳套路演练得再优美，也只能是太极拳的门外汉。内劲不是力量层面的东西，它是与对手之间在神意上的一种联系。在某种程度上而言，对这种联系的感知在于顿悟。因为，它不是通过训练由无到有，而是本身就有的一种客观存在，需要我们以无化的方式去认知它的存在。认识才能起用，一旦认知到它，便可以利用它，发挥它的功能。正如《太极拳论》所言：懂劲后愈练愈精，默识揣摩，渐至从心所欲。

如果我们不能对这种内在的联系有所感知，就一定不可能真正地做到动中寓静。这种静的东西就是实战双方之间的内在联系。内劲，是一种将出未出又能出的状态。因此，它是静的。不懂劲，就不能在动的过程中保持住这个不动的联系。那么，怎样才能认知这种内在的联系？如何才能懂劲呢？这就需要我们注意内劲技艺的一个重要的内涵，即内运外动。所谓内运外动，就是我们的每一个动作都不能妄动，而是要在神意的引领和支配下运动。在实战技击中与对方接手时，手的每一个动作都不能妄动，都要在神意的引领和支配下运动。手是被动的，我们的神意是主动的。外在的形体是看得见的，属阳。内在的神意是无形的，属阴。太极拳内劲就是要求外在的形体与内在的神意高度配合，由神意支配着手运动，这即是《太极拳论》中阴阳相济内劲原理的体现。

"我顺人背谓之粘"，太极拳中的粘黏劲是太极拳内劲技艺的核心和特色。只有练就成粘黏劲，才能真正进入"粘即是走，走即是粘，阳不离阴，阴不离阳，阴阳相济"的内劲大门。其实，粘黏劲于武者而言，不仅仅是技术上的一种体验，更是对中和思想的一种理解，也是对人生真谛的一种思考。学佛的信徒会苦行清修来追寻佛陀离苦得乐的美妙境界；学儒的君子会为己修身来探求孔颜安贫乐道的乐处所在；内丹的高道会打坐炼丹来求得神仙羽化飞升的久视之术。不同的信仰对人生的真谛有着不同的诠释，自然也就产生了各异的法门。对于武者而言，我们对人生真谛的思考和追寻，自然离不开武术这一身心法门。太极拳内劲是通往拳道的一扇大门。进入这个大门之后，我们所思考和体验的更多是来自我们内心的世界和主观的感受。而人生真谛本身也是一种主观的感知。同样的客观环境，处于不同心境的人，似乎会有不同的内心感受。因此，我们在追寻人生真谛的时候，与其用加法的方式构建外在的经验世界，不如以减法的形式彰显内在的超验世界。

粘黏劲是一种与对方内劲相接后进而实现控制对方的技术。粘黏劲练得越是熟练，在与对方接手的时候，越能够轻巧地接控对方。对方身心被控、有劲使不上的感觉就会越发强烈。此时，我们无论在形体招式上如何与对方"纠缠不清"，都会感到无比自在和随意，达到"彼此之劲不混合"的效果，亦是拳谱中所说的"松、散、通、空"。而对方的感受正与此相反，其全身被控而不得自在。基于粘黏劲在实战中的这种体验，我们可以深入思考一下，在我们的人生中，我们是不是被很多事物"粘黏"而不得自在。这些不自在成为我们内心幸福感降低的主要因素。那么，我们如何才能放下这些执着、挂碍和分别呢？如何才能像孟子所言的"求其放心"呢？对于武者，当然还要回到粘黏技术上寻求解决方法。粘黏劲追求的不是有力胜无力、快打慢、强打弱，而是追求一种彼此内劲和合的状态。因此，当我们被对方运用内劲粘黏住的时候，我们与对方是彼此和合的状态，换言之，对方粘黏我方的同时，亦是我方粘黏对方之时。亦如，两节火车车厢，相互连接在一起，发动机在哪节车厢，哪节车厢便是主动方，另一节车厢便是受制方。如何在彼此内劲粘黏的和合状态下掌握主动，其实，就在一念之间。太极拳内劲技艺，用意不用力，全凭心意下功夫。心念一转，受制于人变制于人，被动变主动，烦恼变菩提。因此，粘黏劲对我们人生的启迪，在于放下我们之前的执着、分别、挂碍，不要以对抗、较力、争斗的方式处理我们人生中遇到的各种问题，而是要领悟和炼就以和为贵、知风之自、知微之显的内圣功夫。

太极拳要求内外相合、上下相随，最后达到内外相合的上下相随。内外相合是指内运外动，强调的是对内在的神意气系统的修炼。而上下相随则是强调外在的身法步的相互配合、相互协调。在太极拳的盘架训练中，上下相随的具体要求就是，左手与右脚相照应，右手与左脚相照应。手脚要相互配合，不能够相互脱节。手要扶持着脚运动，脚要跟随着手运动。手与脚，上与下，要形成一个整体。

"刺皮不刺骨，刺骨劲自堵""接点不接面，接面两不便"（汪永泉、刘金印，2014：84~86），这些拳诀揭示了太极拳内劲的应用原理。外家拳技击的原理是大力打小力、快打慢，通过骨骼肌肉的蓄力，迅速击打，给对方造成伤害。然而，太极拳内劲要求刺皮不刺骨。显然，像外家拳那样迅猛大力地出击，必然是刺骨之力，其原理正与太极拳内劲的应用原理相反。刺皮并不是说太极拳在实战中，与人接手，真的像针刺皮一样，而是指明太极拳内劲不可以戳、拽、抓，而是通过与对方的接触，刺激对方的身体，点问对方的神意，建立彼此之间的一种内在联系。这种联系是一种内在的神意气劲的联系，不是外在的形体上的联系。一旦妄动，例如，抓、拽、戳、推等，便会破坏掉这种内在的联系，因此，称为"刺皮不刺骨，刺骨劲自堵"。

太极拳内劲技术的修炼要多在"点"上下功夫。得到"点"之后即自己的内劲与对方的内劲接上之后，不要急于拿着对方的劲进行发放或引进落空抑或是粘黏连随使对方不得自在而为我所制，而是要将心静下来，在点定之中细细体会对方劲力的细微变化，将自己的内劲或意思在意念的引导之下渗入对方的体内。从外形上看在微动或几乎不动之中使对方的劲被我方控制，即所谓"彼劲将入我皮毛，我劲已入彼骨里"。如此训练，人们能够增进自己对内劲的感知和控制能力，使自己在动静之机上能有更强的控制力和觉察力。

在初级阶段，我们对于内劲的体会和把握是十分薄弱的，也是不稳定的。并不是说我们对内劲有了认识、有了体会便是一劳永逸的了，而是需要我们在此基础之上对其坚持不懈地修炼和继续深入地领悟。每提升一步，我们也许会改变以前对内劲的认知或者觉得之前对内劲的认识是存在一些偏差甚至是错误的。其实，这在内劲的修炼过程中是十分正常的现象。因为，内劲的修炼是一种内练，是一种永无止境的内向性地开发自我潜能的过程。它不是一蹴而就的，更不是一成不变的，而是随着我们修炼的不断深入逐渐地才能对内劲这种身心状态产生越来越清晰的体认。

太极拳内劲在实战中的运用，最为讲究一个和字。而外家拳实战多是讲究一个分字。与太极拳舍己从人的理念不同，外家拳实战多是以功力对抗为主，虽有招法技术的巧妙运用，但仍然追求的是一种人我高下之分。太极拳实战虽然也是要分出胜负高下，但其技击理念却是追求和谐，讲求人我彼此之间的和合。通过建立内在的联系并掌握联系的主动权，以达到控制对方的目的。这种控制并非大力胜小力、以快制慢的控制，而是彼此双方在内劲相接、神意相和的状态下的一种运动，以和合的方式将对方发放或粘黏或引进落空。

有过太极拳散手经验的武者会知道，真正的太极拳内劲技击效果是一种整体性的控制力，即通过接触身体的一个部位便能控制对方的整个身体。这种控制在我们不改变力点的情况下，是无法阻挡的，一旦得机得势，便可将人整体性粘黏或发放。其技术的基础在于粘黏，无论是发放还是引进落空，都是要在粘黏住对方的前提下进行的。因此，粘黏劲是太极拳内劲的核心，也是太极拳修炼达到懂劲程度的标志。

太极拳内劲是太极拳的核心技术。这种技术所反映的又是中国传统文化中的核心哲理。具体而言，内劲的理论基础即是儒家的中和、太极思想，道家的无为、守雌思想，佛家的如如、自在思想，兵家的知己、知彼思想。正是因为太极拳内劲的技艺有着如此深厚的文化内涵，太极拳被人们称为哲拳。更多的习武者选择太极拳作为自己修身养性悟道的手段和工具。太极拳凝聚了中国传统文化的思想精髓和核心哲理。太极拳也就成为代表中国传统文化的一个象征符号。人们通过太极拳的习练，能够以更加生动、形象的方式来了解和学习中国传统文化的思想精髓，这使得太极拳成为承载和传承中国传统文化的工具和载体。

第三节　武术修炼视角的天人一体

一体之仁表现在天人之间的关系上则是天人一体。武术修炼视角的天人一体，本研究重点强调武者要效法天之行健，做到自强不息。"天行健，君子以自强不息"，对武术修炼而言，即天行健，武者以自强不息。

《太极拳论》："由招熟而渐悟懂劲，由懂劲而阶及神明。然非用力之久不能豁然贯通焉。"整篇拳论，三百余字。篇幅虽然不长，但"用力之久"四字却容易被读者忽视。《太极拳论》中用力之久的本意，简言之，即是长久用力于太极拳之修炼。笔者对"用力之久"进行重点关注，正是因为它是一个武者进行太极拳或武术修炼能够获得功夫、取得成功的根本保障与必备条件。功夫是需要一点点积累的。成功也不是一蹴而就的。离开"用力之久"，决不能"豁然贯通"。

用力之久，代表着一个武者的恒心、诚心与信心，诠释着一个武者的坚持、努力与执着。离开用力之久，何谈招熟懂劲之漫漫长路的坚持？离开用力之久，又何谈阶及神明之功夫境界的实现？离开用力之久，更何谈中华武术之生生不息的传承？

《周易》："天行健，君子以自强不息。"用力，即是自强。久，即是不息。用力之久，体现的是天之行健，彰显的是武者之自强。君子以自强不息，武者亦应自强不息。

太极拳有"太极十年不出门"的说法，这反映了太极拳修炼的不易。太极拳修炼者要达到一定的水平，需要长期的努力和坚持。一般认为，太极拳入门的标志在于懂劲。只有懂劲，才算是真正地进入了太极拳修炼的大门。没有懂劲，无论拳架多么的娴熟和漂亮，都只是太极拳的门外汉。

然而，要想实现太极拳的懂劲，对于习练者而言，练与悟是同等重要的。只是凭借着"冬练三九，夏练三暑"的刻苦勤奋，未必能够求得太极拳拳法的真谛，在身体力行的基础上，更要深入思考与钻研。在渐修的基础上，习练者还需要灵感的闪现与顿悟。但是，如果没有勤奋努

力的渐修，灵感与顿悟，又何从谈起呢？二者是缺一不可的。此二者也
就构成了《太极拳论》中所说的用力之久的内涵。

用力是指学力，即在修炼上付出的努力。用力既要有知，又要有行。
用力之久，即在知与行上长久努力下功夫，这样才有可能在太极拳上有
所造诣。《太极拳论》中的"由招熟而渐悟懂劲，由懂劲而阶及神明。然
非用力之久不能豁然贯通焉"，正是此意。知与行是统一的，二者反映在
太极拳的修炼过程中表现为螺旋式的上升过程。

当习武者在知上有所领悟、有所突破的时候，其就会将对拳法的领
悟和心得反映在行上，然后付诸行，也就是具体的操作，例如，盘架子、
功法训练以及拳友之间的散手切磋等。这些都是检验习武者心得体会的
具体实践。这个过程即是有知而后践行。之后，在行的过程中，习武者
就会发现新的问题，产生新的思考。之前对拳法的理解和心得未必能在
实践中经得起检验，这样，习练者就会又进入到对知的探索之中。因此，
行既是检验知的实践过程，又是发现和促进新知产生的动力。知既是行
的理论指导，又是行的结果和产物。知与行就是在如此反复循环的过程
中螺旋式上升和提高的。而这种知行过程正是太极拳习练者"用力之久"
的最好诠释。

因为太极拳重在神意气系统的内向性修炼，所以对于太极拳的习练
者而言，练与悟是同等重要的。练是实践，是行。悟是思考，是知。太
极拳的修炼重在理论结合实践，知行合一。对于习练者而言，这是一个
痛苦、漫长而又充满兴致的过程。太极拳习练者通过坚持不懈地钻研和
训练，逐渐对太极拳有了切实的感悟和体会，这往往会让其兴奋不已。
然而，在实践中，太极拳习练者一定又会发现新的问题、遇到新的挫折
并促使其不断地去探索新的领域，而这又往往会使他们感到迷茫和痛苦。
正是在这样一种漫长而又循环往复的过程中，太极拳习练者不断地提高
自己的技艺，也同时享受太极拳给自己所带来的快乐。"太极十年不出
门"，太极拳习练者需要有坚强的意志和耐心、恒心与诚心，才有可能真
正得到太极拳的真谛。

武者当自强，这是每一个习武之人应当自勉的，也是《太极拳论》

"非用力之久不能豁然贯通焉"——以这种双重否定之语气对习武之人发出的一种坚定的劝勉与告诫。

《周易》："天行健，君子以自强不息。"当我们进入更深一层的思考时，可能会产生疑问。天之所以行健，君子之所以要法于天以自强不息，武者之所以要用力之久，难道仅仅是它们取得成功与实现理想的必要条件吗？

其实，天之行健、君子之自强不息、武者之用力之久，它们是有着内在根据的。这个内在的根据，即是《周易》中所说的生生之道。生生是宇宙运行的根本属性，也是人之所以要法天之行健而自强不息的根本依据。通过对儒家的生生思想的探讨，我们能够更真切地体会天行健不已的真正内涵以及《太极拳论》中"用力之久"于武者的深刻意义。

李天道等（2012）认为："从语义学上看，所谓'生'，原初义为生育、养育。甲骨文的'生'字，像地面上刚长出来的一株幼苗，其本来意义就是指植物的生长、长出。《说文》云：'生，进也。像草木生出土上。'段玉裁注云：'下象土，上象出。'《广雅·庚韵》解释云：'生，生长也。'《广雅·释诂》解释云：'生，出也。'可见，都指出'生'的本义是出生之'生'，泛指一切事物的发生和成长。"

《系辞》："生生之谓易"。朱熹注曰："阴生阳，阳生阴，其变无穷，理与书皆然也。"（《周易本义》卷五）这揭示了《易》的本质即为生生。生生是自然运行之理，是宇宙发生发展的概括。阴阳消长，万物化生，日月推移，亘古如斯，全概括在"生生"二字之中。《周易》揭示了生生之内在规律，即是阴与阳在既相互对立又相互转化的条件下，推陈出新，化生万物。易，本来就是生生不息的自然变化。圣人造易与天地准，一阴一阳之谓道，说明阴阳的运转是生生不息的内在规律，是道体的运行法则。"生生之谓易"不仅是对易惟时变的本质的揭示，还表明易通过一乾一坤等变化来反映阴阳不测的神妙。

《易经》中体现"生"之内涵的经文主要有"天地之大德曰生""天地絪缊，万物化醇；男女构精，万物化生""夫乾，其静也专，其动也直，是以大生焉。夫坤，其静也翕，其动也辟，是以广生焉""是故，易有太极，是生两仪，两仪生四象，四象生八卦"。在《周易》看来，包括人类与自然万物在内的宇宙整体，即是一个生命不断生成发育、洋溢着无限生机的大化流行的世界。天地是自然万物生成的根源，《益·象》："天施地生，其益无方"，《颐·象》："天地养万物"，"天地之大德曰生"。天地最大的功德就在于生成并养育了万物，并且这种生成和养育是生生不息、永不间断的。《恒·象》："天地之道，恒久而不已也。"生生是永远不停的。

生生是天地自然的不断建构、变化、推衍。生生是我们所处的整个世界的运行规律，天地自然就是处于一种不断变易发展的状态。在这种环境状态下生存，我们必须要适应其内在的运行规律，并使自己的生命节奏与其相吻合。"天行健，君子以自强不息。"天之行健，即是天之生生不已。因此，作为效法天德的君子，则应效法生生之精神与品格，应当自强不息。于习武者而言，生生提倡的是一种自强不息的精神和坚持不懈的品格。

生生是我们自强不息的根本依据。生生思想，一方面体现的是量的积累，另一方面体现的是质的飞跃。生生，开启的是一条坚持不懈、不断创新的发展之路。因此，武者当自强，一方面要持之以恒以顺应生生量变之规律，另一方面要积极创新以促成生生质变之飞跃。

首先，生生启迪我们一定要注重量的积累。任何一个质变都是在量变之积累的基础上发生的，没有量的积累就不会有质的飞跃。虽然我们在更多时候强调的是创新发展，但生生向习武者昭示的不仅仅是质的创新，更是一种不间断的量的积累过程。这对于习武者而言也是至关重要的。

作为一个习武之人，在最开始的时候，他可能对武术并没有过于深刻的认识和体验。他首先要接触的是武术技术，是技术训练实践。通过武术技术的训练，他的身心无论是从生理功能上还是从精神思想上都逐渐发生着变化。这就是作为一个习武者武术人生的第一部分。那么，随着武术技术的熟练和身心生理上的变化，他会逐渐思考这些技术中所蕴含的哲理并由此而感悟一些人生的道理。可能这些哲理是一种纯粹由武术技术而产生的，抑或是吸收了中国传统的儒释道思想而融合的。但不管怎样，透过武术技术层面，任何一个习武之人都可以切身体会到这些技术之中所蕴含的深厚哲理。习武之人对这些哲理的思考，也就成为其武术人生中的第二大部分。

然而，对于习武者而言，其只是习练如此的技术，感悟如此的哲理，还是不能尽善尽美的。那么，他们必须要知道，这样的技术和这样的哲理，共同开辟了一条什么样的修炼道路，共同指向了一种什么样的终极境界。这样，武术修炼之道则又是他们要有意识进行深入思考的，由此，也就成为其武术人生中必不可少的第三大部分。如此三个部分方才成就了一个习武之人完整的武术人生。我们说未必所有的习武之人都会按部就班地完成如此的程序和步骤，但这样的一种过程模式则是任何一个习武之人都不可逾越的。

《太极拳论》："由招熟渐悟懂劲。"武术谚语："拳打千遍，身法自然。"习武者对于任何一门技术的掌握都是坚持不懈刻苦训练的结果。技术上的创新、思想上的顿悟尽管让我们无比期待与兴奋不已，但我们绝不可忘记，生生是一个由量变到质变的过程。质的飞跃只是生生的一种结果，而之前坚持不懈的付出所进行的量的积累才是生生的主体过程。没有这一漫长阶段的铺垫，任何趋向于完美的重大的飞跃都无法实现。因此，生生在量的积累方面为习武者展现了一种自强不息、持之以恒的精神品质。这正是习武者武德修炼的重要内容。习武之人要将这种品质内化于自己的德性之中，用以指导武术修炼。

生生既是量的不断积累，又是质的不断升华。于习武之人而言，二者是武术修炼的两种模式。一种是量变模式，一种是质变模式。它们皆是生生思想的体现。创新体现的是生生的质变特征。习武者以创新的方式不断地提高技艺并使之臻于完善。创新是在传承的过程中、在所学的技战术融会贯通的基础上进行的。不能融会贯通，则谈不上创新。大多数习武之人不限于一门拳种的学习而是两门甚至可能更多。其实，在中国的传统武术的环境下，很少有拳家是穷其一生只钻研一门拳技的。大多数习武者要博学多参，广泛学习各家拳法技术。这也似乎成为民间武术习练者的一种传统。学习了多家拳技之后，如何将它们融会贯通就是习武者自身的事情了。师父领进门，修行在个人。师父可以把东西传授给你，但将它们融会贯通则是习武者个人的事情了，师父是帮不了的。每个拳种的技战术都是自成体系的。将不同拳种的东西融为一体，则需要建立一个新的拳学体系。这个体系的建立就是要服务于所学各门拳技的融会贯通，这即是创新，即在已生之物的基础上又有新生之物的发明。

习武者对武术的创新不在于一招一式的发明，而是在于拳法修炼体系上的革新。这种创新的根本目的在于服务于习武者自身技能水平的提高。因此，拳法修炼体系上的创新必然是结合习武者自身的身心特点而进行的。习武者的个性特点、文化水平、人生经历、武技水平、兴趣爱好等都会影响着其拳法修炼体系的创建。创新最重要的是改变事物的内在结构。结构改变，事物的性质就会发生改变。因此，武术的创新在于对武术修炼体系内在结构上的革新。创新的结果，既表现为修炼体系的变化，又表现为技战风格的革新。总之，生生于武术领域的应用，启迪习武者要对武学体系不断地进行创新，而其创新之目的则是要服务习武者自身武术技能与道德修养的提高。

孙式太极拳创始人孙禄堂先生和截拳道创始人李小龙先生，这两位武术家都是生生思想的诠释者。孙禄堂将太极拳、形意拳、八卦掌三门拳种融会贯通并最终发明出一个具有孙氏武学特点的技战术和修炼体系。李小龙将自己对老子哲学的体悟融于其武术修炼之中，并融合多门拳种的技法特点，最终创立极具特色的截拳道。武学的创新一定要服务于习武者自身的建构和完善。无论是孙氏武学还是截拳道，它们都是对拳学体系的革新，都是在以前之旧体系的基础上创建的新的拳学体系。他们所创的拳学体系也都体现着创立者本人的性格特点。他们的这种创新，其实是他们找到了一条适合于自己的武学之路。

生生之道既有量的积累又有质的飞跃，它是量变到质变的过程。应用于武术领域，生生思想启迪着习武者要在武术的修炼与钻研上不断地进行创新，要对所学的东西融会贯通，探寻与创立适合于自己的拳法修炼体系。更重要的是，生生思想亦为习武者昭示了一种自强不息、持之以恒的精神品质。

"太极十年不出门"。招熟懂劲的修炼之路，离不开武者的"用力之久"。阶及神明的登峰之旅，更离不开武者的"自强不息"。自强不息的武者精神、生生不已的宇宙大道共同诠释了武术修炼视角的天人一体。

经过前面的探讨得出，天行健不已的内在根据乃是宇宙的生生之道，并且指出武者当以持之以恒的积累与不断创新的飞跃来顺应天地自然的生生之道。无论是对天行健不已的效法还是对宇宙生生之道的顺应，武术修炼视角的天人一体都强调武者当自强不息，即作为武者当以"用力之久"的刻苦修炼来追求武学道艺的"豁然贯通"。那么，具体而言，武者又当如何自强不息呢？在笔者看来，一个自强不息的武者，既要"如切如磋"，又要"如琢如磨"。

"如切如磋，如琢如磨"出自《诗经·淇奥》，此篇是对卫武公的赞美之词。赞美卫武公修身进德毫无懈怠，"兴其学问自修之进益"（《诗集传》卷三）。《国语》中记载，九十五岁的卫武公仍然箴儆于国中大臣要恪恭于朝夕以交戒我，并作懿戒之诗自警。司马迁在《史记》中对卫武公的评价是"武公即位，修康叔之政，百姓和集"（张大可、丁德科，2015：1595）。卫武公在卫国执政五十五年，能够虚心纳谏，自省修德，做到了"苟日新，日日新，又日新"，可以称得上是春秋时期的一位贤君。克己修德的卫武公也成为儒家推崇的一个典范。

《论语》中，子贡与孔子的一段对话，可以使我们从中体会到切磋琢磨的修身内涵。子贡曰："贫而无谄，富而无骄，何如？"子曰："可也，未若贫而乐，富而好礼者也。"子贡曰："诗云：'如切如磋，如琢如磨。'其斯之谓与？"子曰："赐也，始可与言《诗》已矣，告诸往而知来者。"（《四书章句集注》）贫而能乐，在于乐道，是一个人本性开显之后，自然获得的感通天地大道的自在与逍遥。贫而乐，体现的是对道心的养育，其也正是孔颜乐处之所在。富而好礼，体现的是对人心的规范，是以圣人为参照标准的无限的自我完善。富而无骄，本就不易做到，又能好礼，则更为不易。因此，习练者需要不断地切磋琢磨使自己的德行能够达到如此的境界。贫穷的人易谄媚于人。因此，贫而无谄，甚至能够像颜子那样"一箪食一瓢饮，居陋巷，人也不堪其忧，回也不改其乐"，已然是与圣人的境界非常接近的了。"饭疏食饮水，曲肱而枕之，乐亦在其中矣"，如此的圣人之境，更是要不断地切磋琢磨方能达到。子贡引诗"如切如磋，如琢如磨"以明此意，孔子赞其"始可与言《诗》已矣，告诸往而知来者。"

孔子关于德性修养的人生过程，讲到："吾十有五而志于学，三十而立，四十而不惑，五十而知天命，六十而耳顺，七十而从心所欲，不逾矩。"这是孔子勉励为学者的进德之法。修学不能躐等，应当循序渐进，不可半途而废。孔子所言，体现的正是一个切磋琢磨的过程。胡氏曰："圣人之教亦多术，然其要，使人不失其本心而已。欲得此心者，惟志圣人所示之学，循其序而进焉。至于一疵不存、万理明尽之后，则其日用之间，本心莹然，随所意欲，莫非至理。"切磋琢磨要循序渐进，精益求精。所谓"一疵不存、万理明尽"即是切磋琢磨后本性明德的完全彰显。

曾子曰："五日三省吾身，为人谋而不忠乎，与朋友交而不信乎，传不习乎。"曾子每日以此三者反省自己，有则改之，无则加勉。朱熹在注释中赞其"可谓得为学之本矣"。曾子作《大学》传，指出了切磋琢磨的修学功夫。其实，这亦是其自身为学修身的真实写照。

古时候加工骨器叫切磋。切，是指将骨头切开。磋，是指将骨头打磨光滑。琢磨是指加工玉器。琢，是指雕刻玉石。磨，是指进行打磨。《大学》："如切如磋者，道学也，如琢如磨者，自修也。"意思是说，研究学问好比加工骨器，要"如切如磋"；加强自身的修养好比加工玉器，要"如琢如磨"。这段话的意思是说，一个人在研究学问和自身修养两个方面要时刻不停地提高自己。同时，儒家还认为做人是一切的根本，且要难于做学问，正如加工玉器要难于加工骨器一样。

《大学》："如切如磋者，道学也，如琢如磨者，自修也。"朱熹注曰："道，言也，谓讲习讨论之事，自修者，省察克治之功。"切磋与琢磨是"皆言其治之有绪，而益致其精也"。在《大学》中，明确地指出了切磋与琢磨两者各自具有不同的内涵。切磋指代的是道学，琢磨指代的是自修。无论是道学还是自修，都需要不断地精益求精。

作为武者，既要切磋又要琢磨，既要通过切磋的方式讲习讨论，又要通过琢磨的方式省察克治。如此，才是对天之行健的效法，才是对用力之久与自强不息的最好诠释。

首先，在切磋方面，儒家认为，最好的切磋方式，即是所谓的学。孔子作为圣人，仍然学而不厌，诲人不倦，为儒家弟子们做出了一个好学的榜样。儒家认为，学是要有次第的。学习的次第本身亦是一种学子们要严格遵守的礼。学是一个如切如磋的过程。骨角不经切磋，便无法塑造成美观实用的器具。学是一个无限趋近于完美的圣人标准的切磋过程。身心皆要经历这样一个不断既切又磋的过程才能有所成就，即所谓的成器。能成大器者，必然是经历了一个"苦其心志，劳其筋骨，饿其体肤，空乏其身，行拂乱其所为"的切磋过程。这即是学的过程。学而时习之、温故而知新，都是在强调学贵有恒、不断进取。"如切如磋，道学也"，明确地指出了学的方式与特征，即要像治骨角一样经过一个既切又磋的过程，然后使之成器。器与道的关系正是文与质的关系。子曰："君子不器"，强调作为一个君子，一定要将最高的理想定位于对道的追求之上。无论学识多么渊博，亦不能真正达到像本性彰显后那样的大自在。任何器都是有一定局限的。君子要立志于彰显本性，追求天人一体、物我两忘的圣人境界。这是就理想而言，并非人人都能够实现这样的理想。所以，结合现实需要，儒家又大力提倡六艺的学习，通过格物致知，"博之以文，约之以礼"，最终达到文质彬彬的君子。儒家对文与质二者并没有偏废其一，而是主张二者的和谐统一。夏朝，质胜文则野；商朝，文胜质则史；周朝，文质彬彬。因此，孔子"吾从周"。无论是对文的学习还是对质的彰显，儒家都是强调要不断地切磋琢磨。

现代运动生理学研究发现，运动技能的形成要经历一个由不会到会、由生疏到熟练的渐进过程，并将这一形成过程分为泛化、分化、巩固三个阶段。可见，任何运动技能的获得必须遵循运动技能的形成规律。而这样一个运动技能的训练与形成过程，正是"如切如磋"的最好诠释。

在古代，师父对弟子武技的传授当然不会以现代运动生理学理论作为依据，但对于运动技能形成规律的感性把握也是十分成熟的了。几乎每个武术门派都有着本门独特的训练程序。这个训练模式与程序代代相传，并在传承中不断地发展与完善。通过对运动规律的不断探索和经验总结以及坚持不懈的刻苦训练和研究，习武之人作为武术运动的实践者将会无限地接近于运动规律本身并以中国古代特有的文化思维揭示出武术运动的本质规律。

如切如磋就是习武之人对武术运动规律不断探索的过程。武术基本功是各个门派拳种的一种共性的训练内容，是学习专门技术的前提。习武之人先要接受武术基本功的训练，在经历了艰苦的基本功训练之后，便开始严格的专业技术训练。虽然每个武术拳种的技战术体系不同，但其一般的训练程序大体上是一致的，即都是一个由低级到高级、由粗到精的过程。拳打千遍，身法自然。武技只有通过坚持不懈的训练才能转化为自己的一种技能。习武者刚开始练武之时，获得的技能一定是比较粗糙的。但随着对武术技术的认识水平的深入，技术掌握的程度便会越来越高。大多数习武者会经历一个从有形的技术到无形的技能直至"拳无拳，意不意，无意之中是真意"的从心所欲境界的发展过程。

在习武练技的过程中，传统的习武者往往是以师父的技术动作为标准，在模仿中学习。自己的那些习惯性动作或技术，如果不符合所参照的标准，就要将它切掉。所模仿的技术，如果相对于参照标准不够精准，则要将技术动作粗糙的地方磋掉。就是在这种既切又磋的过程中，习武者逐步完成着技术训练的标准化。各拳种门户的技术风格亦是以此方式代代相传。

弟子们习武练技时，一般情况下是以师父为模仿对象的。师父的武术动作、神态、风格等都会是弟子们的模仿对象，成为弟子们习武练技的参照标准。他们会通过刻苦的训练逐渐趋向于这一标准。把师父作为参照对象进行模仿和学习，即使无限地接近于师父甚至与师父完全一样，也只是习武者对经验技能的一种建构，并没有实现对自我本性与潜能的彰显和开发。

如切如磋的道学过程只是不断地接近于完美，而如琢如磨的自修过程才是真正显现本性之美的过程。如果仅仅是如切如磋的道学或经验技能的建构，永远也无法实现对参照标准的根本性超越。而只有进行如琢如磨的自修或直指本性潜能的彰显，才能将已学的东西进行无化式的融会贯通。如此之后，便能发生质的飞跃与改变。它是对标准的无化与飞跃。

在《大学》中，如琢如磨形容自修。朱熹注曰："自修者，省察克治之功"。先反省自己，察识私欲，然后将蒙蔽我们德性的私欲克治去除，恢复本然善性，这个过程就是自修。如琢如磨是在自修方面提出的一个修炼理念，就像治玉石一样要精心打磨，"既琢而复磨之"，循序渐进，精益求精，一点点地将玉石表面上的斑点污迹去除掉，使玉石内在的光辉显现出来。把玉石本身纯净无瑕的光明比作我们每个人的本性，玉石上的这些污点瘢痕代表着我们的私心欲望。要想使本性得以彰显，就要去除蒙蔽在本性之上的污点瘢痕。

琢磨是对人本性的不断开发直至其完全显现。笔者认为，在性的层次，儒释道三家，圣人、佛陀、真人，他们的境界应该是一致的。只是对性的描述存在角度与言辞的差异。在孔子时期，儒家其实对性的讨论是不多的。子贡曰："夫子之言性与天道，不可得而闻也。"由此，我们可以看出，从广义上讲，性应该是宇宙万物之根本。以人而言，即为本性。从义理上讲，本性是极其精微的，言语的描述并不能究竟它的本意。只有道全德备的圣人方能体认本性。孔子虽然没有对人的本性做出明确的定义，但他所说的"性相近，习相远"，表明人们在先天本质上是没有什么区别的，只是后天的习气使得本性受到蒙蔽进而表现出明显的善恶。本性，即仁义礼智之性。其所受蒙蔽少，则更近于善；所受蒙蔽多，则更近于恶。因此，曾子认为应当像打磨玉石一样，消除瑕疵，琢磨自修，使本性完全显现。曾子得孔子一贯之道，德性水平近于圣人，孔子传其大学之道。因此，曾子提出省察克治的自修功夫，如琢如磨，彰显本性。

　　中华武术正是以讲习讨论的道学方式得以代代传承，同时，又是以省察克治的自修方式不断创新与发展的。其可贵之处，正是在于强调以外向性的学习获得技战术能力的同时，又注重以内向性的无化彰显本性、开发潜能。本性的彰显、潜能的开发，不但提升了习武者自身的境界，而且提升了中华武术的品位。本性智慧之光的闪现，需要不断地琢磨掉蒙蔽在其上面的后天习气。很多新的门派拳种的产生，都得益于开创者对自我潜能的不断开发，正是本性中闪耀出的灵感之光为其照亮了一个全新的武学天地。这样，一个新的拳种流派便应运而生了。

　　截拳道创始人李小龙的习武经历便是对"如切如磋"与"如琢如磨"的自强不息精神的最好诠释。李小龙在创立截拳道之前，对咏春拳、太极拳、弹腿、拳击等皆进行过深入的学习和研究。我们可以想象，掌握了多门拳法、精于各种实战技法的李小龙已然是一名武术高手。但是，李小龙并未满足于以前之所学，而是在此基础之上融会贯通、标新立异，直指于本性潜能的开发。拳术对于李小龙而言，是其实现本性彰显的一种工具。他将所学技能无化，追求自我潜能的开发。在广泛学习的基础上，他并没有满足于技能的无比完善，而是转向对本性潜能的彰显以实现真正的完美。这从李小龙"以无限为有限，以无法为有法"的武学思想中得到了明确的体现。

　　1971 年，李小龙在接受采访时曾说过："一个好的武术家就像水一样。为什么？因为水是无形的……清空你的思想。无形无式，如水一般。"清空思想、无形无式，就是要无化掉自己已经掌握的东西。这种无化并不是消除而是一种由量变向质变飞跃的融会贯通。李小龙所说的水，即是我们的潜能与本性。潜能与本性是无形无式的，但又能随缘成形成式。它既能静静流淌，亦能猛然冲击。其实，李小龙这段话所要表达的正是，作为一名武术家要将实现本性与潜能之彻底彰显作为习武的终极追求。

　　很多传统武术的老拳师们都会不厌其烦地反复告诫弟子们要善于融会贯通。前辈们将自己所学全部传授于弟子们。至于弟子们能不能登堂入室，最重要的就是看他们能不能对所学技能融会贯通了。正所谓"师父领进门，修行在个人"。

李小龙（2014：2）在《截拳道之道》中指出："假使你无所执着，外界之事物就会自己显露。动如水，静如镜，反应如回响。"这是本性得到彰显之后率性而为的真实写照。"人们为了安全感，将无限的生活变得了无生气，是一种被选取模式的限制。欲了解截拳道，一个必须舍弃所有概念、模式与派别；其实，他甚至应该扔掉那些关于什么是或者不是理想截拳道的概念"，"心灵必须从旧的习惯、偏见、限制性思维过程，甚至普通的思想本身中获得解放"，"清空你的杯子，方可再行注满；成为虚空以求全"（李小龙，2014：5～8）。李小龙所要极力表达的就是习武之人要把彰显本性作为习武的终极追求。李小龙是一位武术家，亦是一位哲学家。因为他看到了武术只是习武者进行自我完善过程中所使用的一个工具，而要实现人真正的解放则要从武术中脱离出来，不能受形式的限制，要无化掉假我以实现真我的大自在。

无论是如切如磋还是如琢如磨，无论是道学还是自修，对于习武者而言，都将是一个漫长和痛苦的过程。需要不断地精雕细刻，所以它会很漫长；需要断除习气、磨光棱角，所以它会很痛苦。而这也正体现着作为武术精神的自强不息。

自，指明了习武的为己性，是为了自己技能和德性的提升，而不是为了人前显胜、傲里夺尊。无论是切磋还是琢磨，都是自我的修炼。无论是对技能的建构还是对本性的彰显，都是为己之学。强，体现的是一种意志力。《中庸》有言："或生而知之，或学而知之，或困而知之，及其知之，一也。或安而行之，或利而行之，或勉强而行之，及其成功，一也。"（《四书章句集注》）其中，生知安行是以圣人而言的。而对于一般人来说，皆是学知利行或困知勉行。强，就是好学而敏行，于困境中又能勉行的坚强品质。对习武之人来说，这种品质则尤为重要。学艺如登山，需要脚踏实地地不断攀登。既要忍受住孤寂，又要无惧于贫寒，以强大的意志力坚持不懈地前行。不息，即是永不停歇。"天行健，君子当自强不息。"君子为学，法天则地。太阳东升西落，没有一天停止过，这是天之德性。我们要效法这种德性，做事要有恒心。习武之切磋琢磨是一种长久而艰辛的过程。因其艰难，习武者要"强"，强于行，强力不返；因其长久，习武者要"不息"，坚持不懈，持之以恒。"如切如磋，如琢如磨"是自强不息的真实写照。切磋琢磨，要为己之学，要强力不返，要持之以恒。只有如此，武者方能通过武术修炼，步入人生的大乘境界。

第五章

武术修炼视角的礼射之艺

在笔者看来，游于艺①，对武者而言，应该指游于礼射之艺。礼射之艺可以帮助武者玩物适情、动息有养。本章，笔者将礼射之艺具体展开为中礼之射、观德之射、意象之射三个层次。在武术修炼的视角下，中礼之射强调武者要做到形神须兼备、内外要相合；观德之射强调武者要做到其争也君子、武以观盛德；意象之射强调武者要做到观物以取象、立象以尽意。

第一节　武术修炼视角的中礼之射

礼射，简言之，即是以礼入射，将礼乐文化融于射箭运动之中，以此来对儒家君子进行德行训练。通过礼乐，内修德性；通过射箭，外塑行仪。礼射相融，内外兼修，展现文质彬彬的君子风范。

武术，简言之，即是以道入拳，将武道哲理融于拳术运动之中，以此来对习武之人进行身心训练。通过武道，内练心神；通过拳术，外练

---

① 苗润田等学者认为古今学者大都将《论语》中"游于艺"之"艺"作本字解，释为六艺、才艺或技艺，积非成是，误读了孔子之意。有鉴于《论语》存在通假字现象，结合孔子的思想理论及孟子"由义"、荀子"以义"和王阳明"艺者，义也"之说，认为"游于艺"本是"游于义"或"由于义"，它与六艺、技艺、才艺或艺术无关。黄克剑亦认为游于艺之"艺"应该是指《诗》《书》《礼》《乐》《易》《春秋》，而非是通常所指的礼、乐、射、御、书、数。苗润田、黄克剑等学者的观点对笔者很有启发，但对于本研究而言，仍然遵循大多数先儒与注家的观点，即将游于艺之艺特指为礼、乐、射、御、书、数。其中，射即礼射，于武术最为接近，亦属于大武术之范围。因此，本研究选择六艺中的礼射作为对游于艺的具体展开内容。

身形。道术相融，内外相合，展现阴阳相济的武者风范。

《太极拳论》："阳不离阴，阴不离阳，阴阳相济，方为懂劲。"身心和谐即是阴阳相济。子曰："质胜文则野，文胜质则史。文质彬彬，然后君子。"诚于中，是质；形于外，是文。君子诚于中而形于外，即是文质彬彬。在阴阳的视角下，文，属阳，质，属阴。彬彬，即适中、相济之意。阴阳相济、身心和谐的武术修炼理念正是对文质彬彬的君子风范的最好诠释。文与质、阳与阴、身与心、形与神在武术修炼中实现了完美的统一。

武者，通过武术修炼能呈现出一种阴阳相济之美。君子，通过礼射修炼能呈现出一种文质彬彬之美。无论是武术还是礼射，它们都是对身心的塑造，都是追求身心的和谐。《礼记·射义》："射者，进退周还必中礼。"（《礼记》）从这个角度来看，礼射可以称得上是中礼之射。在笔者看来，这种追求文质彬彬、身心和谐的中礼之射体现的正是形神须兼备、内外要相合的武术修炼理念。

形神兼备，即是形中有神，神以形显。于武术修炼而言，形，指的是手眼身法步等展现出的外在形态，要求在做武术动作时要合乎规矩、一丝不苟。神，指的是心意气等展现出的内在神韵，要求在做武术动作时要"神宜内敛""神宜舒"等。形，属于阳，对应于文，表现为外在的仪容形态。神，属于阴，对应于质，表现为内在的精神品格。"质胜文则野，文胜质则史"，只有文质彬彬，才能称得上是君子。形神兼备的武术修炼，实际上正是对习武者文质的塑造与培养。

礼射作为孔门六艺之一，它是儒家君子修身的重要方法。笔者认为，在文的方面，礼射的目的在于使射者达到儒家"其仪不忒"的标准，此正是练形。在质的方面，礼射的目的在于使射者达到儒家"思无邪"的标准，此正是养神。如此长久修炼，便能养就出文质彬彬、形神兼备的君子风范。

那么，具体而言，何为"思无邪"？在"神"的修炼方面，它对武者又有什么启发呢？

"《诗》三百，一言以蔽之，曰思无邪"（《四书章句集注》）。消除掉不正的意念以及内心的私欲，保持内心的清静和正念，这就是思无邪。《诗经》中描述了很多男女不正之情以及国家统治者因荒淫无度而导致国破家亡的事例。例如，《诗经》之《墙有茨》中描述的是公子顽和其君母私通时的一些闺中的言语。自古以来，淫乱的君主自以为其恶行于闺门之内不会被外人知晓。因此，儒家圣人选取这样淫秽的诗句编入经典之中，就是要垂戒后世，使后世为恶的人晓得，即使是闺门之言，也是隐藏不住的。《鹑之奔奔》："鹑之奔奔，鹊之彊彊"。鹑和鹊，居有常匹，飞则相随。这种鸟有固定的配偶，而不是随意的交配。诗的作者以此来讽刺宣姜和公子顽 "非匹耦而相从"。宣姜的淫乱恶行，遭到了举国人民的嘲讽。《诗经》记载此诗的目的是要说明导致卫国最终为赤狄所灭的根本原因，正是统治者的淫乱。凡淫乱之人，无不遭受杀身败国亡家的恶果。这即是《诗经》"思无邪"垂戒后世的重要意义。

儒家认为，天地生人，天理赋予人心之中为人的本性，五行之气成就人形。因此，人的本性与天理相通，纯一无杂，仁义礼智之性本自俱全。但是，人除了禀受天命之性外，还会受到气质之性的干扰，后天习气会蒙蔽我们的本性。于是，圣人施教化于百姓，使其去除私欲复归本性。孔子整理《诗经》保留了一些淫乱之诗，其目的就是要以此来垂训于后世，警示人们要思无邪而不可生淫乱之心。

从个人的修身来讲，男女之情不正、思想淫乱是德性修养的最大障碍。虽然《孟子》讲 "食色，性也"，但是要将食色控制在一定的限度之内。淫，即过也。任何淫乱无度的行为都是从不正的心念开始的。所以，君子修身要谨于始，慎于独。每个人的内心意念就是其为人处事最起始和最隐微之处。因此，思无邪就是在我们的起心动念处保持纯净无染的状态。子曰："吾未见好德如好色者也。"思无邪，即是好德。由于人的内心往往容易被外在的诱惑牵引，因此，真正要做到好德如好色即儒家强力不返的功夫，则需要强大的自控力作为基础。而这本身所反映出来的，正是一个人的德性水平。只要我们在日常生活中所思所想无不正，德性则必然会一点点地彰显出来。

事实上，清心寡欲的生活状态似乎早就与习武之人联系到了一起。

包括武术在内的中国传统技艺的习练者要想达到十分高超和精湛的水平，最重要的就是精神专一，即孟子所谓的"求放心"。习武之人在生活实践中如果淫乱无度，就会扰乱心志。习武最重要的就是修炼人的神意气。中医也讲要独立守神，心如果杂乱，则不可能保持神意的安静。

武者的修心养神要融于日常生活之中。行住坐卧都要当作是练功的时机。也只有这样，武者才能练就出真功夫。之所以称为功夫，就是有别于花拳绣腿的拳架套路。习武者最终要练就的是一种无形无象的本能，而不是各式各样的花架拳套。王芗斋先生讲到"以视彼一般拳学家尚形式重方法讲蛮力者，故不可相提并论也"。拳术的最高要义，在于练出自己的本能，"在精神，在意感，在自然力之锻炼"。而这种锻炼，不仅要靠练功时的专门修炼，同时，也离不开生活实践中的积累与磨炼。

思无邪，对习武者而言，绝不仅仅局限于要严格遵守一些拳种门派外在的戒约和规矩，而是一种切实力行的修己功夫。"有诸内，形诸外"。如果不注重内在的自我修养、自我修正而是随顺自己的私心和欲望，长此以往我们的心志和精神就必然会被搅乱，最终将会导致行为上的无规矩甚至是恶行。武术作为一门技艺，本不具有任何善恶的价值内涵。但是，如果习武者不能及时警醒自己不正的意念，随顺私欲，武术就有可能成为其为恶的工具，更谈不上习武修身了。就习武者自身而言，其一旦为邪念所扰，心神不安：一方面，会使自己已彰显的德性失去；另一方面，也会影响武术修炼的心理状态。没有一个良好的心理状态，武术修炼也不会收到良好的效果。

对武术修炼而言，思无邪主要表现为武德上的修养。中华武术受儒家文化的长期影响，形成了与儒家价值观相统一的武德思想。高尚的武德是对习武之人最高的评价。对武德的评价远远要比对武技的评价更受到武术人的在意。习武的目的，正是在于修德。德艺双馨是每一个习武之人共同追求的目标。艺表现在武技上，而德则主要表现于生活之中。"诚于中而形于外"，内在的思想与外在的言行要保持一致。一个思无邪的人，必然是行为正派、处事合宜的人。

"万恶淫为首，百善孝当先"早就成为习武之人的武德规范。在我们的内心之中最应当去除的，就是淫念。最应当常思的，就是孝心。在某种程度上说，中华文化就是孝文化。而这一点也深深影响了中华武术。孝亲尊师早就成为习武之人恪守的信条。其实，孝亲尊师不仅是一种外在的信条，还是我们内心实有的真切体验。能够分辨正邪，是智。能守正从善，是仁。能真正力行，是勇。智仁勇，三达德。思无邪，就是在内心操存和涵养本性。习武之人受艺于师，能够修身进德，得益于师的传道授业。孝亲尊师，是我们本性所发的正情。如果不是内心真实所感，则是一种外在的虚伪。

"万恶淫为首"。在各种不善的念头中，《诗经》更多地记述了淫念对一个人乃至一个国家产生的不良影响。《诗经》中记载了很多淫奔之诗，其目的就是从反面来告诫人们，思淫与邪行最终会导致不良的后果。卫国就是以淫乱无礼、不乐善道而导致亡国的。《诗经》就是以这样的例子来训诫后人要思无邪，不要让任何不正的心念扰乱本性的清静。思无邪可以使本然善性得以彰显，恢复内心的平静。宁静而致远。我们本来具有可以致远的心性，而它的前提就是要保持内心的宁静。

邪淫对于习武者而言是最大的障碍。因为，淫心一起，习武修德的精进之心就会消亡，就会随顺着自己的淫心而不断堕落。对于习武者而言，武技的一点点进步都需要长久不间断地努力，但堕落则是一瞬间的事情，久练而成的功夫也会功亏一篑。"食色，性也""虽上智不能无人心"，作为五行之气和合的人不可能完全脱离食色之欲。因此，习武之人要想常守清净之心，专一习武。思无邪是其必须要做的功课，也是其进德修身的第一要务。邪淫会扰乱习武之人的心志，使其丧失习武修德的志向。一旦心意邪乱，内心中的正能量就会丧失。这是习武之人武德修养的最大障碍。

思无邪是一种慎独的功夫，具体要做到非礼勿视、听、言、动。而真正要做到非礼勿视、听、言、动，一则需要我们的善恶之心要明，是非之义要辩；二则更需要我们内心之中有强大的自制之力，这就是切实的修身功夫。其实，真能明善恶、明正邪，则一定能够做到所思无邪、所行无恶。作为亚圣的颜子，尚且只能做到三月不违仁，更何况于我们呢？可见，真正做到思无邪，是一件极为不易的事情。思无邪，是进德的一种修炼方法，同时，思无邪本身就是一种德性。它是道心战胜欲心后本性的自然彰显。儒家文化是强调积极入世的学问。儒家建立了一整套礼的体系来规范人们的言行和思想。思无邪的功夫也是要经过训练而修成的。在儒家看来，按照礼的要求去做就是思无邪的一种训练。佛家有戒杀、戒盗、戒淫、戒妄语、戒酒五戒，其中，亦有关于邪淫的戒律。道家讲究清修，亦是极为重视思无邪的功夫。

其实，思无邪并非仅仅是消除邪淫之念。邪，意为不正。任何不正的念头思想都要将其消除掉以恢复自己本性的清明，这应是思无邪的真正内涵。"正气存内，邪不可干"。武德的养成是一个循序渐进的过程。思无邪，在现代社会，对习武人而言，变得更加重要，也更加困难。因为，较之于古代社会，互联网等科技手段虽然使信息变得发达与快捷，但是一些有害身心健康的信息也充斥于其中。任何习武之人都是这个社会中的一份子，都离不开现代社会环境，也都不可避免地在接受着一些不良信息的干扰和影响。在这样的一种环境下，现代社会中的习武人可能不再像古代社会的习武人那样专心、清静地从事于武术修炼。换言之，在武术修炼的过程中，较之于古人，现代社会的习武者可能要抵挡更多的干扰和诱惑，对思无邪的修持功夫要求得更严，对武德的修养要求得更高。

笔者认为，作为一个习武之人，一定不要把思无邪看成一种外在的要求，而是要把它当作一种修炼，同技战术训练一起作为武术修炼的一部分。谨小慎微，即便是一个微小的不正的念头，也不能轻易放过，即刻觉察，即刻消除，这就是思无邪的修炼。将思无邪变成一种习惯后，就是所谓的修身功夫，就是所谓的武德修养。我们内心不正的念头就像繁星一样经常显现。这些细微的邪念如不能即时加以克制，必然会表现于外在的言行，显露于为人处事之中。因此，儒家强调要"莫现乎隐，莫显乎微"。武德的修养决不能只求在言行上修正，要针对根本。任何外在的言行都起于内在的思想意识。因此，武德的修养重在心念上下功夫，在思无邪上下功夫。"全凭心意下功夫"。佛家在心意方面的修持，似乎比儒家更显优势。佛家的禅定，随心意功夫高低而细分出了种种不同的境界，每层境界都有各自的修持方法和理论指导。如净土宗，按心地功夫程度，将念佛修持功夫分为功夫成片、事一心不乱、理一心不乱。其最高水平理一心不乱即为禅宗明心见性的境界。儒家在心性之学上，似乎不如佛家那样具体和详细。但从总的心性修持上讲，儒佛两家的理论大体上是一致的。

儒家思无邪思想对习武者的启发，绝不仅仅局限于上面谈到的这些。那么，简而言之，思无邪，其实就是养神，就是保持内心的清静。只有如此，才能使习武者精神饱满而内敛，有利于武术修炼境界的提升。

形神须兼备的武术修炼理念，一方面强调养神；另一方面强调练形。那么，在"形"的修炼方面，中礼之射所追求的"其仪不忒"对武者又有什么启发呢？

其仪不忒，取自《诗经·曹风·鸤鸠》篇的"其仪不忒，正是四国"（《诗集传》卷七）。《说文》中："仪，度也。"仪，指容止仪表表现在外的一种气质。忒，指差错。其仪不忒就是指外在的容止仪表得宜得体而没有差错。它是内在德性的外显。有内在的德，自然表现出外在的仪，正所谓"诚于中而形于外"。德与仪是统一的，一个人内在修养的高低可以通过他外在的举止仪表推测出来。可见，外在的容仪取决于内在的德性。思无邪强调的是一种内在的修持和省察，体现的是对神的修炼。其仪不忒强调的是一种外在的建构和完善，体现的是对形的修炼。二者相融相通，缺一不可。没有思无邪的内在修养，内在的德性便无法得以彰显；没有其仪不忒的外在训练，入世应物的经验之心便无法得以建构。

笔者认为，纵然修内德极为重要，但习练外仪也是修身养德所不可少的。正如尊德性与道问学一样，儒家于此二者是同等重视的。有人也许会认为，尊德性可达至圣又何须再道问学，即德性彰显学问便无所不通，因此，也就不必再下道问学的功夫了。其实，这是对圣人之道的误解。圣人于此二者，并不偏废其一。道问学亦是进德修身所不可少的。因此，笔者认为，习武者的形神兼备，既体现为思无邪这种尊德性的功夫，又体现为其仪不忒这种道问学的功夫，只有这样，才算是内外兼修，表里如一。

在古代社会，人们在不同的场合有不同的容仪要求。在朝廷上，有居官为臣的容仪；在宴饮之时，有宾主酬酢的容仪；在礼射时有进退周旋揖让而升的容仪；在燕居之时，有居家休闲的容仪，等等。这些体现的都是中华优秀传统文化中的礼仪文化。中国自古就是礼仪之邦，极为重视举止容仪的德行修为。在这种礼仪文化之下，其仪不忒的修炼便成为儒家思想影响下进德修身的必修功课。《论语·乡党》："孔子于乡党，恂恂如也，似不能言者。""其在宗庙朝廷便便言，唯谨尔。"孔子在乡党之中谦卑逊顺，好像不善于言谈，展现的是一种居家休闲时的安静之貌。宗庙是礼法之所在，朝廷是政事之所出。因此，孔子在宗庙朝廷之中，则能言善辩。可见，乡党、宗庙、朝廷，环境场合不同，对言行容仪的要求亦不同。

其仪不忒在"形"的修炼方面对习武者的启发，体现为对拳法套路、技术动作的精益求精。武术上讲"拳打千遍，身法自然"。其仪不忒在武术修炼的视角下体现的是一种对技术动作追求完美的精神。传统武术在技术动作上，并不存在标准化的问题，更何况每个拳种流派的风格特点各有不同。其仪不忒并不是说要将拳法套路和技术动作更加接近于某一标准。其实，武术尤其是传统武术，是不存在这样的标准的。因为中华武术的技战术具有很大的想象空间。每个习武者对拳法的体会领悟不同，其所表现的技术风格也不相同。尽管技术动作并不存在某个最完美的标准，但每个习武者仍然要有一种精益求精的品质。这种品质的养成即是其仪不忒的修炼。

其仪不忒并不表现为外在技术动作的标准化，而是表现为对技战术建构的合理化。这种合理表现为合乎拳理、合乎个体特点、合乎战术原则。合乎拳理是每一个习武者都应该遵守的习拳准则。武术又称拳术，其本质属性是技击性。不能够服务于技击和搏斗的拳法，是不能称之为武术的。任何拳法必然要蕴含攻防技击的元素。不能认真研习拳理、糊里糊涂地练拳、三心二意地习武，这些都是与其仪不忒相违背的，也不可能养育武德。习武者要对武术这门艺术深入钻研。武术作为一门艺术又可称为武艺，它是习武者的一种无言的表达、一种肢体性的表达。从这一点上讲，中国古代的武舞，则表现得最为明显。它是通过肢体动作来表达内在的精神和信念。这种外在的表达，就是仪。把这种动作表达做到尽善尽美，就是其仪不忒。而这一尽善尽美的过程，就是提升技能、增进武德修养的过程，就是不断建构技战术体系的过程。

同样的拳种套路由同样的师父传授，不同的弟子所演练的拳技风格一定是不同的。因为，中华武术的意象性是极强的。不同的身体素质、性格特点、人生经历以及对拳法的不同理解，都会使得不同的习武者以相同的拳法演练出不同的风格。因此，习武者拳术的提高不仅取决于技术上的刻苦训练，还取决于用心对自然的观察、对人生的体验以及对多种门类知识的学习等。广学多参又要一门深入，最终形成属于自己的武术风格。截拳道的创始人李小龙即是如此。他在广学多参的基础上相互融合、刻苦钻研，最终形成了具有独特风格的武打形象以及开创了截拳道的技术体系。

仪要合乎一个外在的标准。这个标准在儒家，称之为礼。仪，表现在拳技上，则是无标准的，是一种合乎个体特点、风格不同的技术体系。这种敢于创新、敢于形成自己的武技风格的精神，就是其仪不忒的精神。除此之外，其仪不忒对习武者的另外一个启发，就是要合乎战术原则。武术的本质是技击性。技击除了技术之外，更要习练战术。其仪不忒体现的就是对战术学习和运用的一丝不苟的精神。

总而言之，只有做到思无邪与其仪不忒的文质彬彬的儒家君子，习武者才能在礼射运动中做到"进退周还必中礼"；才能在礼射运动中展现翩翩君子风范。思无邪与其仪不忒被引入武术修炼之中，才会对习武者"形"与"神"、"文"与"质"的塑造和修养起到积极的促进作用。如此修炼之后，形神兼备的武者，亦是文质彬彬的君子。

在武术修炼视角下，中礼之射启发武者既要形神兼备又要内外相合。因此，笔者将儒家的修身方法引入武术修炼之中，为习武者实现形神兼备与内外相合提供儒家的智慧。

在前面，笔者已经论述了，"思无邪"与"其仪不忒"对形神兼备的指导意义。那么，要实现内外相合，礼射又能提供什么方法智慧呢？其实，武术与礼射、武者之修炼与君子之修身，它们内在的理路是相通的。因此，欲要实现武术修炼的内外相合，笔者认为，儒家礼射中的"内志正"与"外体直"正是我们可以借鉴的方法智慧。

《礼记·射义》："故射者，进退周还必中礼，内志正，外体直，然后持弓矢审固；持弓矢审固，然后可以言中，此可以观德行矣。"（《礼记》）

志，指心之所之。内志正，是指内心的志向要正，心不偏邪，使内在的心志归于正，即《大学》中的正心诚意。何为正？正，是与邪相对，天下最正的心，就是圣人之心，是一个本性完全得到彰显、没有任何私欲障蔽的心。圣人所言、所行、所思皆是正的。这是因为圣人的一切言行举止皆为超验心的自然显现。与之相比，凡人的心受私欲影响本性未能得到彰显，而是一个无法实现真正完善的经验心。在经验心的层次，无论如何近于道，毕竟未能合于道。因此，相对于圣人超验心之正，凡人经验心是有一定偏斜的。内志正，即是要将内在的心志归于正。归正心志，是一种内练。

外体直之外体，本意应为外在的身体，但又绝不局限于此意。外体，应是指我们自身表现于外的一切身体活动。直，其本意为正直、竖直，广义而言，应是指合乎规矩，中规中矩。外体直的内涵，是指人们表现于外的一切身体活动都应该合乎规矩的要求，即"进退周旋必中礼"。外体直，是一种外练。

《礼记·射义》中的内志正和外体直，为实现武术修炼中的内外相合提供了一个具体的操作方法。在儒家，所谓的规矩即是指礼的要求。内志正和外体直，都是礼射中相关的礼仪要求。对礼的学习和依礼而行，这本身即是外练。但是，如果按照内志正的方法来直接归正我们的内心、彰显本性，那么，它就成为一个内练的方法了。无论是当成一个礼而行，还是按照它的本义去做，外体直都属于对经验心的建构范畴。因为，外体直只能增加我们自身的一种经验能力，而不能直接开发我们的超验心。内志正，即规正内在的心志，这是内练的一个方法。外体直，即是自己的身体活动、举止行为合于规矩，这是外练的一个方法。内志正与外体直即是武者内外相合的修炼方法。

儒家为内志正与外体直提供了一个修炼途径，即在礼射中修炼。"礼射者，必先比耦，故一耦皆有上射下射，皆执弓而挟矢，其进也，当阶及阶，当物及物，皆揖，其退也，亦如之，其行有左右，其升降有先后，其射，皆拾发其取矢于福也，始进，揖，当福，揖，取矢，揖，既搢挟，揖，退与将进者，揖，其取矢也，有横弓郤手兼弣顺羽拾取之节焉，卒射而饮胜者袒决遂执张弓，不胜者袭说决拾加弛弓升饮相揖如初，则进退周旋必中礼可见矣……君子敬以直内，义以方外，所存乎内者敬，则所以形乎外者庄矣，内外交修，则发乎事者中矣。"（《礼记》）在礼射中，射者要直线行走。需转向时要直角拐弯。遇物、及阶、取矢时都要作揖。两耦相遇亦要对揖。比射时要端身正意，举止大方。礼射详细规定了射手从拉弓、瞄准、发射等一些列动作的技术要求，并分别从"和""容""主皮""和容""兴舞"五个方面对射手进行评价。

可见，礼射通过一系列的礼的规范对习射者的外在身体行为进行训练，使他们能合于礼的要求，逐渐变外在的礼内化为自己的一种行为习惯。长久训练之后，将这一习惯自然应用于日常生活之中，亦能够合乎礼的要求。可见，通过礼射对习射者进行外体直的训练，其效果可以迁移到日常生活之中。

古代中国是一个极其讲究礼乐的国家。人们生活的方方面面，皆有礼的相关要求。尤其是作为儒家的君子，更是要在行住坐卧之间，举止得体合宜。儒家弟子参加习射，其目的并不仅仅是比试射艺水平的高低，重点是要看其在礼射之中行为举止是否合礼，是否展现出翩翩君子风范与进退仪容得体的人格魅力。子曰："质胜文则野，文胜质则史，文质彬彬，然后君子。"习射者动作要稳健，举止要从容，表情要肃静庄严，神色要端正大方，这些都是外体直的具体要求。通过对习射者行为举止以及容貌表情的要求即射以中礼，亦使得礼射展现出了儒家礼仪之美。

外体直作为外练的一个具体的实践方法，儒家通过制礼作乐的途径，使之在礼射与日常生活中都能有所运用和训练，其主要的实现途径在于方法化。内志正是一个内练的具体实践方法。内练总的方法原则在于无化。内志正即归正内在的心志。所谓正的心志，即是人的超验心。换言之，内志正就是无化掉所有邪思、歪念而直指超验心的彰显。因此，它的主旨也在于无化。

同外体直一样，内志正作为内练的方法也在礼射中运用和训练。《礼记·射义》："射之为言者绎也，或曰舍也。绎者，各绎己之志也。故心平体正，持弓矢审固；持弓矢审固，则射中矣。故曰：为人父者，以为父鹄；为人子者，以为子鹄；为人君者，以为君鹄；为人臣者，以为臣鹄。故射者各射己之鹄。"（《礼记》）"射手要依据自己的身份地位在射箭竞技时确定自己的目标并坚定地追求自己的理想。只有心平气和、体态端正、持弓矢审固才能射中。所以，做父亲的射箭时要把箭靶当作为父亲的标准来射；做儿子的要把箭靶当作儿子的标准来射；做人君的要把箭靶当作人君的标准来射；做人臣的要把箭靶当作臣子的标准来射。都要把箭靶作为自己的做人标准来射。所以，虽然是同一个箭靶，但每个人所要射的'鹄'是不一样的，所要追求的德行修养的目标是不一样的。射鹄的过程就是反求诸己、修身进德、彰显本性的过程。因此，孔子曰：'发而不失正鹄者，其唯贤者乎。'儒家非常巧妙地将射箭和礼乐相结合，用礼乐来外塑人的形体、内化人的心志。人生的志向与礼射的弓道相统一。通过对礼射的修炼，将人生追求确立于心，志于道，正己持志，身心内外都得到了升华和滋养"（王刚，2013）。虽然礼射中射鹄的目标并不是直指人的超验心，但其目的在于归正习射者的心志，除掉内心中的私欲和妄念，这也是一个向超验心逐渐趋近的过程。换言之，射鹄的初级目标是归正己志检查自己的内心是否尽到了所当尽的职责与担当。其实，这就是一个内省正心的过程。它的终极指向必然是最正的圣人之心，即超验心。

作为外练的具体实践方法的外体直与作为内练的具体实践方法的内志正，都是依于它们的广义或通义。在古代汉语的语境之下，外体直既含有形容词性作为一种描述，又含有动词性作为一种方法要求。作为动词性质，外体直等同于直外体；内志正同理，等同于正内志。表达方式不同，但含义相同。内志正与外体直，它们的本意皆为礼射中对习射者心志与姿态上的要求和训练，但依其广义，则分别是对习射者超验心的开发与经验能力的培养。

　　作为一项传统运动的礼射，对习射者在内外两方面进行训练，不得不让我们由衷地钦佩古人的智慧。这也给予礼射在本质精神上十分相似的中华武术极大的启发。儒家内志正可以作为武术内练的一种方法，习武者以此彰显超验心。内志正的方法应用于武术修炼之中，就是要在实际修炼中有意识地体验自己的内心，正心诚意。习武者在进行武术修炼时，要省察自己的内心，一有不诚便不能称之为尽心，更何况在修炼中三心二意。习武者应把武术修炼作为锻炼自己心志专一、真诚的手段和过程。内志正于武术修炼中的应用，即是在武术修炼中归正内在的心志。长久练习，则心能常守清静，渐进悟于超验心的大乘境界。

　　如何在武术修炼中归正内心？首先，应是忘我。在修炼中，习武者内心往往有一个我的存在。由于对我的执着，其心必为之所累，此心便不能得正。有过武术修炼经验的人常常体会到，当心情不佳时，带着不好情绪进行修炼，往往会影响修炼的效果。而此时如果能够将忘我的思想引入修炼之中，在武术修炼时不去体会和思考任何不好的事情，即使是令自己高兴的事情也不去理会，而是让自己处于一种无思无念的状态下修炼。如此之后往往会惊奇地发现，我们身心内外会感到无比的愉悦和舒适。这样的修炼，就是忘我式的修炼。它的目的是使自己放下所有身心上的执着，使自己的内心不为任何事情所累，恢复自己的本然自性状态。它对修炼效果的影响是十分明显的。它会使得武术修炼更加有效率，使自己的修炼境界提高得更快。

　　内志正在武术内练中的应用，就是要求习武者在修炼中破除我执，放松身心，体验自然而然的无为状态。在武术修炼中，习武者往往会采取一些专门的练法来使自己达到忘我的状态，如打坐、站桩、导引、调息等方法。除此之外，在武术修炼尤其是太极拳修炼中所特别强调的松，即是习武者忘我的根本大法。因为，松没有具体的外形或身形。松，是一种状态、一种思想、一种理念。太极拳讲究大松大软，习武者要将身体的每一个关节在意念的配合下松开、松透，内心要松静，直到最后身心内外达到一种松灵的状态。这是一种忘我的状态。其实，无论是打坐、站桩，还是行拳，都可以将松的理念贯穿于其中。松是手段，是方法。松不是目的。松的终极目标在于彰显超验心，体验本性之虚觉灵明。

松是太极拳训练的核心。太极拳名家杨澄浦说过："一个松字，最为难能，如果真能松净，余者未事耳！"又说："松要全身筋骨松开，不可有丝毫紧张，所谓柔腰百折若无骨，只有筋耳，筋能松开，其余尚有不松之理乎。"习武者要在太极拳训练中体会动中之静、静中之动。招法单式训练、动功功法以及套路训练都是动态的，此时要在动中体验静。这是对心意的修炼，使自己的心意能够不随身体气血之动而杂乱无章、心绪不宁。内志正就是要使心志坚定，使心能常守清静。因此，内志正的修炼方法就是要在动的练习之中体验静感，而在静的练习之中体验灵动。这种灵动并不是内心的躁动不安，而是一种发于本性的活泼的明觉。习武者正是通过体验静中动来体悟这种明觉。

此种状态正如意拳大师王芗斋对站桩的体验，"站桩即立稳，平均之站立也。初习为基本桩，习时须首先将全体之间架配备安排妥当，内清虚而外脱换，松和自然，头直目正，身端顶立，神壮力均，气静息平，意思远望，发挺腰松，身体关节似有微曲之意，扫除万虑，默对长空，内念不外游，外缘不内侵，以神光朗照颠顶，虚灵独存，浑身毛发有长伸直竖之势，周身内外激荡回旋，觉如云端宝树上有绳系下，有本支撑，其悠扬相依之神情，喻日空气游泳殊近相似也……但须察觉各项细胞为自然之同时工作，不得有丝毫勉强，更不许有幻想，如依上述之锻炼，则具体之肌肉不锻而自锻，精神不养而自养，周身舒畅，气亦随之而逐渐变化，其本能自然之力，由内而外，自不难渐渐发达。但切记身心不可用力，否则稍有注血，便失松和，不松则气滞，而力板意停，而神断，全体皆非矣。"（《拳道中枢》）王芗斋先生对站桩的体验之描述已非常详尽。

佛法云："真空生妙有"。人只有在静中才能体会出更多的灵动。这些灵动出于本性，长久训练坚持体会，本性彰显的效应自然越来越明显。

这是武术内练的旨归。儒家内志正的方法在武术内练中应用，就是要让习武之人在武术修炼之中去除任何杂想，保持心念的专一清静，或者是采用武术的专门训练手段，去除假我复归真我。这是一种超级心理训练。拳术、桩法等在其中为这种超级心理训练提供着一种身心环境或专门方法。

我们有时会发现，运动之后会使我们身心感觉无比的舒畅，尤其是内心会不自觉地产生愉悦之感。这其实就是因为在运动中我们的内在心志完全或大部分的精力专注于运动之中，从而使我们的杂思妄想在运动的这一段时间内减少或消除了。内心的清静是我们产生身心愉悦舒畅之感的内在原因。清静无任何私欲妄想的内心才是最正的心。杂念妄想很多、意志不坚定的心是不正的心。内志正就是要将不正的心归于正，去除所有杂思杂念、私欲妄想，将心复归于清静，彰显本然的超验心。

在进行武术套路练习的时候，习武者将全部心思灌注于套路本身，每一个动作都要在心意的配合下完成，用心去体会招式技术的内涵，将内劲通达出来，但又不让其外泄，始终做到不丢不顶。这样练习就是通过对武术套路的演练来修炼习武者的心意功夫。久练便能心意纯一。少林绝技心意把就是典型的以修炼心意为主的拳法。心意把练到高深境界，即达到了忘我无念、了生死的无上境界。其要诀在于空。应达到三空，即心空、身空、目空。心空，则气闲神定，无所思虑，无所畏惧；身空，则腾挪辗转自如；目空，则一切不在眼里，达到无我无敌的境界，即所谓无虑也（释德建，2011）。

可见，无论是具有佛教色彩的修炼理念空、无念，还是忘我、太极拳讲究的松以及体会静中动和动中静，其实都是以无化的方式去除邪心，归正本心。这是内志正在武术内练中的应用，亦是习武之人彰显超验心的一种具体操作手段。

相对于内志正，外体直可以作为武术外练的一种方法。它是通过调整身形，使身体行动合乎自然运转、气血运行的规律，来增进习武者的武术技能，提升武术功力。

身形是武术外练中的关键元素。可以说武术修炼的首要任务即是在于调整习武者的身形。武术谚语有言："低头猫腰，功夫不高。"可见，身形是否合于规矩在一定程度上决定着习武者的技术水平。因此，外体直，即练形，是武术外练的重点，是习武者获得经验技术能力的具体实践方法。因此，习武者绝不可忽视练形在武术修炼中的重要作用。

外体直，即练形。以武术套路训练为例，就是在套路训练中将自己的每一个动作都尽可能地趋近于我们所仿照的对象或技术标准，即常说的将动作做到位。在演练武术套路时，武者要展现出一种形体美。手眼身法步皆要合于标准。任何一个细节如手型，在套路练习中都不能轻易忽视。有经验的武术家可以通过一个人的身形便能推测出此人的功夫境界的高低。因为，一个习武之人经过长久的武术修炼之后，他的形体会逐渐发生变化，产生一种武者所特有的气质。身形体态越是松活圆融、坚韧不拔，则越能展现出此人的高超武功修为。

练形对提高武者的武技经验能力具有十分重要的作用。外在的身形是与内在气血运行相联系的。武术中的导引之术就是通过身体运动配合着呼吸吐纳来调节气血运行实现强身健体的功能。身正才能气通，气通才能意静。形意拳的三体式站桩就是练形的重要方法之一。三体式在形意拳训练中具有举足轻重的地位，是形意拳所有变化的开始，所谓"万变不离三体式"。

太极拳的修炼也十分注重练形，如"其根在脚，发于腿，主宰于腰，形于手指。由脚而腿而腰，总须完整一气""劲起于脚跟""周身节节贯串，勿令丝毫间断""身法八要：涵胸，拔背；裹裆，护肫；提顶，吊裆；松肩，沉肘。""立身须中正不偏，方能八面支撑"等（《太极拳谱》），这些都是对练形的具体要求。每个拳种门户按照其自己的训练体系对练形的具体要求和方法是不尽相同的。但练形却是每个习武之人获得武术技能、提高经验能力的必经途径。

内志正与外体直实际上是事物的一体两面。在武术修炼实践中，二者能够并行不悖。以外体直来提高习武人的经验技能，以此获得在经验世界中一技之长，满足习武者种种合理的经验意义的需要，这是面对现实解决实际问题的最佳选择。但习武之人的目标决不能局限于此，中华武术的真正魅力亦不在于此，而是要勇于追求对超验心的彰显。因为，经验心只能于经验世界中给予我们有限的认知和技能，而超验心却能让我们插上翅膀，逍遥游于整个宇宙天地之间。超验心完全彰显的是自己与万物同体、与时空同源，无任何分别与执着、无所不知、无所不能。尽管这样的圣人之域，我们不一定能够得以进入，但这种理想应是我们永远不能放弃追求的。因此，习武之人一定要内外兼修。以外体直进行武术外练，获得必要的经验能力；以内志正进行武术内练，追求超验心的彰显。

在武术修炼实践中，内志正和外体直两个修炼方法一定是相互配合使用的。我们不得不承认这样一个事实，尽管我们致力于超验心的彰显，但在现实中却很少有人真的能够实现超验心的彰显。但其所付出的努力也并不是没有任何价值的。即使本性本能未完全开显，在武术内练的过程中其也能获得内心的无比清静。人的本性被私欲杂念蒙蔽得少一点，内心的清静智慧就能彰显一点，内在的心态就能够归正一些。内志正在武术内向修炼中是一个渐修渐悟的过程。内志正的内练为外体直的外练提供了一个良好的心理环境。在心神安定的状态下，外练则能发挥出更好的效果。正如礼射中射手之间的比射一样，如果没有一个良好的心理素质作保证，使其在比射时做到神态安定、心志专一，无论外在的技术动作多么符合标准，射手也很难取得良好的比射成绩。

内练与外练是相辅相成的。武术的内练与外练要有机地配合，内志正与外体直要有机地配合。《黄帝内经》言："独立守神，肌肉若一。"这即是对心志与身形合一的描述。无论是武术修炼获得技击的能力还是养生健身，都是要身心兼顾、相互配合训练。因此，内志正与外体直于武术修炼之中，在逻辑上二者有不同的旨归，采用不同的具体方式，但在实际训练之中，二者却是相互配合、彼此融通的。

经过本节的论述我们可以发现，以"文"为主的儒家修身和以"武"为主的武术修炼，它们的内在理路居然是相通的，并且能够相互配合、相互促进。因此，笔者相信，形神兼备与内外相合的武术修炼，最终指向的一定是武儒相融、阴阳相济、文质彬彬的圣人境界。

第二节　武术修炼视角的观德之射

《礼记·射义》："射者，所以观盛德也。"（《礼记》）从这个角度来看，礼射可以称得上是观德之射。在礼射中，参射者内持敬心，外崇礼仪，虽是一场比射竞赛，但亦是君子盛大之德的展现。因此，孔子赞美礼射说："君子无所争，必也射乎！揖让而升，下而饮，其争也君子。"（《四书章句集注》）笔者认为，君子之争、可观盛德，不仅礼射如此，中华武术亦然。对待师友要尊师重道、持敬崇礼，这是武术"其争也君子"的体现；对待敌人要惩戒不轨、维护道义，这是武术"可观盛德"的体现。

《太极拳论》："察四两拨千斤之句，显非力胜！观耄耋御众之形，快何能为？"耄耋御众描述的是耄耋之年的老者能够抵御和对抗众多之人。笔者认为，这种超乎常情的现象正是太极拳内劲技艺的一种展现，也是"其争也君子"的礼射精神在武术修炼中的呈现。

具体而言，耄耋御众与君子之争有何内在关联？为什么笔者认为耄耋御众可以被看作武术修炼领域中的"其争也君子"呢？欲作此回答，须先从耄耋御众谈起。

《太极拳论》："观耄耋御众之形，快何能为？"我们对此不禁会有所疑惑，以常识或一般情况而言，耄耋之年的老者已经是八九十岁了，尽管可能依然很健壮、功夫高强，但能够做到御众，这仍然会令人有所怀疑。以柔克刚、以静制动的太极拳，难道真的会产生如此神奇的技击效果吗？我们可以试想，如果单纯以力量和速度进行实战的话，一个耄耋之年的老者根本是不可能违背人的自然发展规律而能够做到四两拨千斤和御众的。

耄耋御众似乎是与人的自然生长规律相违背的。因为，人老了就是老了，尤其是到了耄耋之年，无论是在体力、耐力、速度、力量、反应能力等方面都会有不同程度的衰退。在我们的日常生活中，有很多耄耋之年的老者，他们可能连最基本的生活都无法自理，更何谈御众呢？拳论中所谈及的耄耋御众与我们的一般常识产生了巨大的反差。

　　其实，王宗岳在拳论中所谈到的耄耋御众的现象是对太极拳内劲技击效果的一种描述。不管我们是否认为其中运用了夸张的手法，但是，此种技击现象确实是与内劲的根本原理相一致、相统一的。太极拳内劲强调"用意不用力"。太极拳内劲讲求大松、大软但又不是疲沓、不是弱。用意不用力并非是让我们完全放下力量，而是让我们跳跃出用力的思维范畴，在另一层面上或者用另一种思维去解决问题。

　　太极拳内劲所产生的技击效果正如《太极拳论》中所描述的：四两拨千斤、耄耋御众、从心所欲、阶及神明、英雄所向无敌等。王宗岳关于太极拳技击的效果可以说都是围绕内劲从不同的角度和层面进行描述和阐释的。内劲是太极拳的核心技术。王宗岳在《太极拳论》中对太极拳内劲的原理进行了说明，对它的神奇之处进行了描述。但这并不是说太极拳内劲是一个可以无敌于武林的绝技，也不是说它在任何情况和条件下都可以发挥出神奇的威力。

　　熟悉民间传统武术训练尤其是太极拳训练的人，都可能见过或亲身体验过这样一种训练，即众多年轻人围绕在一个老拳师周围进行散手技击。这些年轻人被老拳师玩弄于股掌之中，一触即发，犹如老叟戏顽童一般。这真可谓《太极拳论》中耄耋御众的真实再现。有很多人对此有所怀疑，甚至是批判。说其作秀者，有之。说其故弄玄虚者，有之。难道，这些年轻人真的是在太极拳拳师面前无任何招架之力吗？其实，不是的。懂得一点太极拳训练常识的人都知道，太极拳有一种训练方式，叫作摸劲。通过摸劲来对内劲进行体会和感知。实际上，这只是一种训练手段，而并非真正的实战技击。其实，不仅仅是太极拳，很多民间传统拳种都有这样的训练手段。对于习练者而言，这也是其习武过程中必经的一个训练阶段。

　　因此，我们不能将这种类似在实验室条件下的训练效果当成太极拳技术在实战中所能达到的真实技击效果。二者是不能等同的。训练永远也不能等同于实战。在训练的过程中，师徒之间彼此摸劲、试劲，钻研和切磋技艺。这时候，双方以寻找所追求的技艺为目的，而不是为了分胜负、论输赢。因此，当一方的技术做得对、做得好，另一方就不会破坏他，而是配合着他将技术效果完整地发挥出来。由此，就会产生一些看上去有点"假"的技击效果，而这正是太极拳摸劲的训练方法。有过相关训练实践的人都知道，这种训练方式所产生的训练效果是很明显的。它可以帮助习练者迅速体认太极拳内劲的特点，并逐渐掌握其中的技术要领。因此，无论是耄耋御众还是四两拨千斤，都是一种训练效果，都是在不破坏彼此内劲的状态下产生的技击效果，而不是真实的实战效果。因此，对《太极拳论》中的一些描述，我们应当持有正确和客观的认知和理解。

王宗岳在《太极拳论》中所谈及的任何关于太极拳内劲的技击效果，确切地说都必须是在特定的条件下才能够产生的，即太极拳内劲只有在满足一定条件之下才能够产生诸如拳论中所说的那样的技击效果。因此，耄耋御众只是一种在特定的条件下耄耋之年的老者运用太极拳内劲技艺而产生的一种特定的技击现象。

王宗岳先师之所以如此在拳论中描述太极拳内劲神奇的技击效果，在现实社会中民间的老拳师们之所以如此地执着于这种技艺的修炼与传承，其意义和价值并不在于这种技艺真的具有极强的实战性，而是它能够证明在人类的格斗搏击技术中还存在着如此的一种特殊的技艺和打法。它是中华武术中的一朵奇葩。太极拳内劲并不是万能的，但是在特定的条件下它可以产生不同于其他一般技术的技击效果。这才是太极拳内劲的真正意义所在，也是太极拳前辈们穷尽一生的心血坚持不懈地钻研和修炼的动力所在，亦是王宗岳先师用一些近乎神奇和玄妙的言语对其进行描述的原因所在。

当我们对耄耋御众的现象有所了解之后，除了其技术层面于其他章节进行探讨之外，在此，笔者关注的是它所蕴含的中国传统文化的基因与元素。

耄耋御众，"众"岂能真的被"耄耋"所御？之所以为"耄耋"所御，正是为了追求所御之道。这体现的是敬，即徒弟们对师父的敬、师徒们对道艺的敬。这种敬，非太极拳所独有，中华武术，皆然。

师徒间、师兄弟间相互问劲、摸劲、试劲，按照一定的规矩，演绎着虽分胜负但又不在意胜负的散手技击。这体现的是礼，即武术人彼此之间应当遵循和奉持的礼。这种礼，非太极拳所独有，中华武术，皆然。

可见，耄耋御众所蕴含的敬与礼，不正是"揖让而升，下而饮，其争也君子"的礼射精神的体现吗？正因如此，笔者将耄耋御众诠释为武术修炼中的君子之争。这种君子之争，体现了习武者对敬的持守和对礼的尊崇，亦体现了中国传统礼文化对中华武术的渗入与影响。

礼，是儒家文化的核心要素。"曲礼三千，经礼三百，一言以蔽之，曰毋不敬"。礼的根本，在于诚敬。礼的内涵是事物当行之理。礼的形式是各种外在的礼仪。儒家建立了一套以礼来规范社会秩序的系统。无论是慎终追远祭祀先祖还是国事活动、人际交往，都有相应的礼法制度。依礼而行，则常处中道、不偏不倚。

《论语·八佾》："林放问礼之本，子曰：'大哉问！礼，与其奢也，宁俭；丧，与其易也，宁戚。'"朱熹注曰："盖得其本则礼之全体无不在其中矣。"范氏曰："夫祭，与其敬不足而礼有余也，不若礼不足而敬有余也，丧，与其哀不足而礼有余也，不若礼不足而哀有余也。"可见，习礼之人如果没有内在的诚敬之心，无论外在的礼仪多么娴熟，都不能真正地发挥出礼的作用。

《礼记》记述了人们日常生活中各个方面的礼仪要求，涉及自然万物，甚至是天地鬼神。这些烦琐的礼仪需要习礼者内在的诚敬来维系。如果没有敬意，礼将形同虚设。以诚敬之心习礼，观礼的人则能够感同身受。如果习礼者没有敬意而只是按照礼仪的要求去做，没有真正地用心用真情实感，那么以这样的心态行朋友交往之礼，朋友不会感到真诚，行邦交之礼，也无法令他国感到本国的诚意。习礼者的敬与不敬直接关系着礼所发挥出的效用。

子曰："禘自既灌而往者，吾不欲观之矣。"鲁国君臣禘祭之时，自灌礼之后诚意涣散、浸以懈怠，因此，孔子不欲观之。这说明孔子是非常重视习礼者的敬意的。没有敬意的习礼已然失去了习礼的意义和价值。正如"绘事后素"，绘画之事后于素功。因此，"礼后乎"，即礼在敬之后，先有敬心，然后方可行礼。

宋代程朱理学尤为重视持敬的修养。《语类》卷十二："程先生所以有功于后学者，最是敬之一字有力。""敬之字，真圣门之纲领，存养之要法。"（《朱子语类汇校》）程颐："涵养须用敬，进学则在致知。"（《遗书》卷十八）持敬，是程朱理学提出的重要思想。从习礼时要有敬心到专门针对培养敬心的修持功夫，持敬逐渐成为宋明理学家们修身养性的一个重要法门。

依据《语类》中朱熹对敬的阐述，持敬有如下内涵，朱熹："只收敛身心，整齐纯一，不恁地放纵便是敬。"（《朱子语类汇校》）这种持敬主要体现为一种严格自控的心地功夫。"敬只是常惺惺法，所谓静中有个觉处，只是常惺惺在这里，静不是睡着了。"（《朱子语类汇校》）朱熹主张"半日读书，半日静坐"。笔者认为，这种常惺惺的状态于静坐中体会则尤为明显。朱熹继承了伊川先生"主一之谓敬"的思想，认为敬即主一。

"敬有甚物，只如畏字相似。"这说明朱熹在阐述敬时，强调一种敬畏之心。儒家有很多祭祀鬼神或先祖的礼仪。在习这些礼时，最重要的就是要有敬畏之心。儒家认为如无敬畏之心，请神之时神不至。笔者认为，儒家并非在意是否有鬼神的存在。如"子不语怪力乱神"，这是儒家对待鬼神的基本态度。而之所以要制定祭祀鬼神的礼仪，其真正目的在于借鬼神之名来培养祭祀者的敬畏之心。敬畏之心是做人做事的基础。假鬼神之名不是目的而是一种善巧手段，其真正目的在于教育。在某种意义上说，儒家的所有礼仪制度皆是一种教育、一种化民成俗的手段。有了敬畏之心，便不敢做恶事，用这样一种无形的力量维系着人们的道德信仰。我们可以认为这种方法手段具有封建性，但其道德教化结果不得不使我们重新审视儒家文化中的一些智慧。

持敬就是通过敬心的持守来开启内在的德性之门。敬，好比一把钥匙。有了这把钥匙，德性之门就能打开，其他出于本性中的品德自然也会逐渐地显露出来。自古以来，深受儒家礼文化影响的习武之人对敬都极为重视。持敬也是武德修养中的重中之重。武德的养成是要以文化认同为基础的。文化的认同最需要的就是有敬心。对文化没有敬意，就谈不上文化的认同。同样，对习武者而言，对武术文化的认同需要的是习武者内在的敬心，这是习武者武德修养的前提。同时，敬心本身就是一种武德修养。

礼是外在的形式，敬是礼的核心和实质。没有内在诚敬之心作为支撑的礼仪行为则是一种虚伪。如果缺少了习武者敬心的培养而只是求外在的行为要符合武德的规范，武德就不会是习武者体之于心的切实感受。德者，得也。只有为己之学、存之于心、沉潜玩味，方能提升德性。

那么，什么才是为己之学呢？例如，民间传统武术的修炼是能够穷尽习武者一生的事情，习武者一直都是活到老、练到老。真正的民间武术的习练者也都是将武术作为其一生的精神追求甚至是一种精神信仰。他们会将毕生的精力和心血都投到武术的修炼之中。因此，对于民间传统武术的习武者而言，似乎用修炼比训练和练习等词语更能表达习武对于他们的意义。有很多民间的武术家或是爱好者，他们在武术的修炼道路上坚持不懈。武术未必能为他们带来什么经济上的利益，那么，他们对武术的这份执着和坚持不懈的动力又是源自哪里呢？其实，这真的是很难说清楚的。也许武术对他们而言，似乎真的是一种信仰。他们用这种作为信仰的武术来探索生命的奥秘，追寻人生的真谛，这其中的乐趣似乎也只有他们自己才能够最真切地感受。也正是武术前辈们对武术的这份执着的精神，激励着一代一代后学者继承他们的技艺和品德，将武术传承不息。

对习武之人而言，持敬的修养功夫早已融于习武过程、师门交往以及日常生活之中。尊师重道绝不是一句口头禅而是要求切实做到。在习武过程中，师父要求的练习次数、运动量和运动强度是否能够认真完成都体现着习武者的内心之中是否存在敬意。武德中最为习武之人重视的就是对师父的尊敬。尊师是习武练技的前提。中华武术自古以来都奉行着"只可来学不可往教"的传统，这也就使得所有来学的弟子都是带着一份诚敬之心前来求教。即使这样，亦要经过长久的考察，人品端正者方可入师门。这就使得习武之人在习武前后都要奉持着一颗敬心。我们不得不承认，中华武术的这一收徒理念本身就是一种无形的武德教育。这是一种远远优于口头说教形式的、更有智慧的武德培养方式。

传统的习武之人都是极为重视师承的，将师承谱系牢记于心，他们的拳种门派的观念很浓重。虽然这样容易产生门户之见，但是我们也可以从中体会到传统习武之人对本门师承的诚敬之情和思祖追远之德。在某种程度上讲，传统的习武之人重师恩、轻技艺，将师父传道授业之恩看得很重，并将这种感情融于技艺的学习之中。这份感情是传统武术的灵魂和精髓所在。一种技艺何以担负起文化的传承重任？何以能维系千年而长盛不衰？就在于一代代习武者内心中的那份诚敬。追根溯源，这种诚敬源于中国文化中的孝道文化。尊师重道本身就是孝道文化的一种体现。正是孝道文化融于各种技艺之中，中国的很多国粹艺术门类才能够传承至今，生生不息。正因如此，武术作为一门技艺，也就成为一个可以修身进德的法门，并产生了内涵深厚的武德文化。

耄耋御众、四两拨千斤所展现给我们的是太极拳独特的训练方式以及在此训练方式下所产生的技击效果。除此之外，我们也可以从中明显地体会到，中华武术一代代的习武之人对于武术技艺的尊重和执着，从中也彰显着我们尊师重道的文化传统和精神境界。中华传统武德从来不是以胜负论英雄，都是以尊师重道为根本，以相互包容为准则，取长补短，融会贯通。这也促进了中华武术风格各异的拳种体系的发展和完善。不争短长、不论高低、只谈技艺，这样的一种胸怀是每一个武术门派都尊崇奉行的武德精神。也正是如此，每一个拳种的技艺都能成为武术大花园中的一朵奇葩，绽放出自身的光芒。因此，在笔者看来，耄耋御众不单单是太极拳内劲训练效果的展现，更是一种尊师重道的武德精神的展现。学艺的前提是尊师，尊师的结果即是重道。习武之人始终注重的都是德艺的传承而非争强斗狠、比试高下。

因此，武德中的敬一方面表现为尊师，另一方面表现为重道。中西文化的差别之一，在于对待创新的理解不同。道，可以理解为学术。学术的发展取决于创新。只有在前人的基础上进行创新才能促进学术的不断发展。中西文化对于创新的理解以及采取的方法是存在区别的。西方文化的创新是在前人的基础上提出新观点或新的研究视角，以这样的方式促进学术的发展。他们是站在巨人的肩膀上，将前人的学术成果研究贯通之后，建立新的学术体系，树立起自己的学术标杆，这就是西方文化下的创新。这种创新往往是在割裂和推翻前人研究成果的基础上进行的。例如，西方哲学每一个哲学家都会提出自己的思想体系，并创立属于自己的思想体系。因此，他们的学术研究板块往往是相互独立的。

　　笔者对比中西方文化学术研究的差异，并不是对西方学术的否定，而是以此来突显中国文化传承发展中的一些特征。中国文化讲究尊师重道，但并不是闭门造车、不思进取、不改革创新。只是，中国文化下的创新理路同西方存在着一定的差异。以儒家经学为例，儒家经学在几千年的中国历史发展中一直是官方主流思想的根基和来源。经学贯通古今，历经汉代经学、玄学、理学、心学、清代朴学等多种哲学流派，每个哲学流派都是对经学新的诠释和解读，都是对经学思想的创新。但是，这些创新都没有动摇和否定经学的地位。古人的学习方式都是通过先儒的注释来理解经意。直接体会经意在古代的儒生们看来，则是一种不敬和傲慢。对经文的解释称为注，对注的解释称为疏。注疏的原则是注不违经、疏不改注。这种学术研究的范式就体现出了对先辈先贤的敬意。中国文化就是在这种敬意中不断传承与发展创新的。西方的创新是一种革命式的创新，而中国传统文化下的创新是一种改良式的创新。与西方站在巨人的肩膀上相比，中国文化更注重的是对圣人的仰望和崇敬。笔者并不认为二者有什么好坏高低之分，只是想说明中国传统上对学术的态度似乎融入了更多的敬意情感。

　　正因如此，深受传统文化影响的中华武术不断强化着对习武者尊师重道的教育。这种尊师重道，在笔者看来，其核心就在于习武者内心的敬意，在于习武者的武德修养。习武的社会群体仿照着亲缘关系重新建立了武术中的亲缘关系。师徒关系建立之后，便随之有了师伯、师叔、师兄、师弟以及弟子徒孙等。这种以非血缘关系建立的亲缘关系就是以尊师重道来维系着法脉的传承。笔者将这种类似于五伦关系的武林社会群体关系暂称为武伦关系。因为，它是以武术为核心和纽带建立的并以武德伦理来维系的一种特殊的群体关系网。这种武伦关系一旦离开了中国的孝敬文化，将不复存在。

持敬是习武者的一种武德修养，是对自我德性的彰显。敬是习武者的一种德性，持敬则是习武者德性修养的一种方式。这种方式就是在习武和武伦关系的社会交往过程中将内心安居于诚敬之上，尊师重道，修身进德。

武术修炼中的君子之争，一方面体现了习武者对敬的持守，另一方面则体现的是习武者对礼的尊崇。

崇礼，即是崇尚礼仪并且在为人处事中皆以礼而行。作为伦理道德的礼包括君臣之礼、父子之礼、朋友之礼、夫妇之礼、祭祀之礼等。礼的概念和内涵十分的广泛。礼，即事物当行之理。因此，在儒家看来，天地自然、世间万物都应当纳入礼的范畴，都要受到礼的规制。只有这样，人事万物的发展运行才能和谐。"礼之用，和为贵"正是这种思想的体现。

"子入大庙，每事问。或曰：'孰谓鄹人之子知礼乎？入大庙，每事问'子闻之，曰：'是礼也'。"（《四书章句集注》）孔子自少以知礼闻名于天下，但孔子入太庙助祭之前，对每一个礼的细节都会认真地询问。这让人误以为孔子不知礼，"故或人因此而讥之"。朱熹注曰："孔子言是礼者，敬谨之至，乃所以为礼也。"尹氏曰："礼者，敬而已矣，虽知亦问，谨之至也，其为敬莫大于此，谓之不知礼者，岂足以知孔子哉？"（《四书章句集注》）可见，敬不单是礼的精神内核，其本身就是一种礼。因此，持敬与崇礼本是一回事。一个是侧重于内在之德，一个是侧重于外在之行。二者合为一体成就德行的养育。

《礼记》："夫礼者所以定亲疏，决嫌疑，别同异，明是非也。"（《礼记》）礼，就像一个标杆，以此来辨别正邪。"道德仁义，非礼不成，教训正俗，非礼不备。分争辨讼，非礼不决。君臣上下父子兄弟，非礼不定。宦学事师，非礼不亲。班朝治军，莅官行法，非礼威严不行。祷祠祭祀，供给鬼神，非礼不诚不庄。是以君子恭敬撙节退让以明礼。"（《礼记》）可见，儒家为社会生活和国家政治的各个方面都建立了礼法制度，整个国家社会都是在礼的规范下运行。一旦违背或偏离了礼的要求，整个社会就有可能陷入混乱。就一个人而言，礼是他从正祛邪、养育善德的外界条件。没有礼的约束，人就可能会放纵自己的欲望为所欲为，与道德背道而驰。

儒家认为圣人制礼作乐，上法于天，下法于地，中法于自然。其所制之礼，通于天地，与天地的运行规律相符合。天有日月明暗之分，故而制定男女有别之礼。又根据自然节气，儒家制定了相应的农作祭祀之礼等。儒家制礼就是让人们的衣食住行、人际交往等能够合于天时、顺乎地利，使天地人三才能够和谐共存，形成一个良性的循环。因此，儒家视礼为个人修身养德和家齐国治的根本。对于礼不敢有丝毫的违背，这就是崇礼。

这种崇礼思想对中华武术的影响极为深远，使中华武术的各个方面都闪耀着儒家礼文化的光辉。与人交手要礼让三分是礼的体现，尊师重道、持敬涵养亦是礼的体现。从武技到武德再到武道都深深地嵌入了礼文化的基因。与武术有着密切关系的武舞，其本身就是一种礼的形式。在古代，战争前后士兵们手持兵器组成方阵，伴随着乐曲载歌载舞，用这种武舞的形式彰显军威，提升军士们的战斗意志。在《淮南子·缪称训》之中记载，大禹就曾用武舞威服三苗，"禹执干戚舞于两阶之间，而三苗服"。这种干戚舞是中国武术史料中出现的最早最有名的战舞。礼乐相合，武舞往往作为一种礼，配合着相应的乐曲进行。如《毛诗序》云："《维清》，奏象舞也。"《周礼·大司农》中记载："武王伐纣，至于商郊，士卒皆欢乐，歌以待旦，因称之武凤夜。"武舞分为多种形式。有的作为国君大臣宴饮宾客时以舞助兴的一种礼节，有的则成为军礼中的一部分。在礼射中，三番射结束之后，习射弟子表演的弓矢舞是礼射时所习礼仪之一。这种弓矢舞在某种意义上讲就是一种武舞。武舞不同于一般性质的舞蹈，它是将武融于舞之中而形成的一种亦武亦舞的表演形式。加之后来的剑舞、矛舞等手持兵器的武舞，都为武术套路的出现打下了基础。可以说，作为仪礼形式的武舞在一定意义上促进了武术套路的形成。

　　可见，武术与礼的渊源是十分悠久和深厚的。传统上讲，以武会友。武术可以看作表达情感、相互交流的一种特殊的形式。从这个意义上讲，这与礼的精神是一致的。武术中的对练套路在对练双方你攻我防、你进我退的过程中演绎着阴阳互变的运动规律。在对练过程中，如果有一方动作技术不到位，就有可能受伤或伤及对方。所以，一个拳法或器械对练套路的成熟演练需要对练双方长期训练磨合最终才能保障每一招式都准确无误，才能呈现出阴阳互动的太极状态。在这种练习过程中，习武者要准确地拿捏每一技术动作的力量大小、速度和方向，手眼身法步要配合协调。

　　习武与习礼在形式内容上虽有区别，但在心理状态上是一致的。笔者认为，中华武术之所以出现了套路的运动形式，正是与中国人崇礼的传统有着紧密的联系。在国外，几乎每个国家都有搏击格斗之术，但没有出现像中华武术这样的套路形式。套路与招法单式相比，在技击性上有所弱化。套路逐渐被赋予了很多人文理念和哲学思想，成为习武者内心情感的一种抒发和表达。在儒家《三礼》之中并没有丝毫记载证明，武术套路的形成与礼没有任何直接联系。但是，我们可以有所思考，为什么只有在礼文化主导下的中国才形成了套路的武术运动形式？笔者认为，武术套路与礼文化有如下相通之处，第一，武术套路与礼都需要习练者身心统一、内外相合。在习礼时，习礼者内在的诚敬与外在的言行举止要和谐统一，而这与武术内三合与外三合的要求是一致的。"礼之用，和为贵"。和的思想在礼仪和武术中皆有体现，皆是它们追求的目标。第二，诸如射礼、士婚礼等礼仪程式都是环环相扣、紧密相连的。每一个环节都不能有丝毫差错，每一个礼节都有其独特的内涵，但又不是孤立存在的。因此，我们完全可以称之为礼仪套路。射礼有射礼的礼仪套路，士婚礼有士婚礼的礼仪套路。这种套路传统早在先王的礼乐文化中就已有了明显的表现和运用。在具有套路传统的礼乐文化的长期影响下，中华武术自然会不知不觉地被套路化。本来就与礼文化有着深厚渊源的武术自然会不可避免地进行套路化改造，逐渐形成自己的套路形式，即武术套路。

　　习武之人日复一日、年复一年地习练着武术套路。虽然他们并不认为自己在习礼，但礼文化的精神实质早已融于武术套路之中。从礼的根本精神上讲，习武之人练习武术套路的过程就是一个不断受礼文化熏陶的过程。这就是为什么习武之人会有一种彬彬有礼的内在气质的原因。习武者越是武功高强越能给人一种厚重沉稳的感觉，展现出一种高雅的儒家君子之风。传统的习武之人与知书达理的儒家君子在德性修养上能表现出许多相同之处，其原因就在于习武与习礼、武术套路与礼仪程式的内在理路都是相通的。这使得武术对人的塑造达到了儒家习礼修身进德的效果。笔者认为，无论是理论上还是实际效果上，习练武术套路与习礼在修身进德上产生了相同的作用。这也使得武德与儒家道德在表现形式上趋于一致和统一。

　　传统武术在招式命名上极具中国文化的特色，并与拳种自身的文化底蕴相联系。例如，少林功夫的招式名称充满了佛教文化的特色，如恒河入海、大慈大悲千叶手、千手如来掌、罗汉拳、拈花指、寂灭抓等。武当武术的招式名称则充满了道教文化的特色，如潜龙勿用、利涉大川、西牛望月、仙人指路、丹凤朝阳等。除此之外，武术招式的命名也充分体现着崇礼的思想，如夫子三拱手、童子拜佛、灵山礼佛等。武术招式名称给人创造出极大的想象空间。习武者可以根据自己对招式名称的理解和领悟对技法进行研究。招式名称的内涵与技法要领相互联系，练拳时对这些招式名称的内涵进行领悟和体会将有助于技艺的提高。反过来，习武者技艺水平的提高又可以增进对其招式名称文化内涵的理解。因此，习武之人往往通过对这些蕴含着丰富礼文化的招式的习练提升了自身的武德素养和精神境界。

　　《礼记·学记》："一年视离经辨志，三年视敬业乐群，五年视博习亲师，七年视论学取友，谓之小成；九年知类通达，强立而不反，谓之大成。"（《礼记》）这是儒家学习的一个基本次第。这一学习程序本身就是礼的要求。"学不可躐等"就是说明要按照程序学习。由小成到大成过程中的每一步都有礼的要求。由离经辨志到敬业乐群进而博习亲师再到论学取友最后知类通达、强力不返达到大成的境界，这是古代学习的一般次第和规律。按照这样的次第和规律学习就是依礼而学。可见，古代学习也是有礼可据的。就武术而言，每个拳种门户都严格规定了弟子们习武的次第顺序，在师父的指导下按部就班地进行学习。以意拳为例，王芗斋先生规定了学练意拳的顺序是："本拳之基础练习，即为站桩。其效用在能锻炼神经，调剂呼吸，通畅血液，舒和筋肉，诚养生强身益智之学也。亦为优生运动，其次为试力、试声、假想体认各法则，再次为自卫与大气之呼应和波浪之松紧、良能之察觉，虚实互根之切要。"形意拳亦要经历明劲、暗劲、化劲三大阶段。总之，在儒家"学不可躐等"的礼的要求下，包括武术在内的几乎所有的艺术门类都有着自己明确的学习次第。

儒家的礼文化早已融于中华武术的各个细节之中，正是这些细节成就了习武之人尚德崇礼的武德修养。以一颗诚敬之心尊崇礼仪规范依礼而行，这是习武之人武德修养的重要途径。中华武术中的抱拳礼就有五湖四海礼、带械礼、无为礼、一字礼等多种形式。拜师礼更是由沐浴更衣、上香拜祖师爷、给师父上茶敬茶等一整套礼仪组成。可以说，习武之人从入门拜师、习武练技一直到学有所成、以武会友，整个武术人生都浸润在儒家礼文化之中。

此刻，当我们再回顾《太极拳论》，"观耄耋御众之形"呈现给我们的是一幅在民间传统太极拳训练过程中师徒之间相互问劲、听劲、试劲以追求太极拳技艺的画面。透过这幅画面，我们体会到了徒弟们对师父的敬意、师徒们对道艺的执着以及师兄弟之间那种浓浓的情意。

其实，比武，未必要分出胜负。论拳，未必要评出高下。道艺的求得，在于诚敬。功夫的精髓，在于礼让。习武之人持敬崇礼、以武显德，这才是真正的君子之争。

《太极拳论》中的耄耋御众呈现出的是一幅师徒之间、师兄弟之间钻研拳技、切磋道艺的画面，诠释出的是太极拳的君子之争。这种君子之争具体表现为习武者对敬的持守与对礼的尊崇。

然而，这种持敬与崇礼，它是有一定条件的，即只有面对朋友，我们才能相互尊敬、彼此礼让。

如果，我们面对的是敌人，不是以武会友、切磋技艺，而是以武应敌、生死搏杀，此时，还能有礼敬可言吗？在这种情况下，君子之争的武德精神，又该如何诠释呢？

笔者认为，当我们面对敌人而运用武力的时候，君子之争的武德精神，一方面强调用武的目的是要昭文德与威不轨、惩恶扬善、伸张正义；另一方面强调用武的方式是以超然的圣道来统制本然的诡道、以价值理性来约束工具理性。

《礼记·射义》："射者，所以观盛德也。"于礼射而言，君子之争展现的是射者之德，即射以观盛德。因此，于武术而言，君子之争展现的是武者之德，即武以观盛德。具体言之，就是从用武的目的与用武的方式两个方面来展现武者之德。

首先，在用武的目的方面，武者之盛德在于昭文德与威不轨。

昭文德与威不轨，源于《左传》。《左传·襄公二十七年》："宋左师请赏，曰：'请免死之邑。'公与之邑六十。以示子罕，子罕曰：'凡诸侯小国，晋、楚所以兵威之。畏而后上下慈和，慈和而后能安靖其国家，以事大国，所以存也。无威则骄，骄则乱生，乱生必灭，所以亡也。天生五材，民并用之，废一不可，谁能去兵？兵之设久矣，所以威不轨而昭文德也。圣人以兴，乱人以废，废兴存亡昏明之术，皆兵之由也。而子求去之，不亦诬乎？以诬道蔽诸侯，罪莫大焉。纵无大讨，而又求赏，无厌之甚也！'削而投之。左师辞邑。"（李索，2011：425）

公元前 546 年，各诸侯国的卿大夫于宋国以弭兵的名义缔结盟约表示休战和睦相处。向戌的弭兵思想遭到了子罕的坚决反对。子罕认为，兵，可以昭文德，可以威不轨，并不应该废除。武力本身并没有好坏之别，关键在于是由谁运用武力。武力的工具理性和价值理性不能混为一谈。武力的运用合乎道义则既可以威不轨、昭文德，又能够废乱兴圣、保国安民。如果不合于道义，必然会祸国殃民、生灵涂炭。儒家始终认为文治应当有武备。军事武力是治国安邦的有力保障，是永远都不可以轻易废除的。儒家慎兵，但不主张废兵。要让合乎道义的价值理性来规范工具理性。这种合乎道义的价值理性就是武德，而武德的价值表现就是昭文德和威不轨。

在《春秋左氏传》中关于武德的记载就是武有七德之说，即"夫武，禁暴，戢兵，保大，定功，安民，和众，丰财者也"。《孙子》："兵者，国之大事，死生之地，存亡之道，不可不察也。"《中华武德通史》（1998）："所谓武德，即是用武从武之德性，凡指军旅生活中的一切道德现象及其与军旅生活相关的道德意识、道德活动、价值观念和道德品质的总和。"可见，武德一词最早是指军事武力的行为，即从武、用武之德性，是用于军事武力和军旅的价值指导思想。其后为武术所用，作为习武之人用武、习武之德性，包括与习武之人相关的道德意识、道德规范和道德品质等，最终落实于习武者的自我修养和道德操守。

武德既昭文德又威不轨。威不轨是用武力的手段使正义战胜非正义，以战止战，威慑住那些不合于道义的行为，维护国家秩序的正常运作。昭文德是在威不轨的基础上宣扬文德之治，实现天下太平以及大同社会的政治理想。在儒家的圣王看来，武力只是作为维护天下秩序的一个手段，与老子"不以兵强天下"的主张是不谋而合的。即使在礼崩乐坏的春秋时期，止戈为武的武德观念仍然发挥着巨大的作用。昭文德与威不轨是对军事武力价值的一种评定，也是从武用武应当持有的一种德性。

军事武力之武德与中华武术之武德在根本价值上，笔者并不认为它们有本质的不同。因为军事武力与武术皆是武的表现形式，皆是一种工具或手段。而武德则是德的表现形式，是对武这种客观工具进行指导和引领的一种思想价值观念。这种武德思想最终又必然回归到对运用军事武力或武术的人的影响上来。受儒家文化深刻影响的武德，自始至终皆是对从武用武之人的思想精神的一种影响和塑造。无论是军事武力的发动者还是掌握高超武艺的习武之人，在武德的影响和规范下，他们都会对其用武之行为做价值判定。

简而言之，作为武德的昭文德就是要通过武力来树立正义。威不轨就是通过武力来消除非正义。二者从两个不同的方面最终达到相同的目的。我们可以这样理解，昭文德和威不轨可以被看作从武用武之目的或要达到的结果。但是，出于什么样的目的而发动战争、运用武力，则又是一种价值判定。因此，昭文德与威不轨不但是兵或武力的价值体现，更是对从武用武之人的一种武德规范。大到国家之间的军事战争，小到习武者的搏击实战，任何运用武力的行为都要接受武德的价值评判。只有符合昭文德以宣扬正义或威不轨以征讨不义的价值标准的行为，才是具有武德的用武行为。

《孙子兵法》讲"不战而屈人之兵"，儒家提倡以文德化人、仁者无敌、"威天下不以兵革之利"，这些体现的都是昭文德。但文治需要武备，昭文德必须要用武力作为保障。当不合道义的行为出现时则需要用武力对其进行惩戒和制止。《尚书·大禹谟》："三旬，苗民逆命。益赞于禹曰：'惟德动天，无远弗届。满招损，谦受益，时乃天道。帝初于历山，往于田，日号泣于旻天，于父母，负罪引慝。祗载见瞽瞍，夔夔斋栗，瞽亦允若。至诚感神，矧兹有苗。'禹拜昌言曰：俞！班师振旅。帝乃诞敷文德，舞干羽于两阶，七旬，有苗格。"（《书集传》卷一）这记载的是，大禹时期有苗部落不遵循天子教化，残害百姓，背信弃义。于是，禹发大兵征讨。但兵临三十天，有苗之民顽固不化，仍不听服。跟从禹一起出征的益，认为有苗不能够靠武力使之威服，于是，劝说禹要施行文德。益以大舜孝心感化顽愚的父亲瞽瞍为例，说明德教如果推以极致，便能感动上天，又怎能感化不了有苗呢？于是，禹听从了益的建议，班师回京，大修文德。最终，有苗臣服并且来朝拜。禹，用文德感化有苗，以道义服人，此正是昭文德的体现。

在武德之中充分地注入文德的内涵，古代的文武之道，在这里得到了充分的体现。如果一旦武力不能解决现实中的冲突和矛盾，便会寄希望于文治之德，这本身也正是武德的一个最为重要的内涵之一，即尚德不尚武、重德轻武。昭文德是武德的根本所在，威不轨只是武德的善巧行便。威不轨的目的仍然在于以战止战、宣扬德教。武，只是彰显德的一种手段，而最终是要进行德治教化的。这才是武德的真正内涵。

中华文明能够传承至今，得益于我们的先祖们在用武力抵抗外敌入侵时一直都奉行着既昭文德又威不轨的武德精神。夷狄入侵中原，华夏以武力抵御，但在给他们造成威慑之后，并非要彻底消灭他们，而是以礼乐文德感化他们，使他们融入华夏的礼乐文化，并最终成为华夏。可见，我们先祖用兵的智慧在于既昭文德又威不轨。这也正是武德的体现。也正是以这样的武德，我们的中华民族才得以开创了如此辽阔的国土，守护和传承下来了如此伟大的中华文明。如此的中华文明，似乎早就在中华武术中注入了昭文德与威不轨的武德文化基因，使得每一个习武者的从武用武之德在其内心之中根深蒂固。

昭文德的武德精神告诫着每一个习武者永远不能以强凌弱、恃武欺人，而是要不断地加强自己的内在修养。武功越高超，德性就要越厚重，就要更加自我控制、自我约束，要能够容忍他人的欺辱并能以德服人。威不轨的武德精神告诫习武之人要以武艺来惩戒不义的行为，见义勇为、除暴安良，尤其在国难当头，更要挺身而出报效国家。

昭文德与威不轨为后世树立了武德道义标准，是武德思想的理论根源。武德所发挥出的义理，有德、仁、敬、诚等，虽然名称不一，但道理是一样的。这样一种武德的道义存化于心后，便是军事行为领导者或是发动者的武德。从军事武德到武术武德，其内在的精神基本上是一致的。在中国儒家文化的影响下，无论是军事武德还是武术武德都是主张慎战思想的。以德服人、用德性感化人是武德的最高境界，即使在不得以要用武力解决问题的时候，也要认真地思辨其做法是否合于道义。

武德的修养对于习武者而言是一个漫长的过程。有德者必有威，在处理一些问题或纠纷时，往往要请德高望重之人前来调解。他们能够令人信服，是因为他们有着内在崇高的德性。以德服人是我们中华民族优秀的传统。高尚的人格魅力往往在化解矛盾冲突上会有十分神奇的效果。习武之人通过长久地刻苦习武，将高超的武艺内化为一种无形的人格魅力。武德是驾驭高超武艺的保障。昭文德与武力之间应该可以理解为两层关系。一者，昭文德可以作为用武之目的。制止恶的行为并非武力的终极目标，更重要的是要将文德宣扬开来，从根本上助其弃恶从善，改邪归正。二者，则是昭文德本身便是一种解决争端、调和冲突的最有力的方式。这种方式的运用可以避免武力的实施，在没有暴力冲突的情况下，用和平的方式通过教化和感化的力量来以德服人，让对方信服、心服，这正是武德的最高境界。

其实，这两种内涵下的昭文德从本质上讲并没有分别。因为，无论是动用武力的昭文德还是不动用武力的昭文德，都要以武力作为其坚实的基础。没有强大的武力作为保障，文德之教化是很难实施的。就一个国家而言，只宣扬文德而缺乏强有力的军事武力的保障，很容易遭受欺辱，文德教化也会成为一纸空谈。文治需要武备，历史的教训十分清楚地证明了这一点。古代有外族入侵华夏，近代有日本侵华，这些事实都证明了我们中华武德，既要坚持昭文德但也绝不放弃威不轨。

当昭文德与威不轨作为武术武德时，就要求习武者应有仁爱之心。在遇到冲突矛盾之时，要先礼后兵。先以仁德感化，力争将冲突以和平的方式解决。但习武者的仁爱绝不是软弱，绝不是妥协，绝不是乡愿，是随时可以用武力来护卫仁爱、维护道义、伸张正义的。昭文德是一种武德，是习武者的仁爱。当它无法发挥效用时，威不轨亦是一种武德，是习武之人的大勇。在大是大非面前敢于担当，勇于惩戒不轨，见义勇为，这也是习武之人当尽之责。

能思辨是非，这是习武者的智。以仁爱维护和平正义，这是习武者的仁。先礼后兵、见义勇为、该出手时就出手，这是习武者的勇。习武者的智仁勇，正是昭文德与威不轨武德精神的最好诠释。

在用武的目的方面，武者之盛德在于昭文德与威不轨。那么，探讨完"为何用武"，接下来要解决的就是"如何用武"。在用武的方式上，武者之盛德在于以超然的圣道统制本然的诡道。

"以超然的圣道统制本然的诡道"，这一思想引自乔凤杰先生的《中华武术与传统文化》。在此书中，乔凤杰（2006：254）先生指出："就传统武术而言，诡道，乃是指导武术技击的工具理性，是本然的；而圣道，则是指导用武实践的价值理性，是超然的……武术运动发展的理想状态，即是实现以超然之圣道对本然之诡道的永久统制，从而把诡道限定在工具理性的范围内，而只以圣道作为我们的价值理性。"

圣道，即圣人之道。在儒家，圣道源于先王之道，主要是指尧、舜、禹、汤、文、武、周公制礼作乐而行之于天下的大道。在他们的统治时期，实行仁德之政，社会和谐安定，礼乐盛行，为后世政治秩序模式的创建树立了榜样。圣道为后世君王建立了为政的标准，即所谓的政统。但圣道并不是一些行之于外的教条或规范，而是本于内的修身之道，亦即所谓的道统。从儒家的角度而言，圣道所体现的是对修身的高度重视。儒家认为，要想真正在天下实行圣人之道，最根本的是在于天子的修身。因此，强调"自天子至于庶人一是皆以修身为本"。

圣道作为习武者最高的目标追求，体现的是一种理想性目标，即把习武者做人的最高境界——圣人的境界作为目标定位。它要求习武者以实现内圣外王为习武之终极追求。反观历史，很多习武之人确实在儒家思想的影响下把内圣外王作为自己的理想追求。内圣未必是一定要达到圣人的德性，外王也不是一定要实现王天下的人生功业。作为武术人的圣道，是让习武者把完善自己的人格、成就自己的修养的内圣以及在内圣的基础上实现自己的人生价值的外王当作习练武术的最高目标来追求，在这种目标之下，最终形成了习武者练技养德、德艺双馨的价值观念。武技要服务于武德的养成，武德最终要实现对最高境界圣道的证悟。这样的一个武术修炼的内在理路促成了中华武术独特的风格和特质。

圣道是一个习武者自身修养的最高境界、良知良能的完全彰显以及人生价值的完美实现。正如意拳创始人王芗斋先生所言："拳道之大，实为民族精神之需要，学术之国本，人生哲学之基础，社会教育之命脉，其使命要在修正人心，抒发感情，改造生理，发挥良能，使学者精明体健利国利群，故不专重技击一端也，若能完成其命，则可谓之拳，否则是异端耳。习异拳如饮鸩毒，其害不可胜言也。"武术之圣道已经超越了武技的层面。中华武术虽然拳种流派众多，但在圣道的层面上是完全统一的。统一于习武者圣人人格的实现，统一于习武者道德信仰的追求。

圣道还体现着个体与民族的统一、自我道德修养与实现民族精神的统一。个性之中蕴含着共性，每一个个体都体现着本民族的精神和性格。习武者在圣道的追求上一定是同国家民族的利益和目标相一致的。天下兴亡，匹夫有责。习武之人更要有民族和国家的责任担当精神。这是我们中华民族一直延续着的精神品质，也是中华武术的最高精神和根本利益之所在。没有国，哪有家；没有民族，哪有个人的生存。中华武术一直同国家和民族的命运相联系。在国家和民族的危难之际，习武之人往往是激流勇进、挺身而出的。自古至今，这种中华武道的精神从来没有消失过。习武者的民族精神和家国情怀正是圣道的最好诠释。岳飞精忠报国抗击金兵、戚继光抵御倭寇以及抗日战争时期的大刀队等，他们都是习武之人的榜样。

儒家的圣道必然是一个与家国天下民族等相联系的概念。圣道作为用武实践的价值理性，最重要的表现就是中华民族的尚武精神。中华民族的尚武精神自古有之。尚武并非滥用武力而是一种"为天地立心，为生民立命，为往圣继绝学，为万世开太平"的豪情。梁启超在《中国之武士道》中言："天下之大勇，孰有过我孔子者乎？身处大敌之冲，事起仓卒之顷，而能定于指顾之间，非大勇孰能与于斯？""《论语》《中庸》多以智仁勇三达德并举，孔子之所以提倡尚武精神至矣"。孙禄堂先生言："拳道即天道，天道即人道""拳之形式名称虽异，而理则一"（《拳意述真》）。习武者内圣外王的圣道追求在新的历史时期要定位于实现中国梦和中华民族伟大复兴的宏伟目标。每个历史时期，国家和民族面临的发展目标不同。但作为武者的圣道就是要让习武之人将个人的人生价值的实现确立在国家和民族的利益之上。内圣和外王共同构成了圣道的整体内涵。以圣道为理想的武术人生，既要有习武者个人道德修养的内圣成就又要有为国家和民族之发展做出贡献的外王功业。

圣道是一种理想境界，要求习武者自我完善并与国家和民族的发展相连，贡献自己的最大力量，实现自己的人生价值。这是一个似乎只有古之圣者才能实现的目标。其对普通的习武者而言极具理想性，难以实现。但作为一种理想追求，其价值并不在于真能得以实现，而是以此来激励着习武者努力地修身养德，提升自己的人生境界。

圣道为习武与用武树立了一个理想性的目标，诡道为习武与用武树立了一个现实性的目标。圣道体现的是一种价值理性，而诡道体现的是一种工具理性。儒家是支持圣道而反对诡道的。但是，在中国几千年的发展历史中，诡道屡见不鲜，圣道与诡道共同构成了矛盾的统一体。

　　笔者认为，诡道虽不可取，但作为武术的工具理性却是必不可少的。圣道是习武者道德修养的最高目标，诡道则是习武者用武实践的现实需要。圣道是武德之超然境界，诡道是武技之本然追求，二者都是永无止境的。诡道需要圣道加以统制和约束，而圣道却是在诡道的基础上超越和升华的。离开诡道，武将不武，又何谈圣道？李小龙的"以无法为有法，以无限为有限"体现的正是武术的诡道。武术是在原始初民们长期与猛兽的搏斗过程中起源的。自武术产生之初就带有弱肉强食的诡道性质。自古以来，中华武术都是以制胜对手作为其最本然的追求的。

　　中华武术似乎自古就有两个方向的追求，一个是以德服人的圣道，一个是兵不厌诈的诡道。不得不让人称奇的是，二者居然能够并存于传统武术之中。但是受儒释道传统文化的影响，圣道与诡道共存于传统武术之中的前提是圣道要统制诡道，诡道永远不能僭越圣道。这是传统武术的道德底线。也就是说，只要圣道能在诡道之上，那么，诡道无论如何发展都是可以被控制的而不会产生以武乱纪的社会危害。对于习武者而言，如果他的圣道信仰是无比坚定的，是不可逾越的，那么无论多么残酷和狠毒的技战术都不会影响他自身的武德修养。只有确定了圣道的主导地位，诡道才能成为习武者的一个合理的追求目标。

　　在诡道的追求上，自古以来的习武之人都是不遗余力的。《吴越春秋·勾践阴谋外传》记载："凡手战之道，内实精神，外示安仪，见之似好妇，夺之似惧虎，布形候气，与神俱往。"（《吴越春秋》卷九）兵法诡诈之术运用于技击搏斗之中，不择手段，只求制胜。这种手战之道充分体现了武术技击的诡道性质。意拳创始人王芗斋先生认为："技击在性命相搏一方面言之，则为决斗，决斗则无道义，更须抱定肯、忍、狠、谨、稳、准之六字要决，且与对方掐有同死决心，若击之不中，自不能击，动则便能致其死，方可击之。其决心如此，自无不胜。"（《拳道中枢》）值得注意的是，王芗斋先生先设定了一个前提，就是"技击在性命相搏一方面言之"。讲的就是武术技击的诡道方面，其最大特点就是"决斗则无道义"。道义是针对圣道，诡道在王芗斋先生看来，就是以"肯、忍、狠、谨、稳、准"为原则进行的生死搏斗。王芗斋先生是一位武德高尚的武术家，但这并不意味着王芗斋不能进行诡道技术的钻研和运用。

　　武术的修炼之道，以德言之，则为圣道；以技言之，则为诡道。圣道的价值理性与诡道的工具理性共同构成了武术的复合理性。将个人的生死置之度外勇往直前进行死战，没有死亡的顾虑，不惧死亡，这是搏斗时制敌的法宝。它可以激发出一种能够超越任何技术的斗志和精神力量。在技击搏斗时以势压倒对手，这种势就是诡道精神的体现。受儒家文化影响的习武之人在习武的过程中，不知不觉地会受到圣道和诡道的双重影响。受圣道的影响，习武者会注重自我德性的修养，注重仁德之心的养成。而这会促使他们放弃一些诸如必杀技、致命格斗技术等的习练或者是将其进行改造使之徒有其形而无其实。对于一些狠毒的擂台战术，不是放弃不学，就是将其弱化，这是圣道对诡道的统制。就武术本身而言，对诡道的追求是其本然使命。对圣道的追求体现的是中华武术与主流文化的融合。笔者认为，武力之运用既要树立圣道的目标又要最大限度地追求和开发诡道。让圣道统制和引导诡道并最大限度地发挥诡道的价值，让诡道为圣道服务，二者共同构成中华武德的精神内涵。

　　总之，中华武德精神时刻提醒着习武之人要持敬崇礼，以武显德。在不得已而需要运用武力的时候，一定要以道义为准绳，以昭文德、威不轨为目的，以价值理性之圣道来统制和约束工具理性之诡道。如此才是君子之争，才是武者之德。

第三节　武术修炼视角的意象之射

　　意象，寓"意"之"象"，是客观物象经过创作主体独特的情感活动而创造出来的一种形象，是理解的"意"和想象的"象"的结合。礼射中蕴含着很多意象。礼射的箭靶称为侯。射侯即有震慑诸侯之意象。《礼记·射义》中记载："故男子生，桑弧蓬矢六，以射天地四方。"（《礼记》）"生了男孩后，一定要在门口挂着代表他的桑木弓和六根用蓬草做的箭，用来向上下及四方发射。天地四方是男子有所作为的广度空间，如此以示男子要立志高远"（靳晓东、赵洁，2010）。可见，射箭有男子立志之意象。《礼记·射义》说："射之为言者绎也，或曰舍也。绎者，各绎己之志也。故心平体正，持弓矢审固；持弓矢审固，则射中矣。故曰：为人父者，以为父鹄；为人子者，以为子鹄；为人君者，以为君鹄；为人臣者，以为臣鹄。故射者各射己之鹄。"射者身份各不相同，但都应该在礼射的过程中确定并追求自己的志向。可见，"鹄"成为习射者做人标准的意象了。《礼记·射义》："射者，仁之道也。射求正诸己，己正然后发，发而不中，则不怨胜己者，反求诸己而已矣。"可见，古人将射箭这一行为人格化和理想化了，将自己的远大志向蕴于射箭之中，射鹄的过程就是反复内省、存养、进取的过程。因此，可以说这是把礼射看作君子仁道的意象了。

除此之外，礼射中蕴含的意象表达还有很多。可以说，礼射就是通过这些意象让习射者在射箭习礼的过程中接受儒家思想的洗礼从而达到正己修身的目的。因此，从这个角度来说，礼射可以称得上是意象之射。赋予种种意象于一项运动之中并通过这些意象的表达促使参与者达到修身的目的，不仅礼射如此，武术亦然。从某种程度上可以说这也是礼射与武术都能够称得上是"艺"的一个共同原因。

我们可以发现，包括太极拳在内的中华武术，大多数招式名称是一种意象的表达。将技术动作、拳理内涵以及境界韵味等皆蕴含于"象"之中，用"象"的形式予以表达和描述。例如，太极拳的招式有白鹤亮翅、金鸡独立、野马分鬃、揽雀尾、海底针、打虎式、倒撵猴等。以"象"的方式来说明拳法招式，此为中华武术文化的一大特色，也更加突显了武术的意象味道。

除了太极拳的招式名称之外，在《太极拳论》中亦有"立如枰准""活似车轮"等意象描写。立如枰准，即身法要像枰准一样，中正不倚。活似车轮，即身法要像车轮一样，圆活自如。枰准与车轮皆是"物"，习武者要在心中提炼出物的"象"，进而以"象"入武，立象以尽拳意。

可见，太极拳乃至中华武术的修炼，离不开意象思维的训练。尤其，在明劲、招熟阶段，习武者更是要充分利用意象思维来提高自己的技艺。

因此，在笔者看来，武术修炼先要观物以取象，以象入武，进而立象以尽意，通过象来体会和领悟招式中所蕴含的拳理。

观物取象，取自《周易》。《系辞》："古者包羲氏之王天下也，仰则观象于天，俯则观法于地，观鸟兽之文与地之宜，近取诸身，远取诸物，于是始作八卦，以通神明之德，以类万物之情。"（《周易本义》卷六）

象是《周易》中的一个重要概念。"《易》者，象也，象也者，像也。"（《周易本义》卷六）"是故，夫象，圣人有以见天下之赜，而拟诸其形容，象其物宜，是故谓之象。"（《周易本义》卷六）

观物取象的方法即在观，"是故君子居则观其象而玩其辞，动则观其变而玩其占。是以自天佑之，吉无不利""易与天地准，故能弥纶天地之道。仰以观于天文，俯以察于地理，是故知幽明之故。原始反终，故知死生之说。精气为物，游魂为变，是故知鬼神之情状"。可见，圣人所观的对象，即物是指天地之间的客观事物。所取之象是经其心意加工而成，用以表达其所领悟到的至赜至深之道。

观，在圣人那里并不是一般视觉上的观看，而是与万物同体、天人合一的观。用眼睛去观对于圣人"仰则观象于天，俯则观法于地"来讲只是一种最低层次上的观。所观的也只是有形之象。观物取象是一个不断提炼的过程。在这个过程中，象逐渐地从物中提取出来并结合观察者的经验认知不断完善。圣人的观物取象完全是超验心的作用与显现。而处于经验世界的人的观只是一种经验认知，物也是经验世界中与超验心相分别的经验事物，因此，取象也就是对经验心的一种建构。所以，观物取象是一种建构经验心的具体操作方法，而立象尽意则是直指圣人之意而对超验心的彰显，是彰显超验心的具体方法。

观物取象依赖于自然社会中的客观事物。离开这些客观事物，观物取象便无法进行。武术中各种象形拳的创立皆与象形取义的思维认知方式密不可分。乔凤杰（2014：214~215）先生在《文化符号：武术》中讲到："象即模仿，形即实体样子，取即获取，义即含义，象形取义即通过模仿他者的行为方式来体会揣摩想象其中对我有意义的东西，这里的他者可以是人、可以是动物、可以是自然现象，也可以是神话或者想象中的东西场景等，这里的模仿可以是对实物的真实模仿，也可以是虚物的想象性模仿。"

其实，象形拳创作中的象形取义方式同观物取象在本质上是一致的。象形是观物的一种操作手段。我们观物不一定只是用眼睛去观察。象其形、模仿物的形态也是对物的一种观法。取义即是取象。象是我们观物之后对物的含义所提炼出来的东西。象即是物之含义。而这个含义与观察者自身的认识方式和认识经验有关，此所谓仁者见仁，智者见智。有着不同人生经验积累的人对同一物进行观之后，他们所取之象一定是有差异的。观物取象对经验心的建构与经验心本身是紧密相关的。经验心的想象能力和认知能力越高，那么，观物取象对经验心的建构就会越全面。

螳螂拳的创始人王朗访友比武失利，心情郁闷，一日忽见螳螂捕蝉，将螳螂之刚毅机智神意，前臂勾、搂、卦、劈的灵巧技法，仰俯拧旋多变的身法，踏实稳固前后左右闪展腾挪的步法引入拳术之中，结合拳理创出螳螂拳。王朗创立螳螂拳的过程就是一个观物取象的过程。他所观的对象就是螳螂。具体观的内容包括螳螂的神意、动作、身形等。将这些观察的内容进行提炼，形成可用于拳技之中的象，这就是取象的过程。这些提炼出来的象，再经过实际演练反复切磋，最后应用于实战之中，提高了武术技能。

李仲轩说："人听戏会受感动，在天地万物中也会受感动，有感动就有功夫。一感动，拳架子里头的东西就不一样了。到时候，琴棋书画、山河美景、禽兽动态都可以借来入象……有了恍惚，处理恍惚，是习武的关口，要凭个人聪明了。"（李仲轩、徐浩峰，2013：94、202）李仲轩先生所言之恍惚就是观物之后对物的一个初步感知。处理恍惚就是要对其进一步地提炼加工最后形成象。观物取象是一种灵感的激发，是一个感物而心动的过程，这正是李仲轩所言的感动。

习武者要用心于生活，用心于自然。因为生活中、自然界中任何一物皆可以将其提炼而入象，应用于武术训练之中。这其中最为关键的就是能够取象的灵感。螳螂捕蝉并不少见，但却只有王朗认真观察，激发灵感取其象融于拳技之中而创立了螳螂拳。

"形意拳古有'入象'之说。入象，便是化脑子。到时候，各种感觉都会有的。碰着什么，就出什么功夫，见识了这个东西，你就有了这个东西"（李仲轩、徐浩峰，2013：201），习武之人观物取象以提高经验技能。其所观之物大体上来自动物类、人类、社会生活、自然界等。古人与动物的接触可能比今人更多一些，这也为他们观动物之形态以取象入武提供了很多机会。中华武术中很多象形拳的创立皆源于此。动物由于生存的竞争以及要适应自然环境的需要，它们有着很多的特殊本领和技能，如鹰之爪力、鸭子之步法、燕子之飞翔、虎之扑等。这些都通过习武者的细心观察并取象入武，为习武者经验技能的建构扩展了无限的空间。

社会生活中也有着很多可以取象之物。如醉拳，即是对醉酒之人摇摇晃晃、跌跌撞撞的醉态的取象而形成的。所谓的取象并非象形，并非对其形态动作的完全模仿。观物的目的在于取象，而取象即是取意，取其醉态之意而提炼成象，再将这种意象入于拳法之中，才是观物取象于武术修炼中的精髓所在。又如武松脱铐拳，即是取象于武松大闹飞云浦的故事，是对戴铐之人如何在双手被缚的情况下反击制胜的一种想象和取象。再如福建的女人拳，取象于女人日常生活的形象如请安礼、左右梳头、左右缠脚等。

武术人在自然界中的观物取象则更为常见。长拳十二形，动如涛、静如岳、起如猿、落如鹊、站如松、立如鸡、转如轮、折如弓、快如风、缓如鹰、轻如叶、重如铁。可见，有观动物以取象，也有观自然物而取象。翻子拳十八势拳谱："蛤螺出势上九霄，地雷翻滚人难逃。飞剪落地五变手，李白醉酒卧中妙。滚珠枪背同势样，风摆荷叶五龙绞。大小三拍护头面，就地拔碑人难逃。他人睡床云中落，大蟒翻身身要巧。珍珠倒卷身绵软，王香卧鱼伸缩腰。钩挂连环腿变法，哈唤亮臂四肢抱。金赠出水三吞蜜，小鬼推磨破人倒。仙人亮掌用足点，倒上梧桐落树梢。"可见，拳谱中皆是对象的描述。习武者对象的体会不同，其演练出的拳法风格自然不同。

习武者在武术领域中建构经验心亦是一个逐渐积累的过程。对拳谱中所描述的象需要习武者以已有的象为基础，再对拳谱中的象进行加工、提炼以形成最终的象。如果习武者已有的经验技能越高超并有着深厚的经验积累，那么他对拳谱中象的领悟和建构自然会更为完善。以象入武，对技能的掌握和提升则越有利。

人毕竟是与动物有本质区别的。动物的一些本能技巧是我们人类所无法做到的。从自然现象、社会现象、神话传说和文艺作品的物中进行取象，这就要求武者要有一种象思维能力。这是能够进行观物取象的关键。要能够从具体的物之中提炼和转化成象并结合武术的技法表达出来。

象绝不是对物的简单模仿，而是要感其内在意蕴，取其精神实质。象者，像也。象是似于物而非完全等同于物。象具有艺术性、想象性。画家齐白石说过："妙在似与不似之间，太似为媚俗，不似为欺世。"即是说象是处于似与不似之间的一种意蕴。这种意蕴对丰富我们对经验世界的认知、表达自我具有重要的作用。

武术，其实就是一种表达的工具。它是习武者将自己内心的象用肢体动作表达于外的一种手段和方式。包括象形拳在内的整个中华武术的最大特点即是其十分重视对象的转化和表达，如白鹤亮翅、黑虎掏心、推窗望月、二郎担山、顺风扯旗、打草惊蛇、玉女穿梭、霸王摔鞭等。这些武术技法招式的名称就是一种象的表达。它没有对技术动作进行详细严格地描述，而是用一种象来呈现出招式的意境。习武者以自己的想象力对其进行体会并形成自己关于这种意境的象，最后以武术技法的形式将其表达出来。这一套程序就是在象思维的主导下进行的。

象，来源于生活。取象的灵感也是在日常生活中产生和激发出来的。习武之人，要热爱生活，用心于生活。只有这样，才能在生活中发现可观之物，所取之象也能更加鲜活与灵动。

因此，笔者认为，习武之人在生活中观物取象，要持有一种游艺的精神与心态。只有这样，才能真正地将武术生活化、艺术化。其实，观物即是游。取象即是艺。观物取象即是游于自然或生活中以观物，进而将所观之物进行艺术化加工和改造，最终提炼出象。可见，观物取象，在某种程度上，就是对游于艺的一种表达和诠释。

"所谓游者，玩物适情也"。游的本意是在水中遨游，既要劈波斩浪克服水的阻力，又要借助于水的浮力实现人与水的和谐。要像鱼儿一样在水中遨游，就要练就高超的游泳技巧。游，不是漫不经心、任性地游戏。恰恰相反，游于艺要有一种积极进取、不断探索的精神。游是经历了有法的磨炼之后，进入无法而从心所欲的状态。

笔者认为，在冷兵器时代尤其是武术与军事未分的时候，武术作为一种修炼的工具来体验和提升生命的境界的功能一定是不强烈的。只有到武术从军事上分离出来、人们不再以武术作为求生的工具的时候，武术作为一种艺的价值就慢慢地显现出来了。

在古代，武术原本就被称为武艺。艺是一个很奇特的事物。孔子作为儒家的先师，提倡儒家的君子们要在德业的基础上适当地游于艺来舒展自己的身心，陶冶自己的性情，提升自己的品格。可见，艺的功能是十分丰富的，艺的价值也是十分巨大的。早在明清时期，武术就已经形成了庞大的门户流派。拳种套路极其丰富，并不断地吸收传统的儒释道文化来丰富和积淀其自身的内涵。武术的艺味可以说在那时就已经形成了。

现今，对于传统武术的实战性却有着两种截然相反的观点。一方面，有很多民间的老拳师们，他们坚持认为武术具有极强的实战性。对于传统武术依旧很能打，他们从来就没有丝毫怀疑过，并且这种信念也成为他们武术信仰中的一个重要组成部分。另一方面，也有很多习武者已经很清醒地意识到，武术已经从杀人技变成了一种雅俗共赏、老少咸宜的艺术，人们不应再对传统武术的实战技击心存太多的幻想。

笔者认为，无论在什么时候，我们都不能否认有天赋奇才的功夫高手的存在，但是，从传统武术的整体而言，我们也不得不接受一个极其客观的现实，那就是传统武术并非想象中的那样具有极强的实战价值而更多地表现为一种艺术价值。

俗话说：文无第一，武无第二。这句话的意思是说，在文学艺术上，文艺是不存在第一的明确标准的。仁者见仁智者见智，每个人的文艺品位、标准是不同的，因此，也就不会有一个客观上的第一，而是每个欣赏者心中主观上的第一。然而，人们认为，武术则是可以十分客观地进行评价的，即武者之间可以通过比试格斗来判定高下。比试的结果自然是十分清晰和明显的。因此，武术能够在客观上分出高下。然而，笔者认为，随着社会的发展与人们精神文化需求的改变，武术已然成为能够满足人们精神享受的一种文化艺术。在某种程度上，武术已经完全由防身技、杀人技转变成了健身艺、修心艺。现今之武者更是多以一种游艺的心态进行着武术的修炼。这样的一种游艺的心境可能不符合以武术进行生死搏杀时的要求。但是，它可以使习武者在游于武艺的过程中不断地滋养心性，收获对于人生和生命的感悟。

广义上讲，万事万物的学问都可以称为艺，武术亦在其中。但游于艺绝不是泛观博览、浅尝辄止，而是要专心致志、深入钻研。我们在各种艺的学习过程中要分清主次，有些艺可以作为学习的主项，与此同时，其他的艺则只需要选择性地学习和了解。中华武术作为艺的一个门类，很明显地继承了儒家这种游于艺的思想理念。在初学武术之时，武者要练就好基本功。一些基本武术技术要熟练掌握，徒手器械、套路、功法等都要全面训练，为深入学习打下扎实的基础和创造良好的条件。作为传统的习武之人，他们的技术风格是十分明显的。尽管一个拳师习练的拳艺很多，但真正让他垂青武林的可能是一个或几个非常具体性的技术。在武术器械训练上，古代的习武者很多也是在掌握多种兵器技法的同时专练和精于某一种兵器的技术并以此而成名于武林，甚至开创了此种兵器的一个新的技术流派，如岳家枪、少林棍法等。拳师们经常教导弟子要精研一门拳技，"千招会不如一招绝"。一门拳技要经过长久的锤炼才能达到精湛和娴熟的程度。在武术史中记载了很多拳师各有其独门绝技，例如，形意拳大师郭云深就是以"半步崩拳打天下"而著称。中华武术中各个门派、各个拳种都以其最具代表性的技法作为其拳种门派的特色。这些风格独特的技法的创立也正体现了游于艺的习武理念。

除了这种对某项拳技的深入钻研之外，游于艺的另一个表现就是博学。我们可以发现，大多数著名的拳师或者武术家，其一生所学武术都不局限于某一门拳种，而是广泛学习、相互融通。如民国时期的孙禄堂先生，一身兼有太极、形意、八卦三门拳法。在史料的记载中像这种身怀多门拳法的武者是相当多的。中华武术受游于艺思想的影响自古就形成了相互切磋和交流的传统。习武者小有成就之后便游学天下，广交武林朋友，相互交流换艺。这大大促进了中华武术各拳种门派之间的相互借鉴和融合，也促进了习武者本身武技的提高。

游于艺不是游戏、不是玩耍，不能三天打鱼两天晒网。无论是技艺的学习还是心性的磨炼都离不开日复一日、年复一年的坚持。武术里有一句俗语，"习武者多如牛毛，练成者凤毛麟角"，就是说练武术的人很多，但真正能坚持到最后有所成就的人很少。武术是比较枯燥的，一套技术动作要经历百千遍的习练。因此需要习武者有强大的毅力和决心。武术又称为功夫，不是一蹴而成的，需要不断地积累。在攻克一个又一个的技术难关的过程中，习武者的技术水平不断提高，心性逐渐改变，甚至是一种超凡入圣的飞跃。实现这一目标最重要的一个条件就是坚持，在坚持不懈的过程之中，功夫就会不知不觉地提高。

中华武术在其历史发展中，在技术体系上表现出了极大的开放性和包容性。门户之见的现象虽然一直存在，但并没有阻碍各门派间武术技术的交流和融合。游于艺的思想带给了中华武术强大的生命力和活力，保持着中华武术的"百家争鸣"。中国地域的广大、民俗文化的多样，为中华武术游于艺理念的形成提供了可能性。我们的文化传承没有间断，武术的传承一直都在延续。每代习武之人对武术的执着和坚守保证了中华武术法脉的延续和传承。

《系辞》："子曰：'书不尽言，言不尽意，然则圣人之意，其不可见乎？'子曰：圣人立象以尽意，设卦以尽情伪，系辞焉以尽其言，变而通之以尽利，鼓之舞之以尽神。"朱熹注曰："言之所传者浅，象之所示者深，观奇偶二画，包含变化，无有穷尽，则可见矣。"（《周易本义》卷五）

《道德经》开宗明义曰："道可道，非常道，名可名，非常名。"老子认为作为宇宙之本源的道是无法用言语进行描述的。"吾不知其名，字之曰道，强为之名曰大"，老子所言之道即为超验心。"道常无名""道隐无名""道本无名"，在老子看来，人们通过言语的方式是无法知晓道的真实意义的，即言不尽意。

言不尽意是老庄道家的基本思想。庄子云："道不可闻，闻而非也；道不可见，见而非也；道不可言，言而非也。知形形之不形乎！道不当名。""孰知不言之辩，不道之道""圣人行不言之教"（《庄子》），在儒家看来，圣人对作为超验心的道的体验和感悟即圣人之意是形而上的、不可言传的。子贡曰："夫子之文章可得耳闻也，夫子之言性与天道不可得而闻也。"

其实，圣人之意可以用言语文字进行表达。但语言文字的局限在于其不能尽圣人之意，即不能够完全依赖于语言文字体悟超验心。超验心的境界是无法以经验世界的言语文字尽意表达的。道，是只可意会不可言传的，即庄子所言："可以意致者，物之精也""可以言论者，物之粗也""意之所随者，不可言传也"。作为物之精的道是可以意致，但不可以言传的。也就是说，尽意即是体道，即是彰显超验心。但又如何尽意呢？《周易》为此开创了立象以尽意的方法。《易》本身就是观天地运行规律而建立的一套卦象系统，并以此来诠释圣人之意，体悟宇宙大道。

余卫国（2006）在《〈易传〉"立象以尽意"思想发微》中写道："《易传》之'意'，即圣人之意，是圣人对天地万物之道和宇宙人生之理、之意的理解和感悟……圣人之所以要'立象以尽意，设卦以尽情伪'，除了'书不尽言，言不尽意'的原因以外，最根本的原因是，与语言相比，'象'更具有无限大的容量，可以容纳和承载那说不完'道''不尽'的'意'。而'象'之所以更具有无限大的容量，可以容纳和承载那说不完'道''不尽'的'意'，从反面说，就是因为'意'作为圣人对宇宙人生之'道'的体验和感悟，非名言所能'举'；从正面说，是因为'象'本身就是'道'的存在状态，或者说是最真实的和非实体性的最高存在。"

可见，立象以尽意是《周易》所提出的一个彰显超验心的具体方法，是以象来通达义理微妙、不可言传的圣人之意，体悟作为一切根据的宇宙大道。圣人之意是圣人对天地宇宙大道的体悟与表达，是超验心境界的体现。所以，它是无法以我们固有的思维去体会和认知的。换言之，圣人之意是一种非固定指向的精神意趣。因为，道本无形。圣人之意必然是充满生机不断生成变化的。以任何形式或秩序都无法规范意，只能以一种无限穷尽的方式才能达至圣人之超验心境界，即尽意。而象则具有在自由空间无限想象的特点。象所涵盖的信息广大自由无形。因此，可以立象以体味意的灵动。

《说卦传》对乾卦的取象为"乾为天，为圆，为君，为父，为玉，为金；为寒，为冰；为大赤；为良马，为老马，为瘠马，为驳马；为木果。"（《周易本义》卷八）由此可见象的广大和无限。象有别于形，形是可以言状的、可见的。而象则是抽象的，它的想象元素可以来源于具体的形，但又是对形的一种超越。我们对超验心的体悟是一种心领神会，靠任何语言的描述都不可能让我们入于超验心之境。

观物以取象是习武者建构经验心、提高经验技能的重要方法。立象以尽意是彰显超验心的具体方法。在武术领域的应用，即是习武者立象于武术修炼之中，以修炼的方式反复体会领悟以尽圣人之意，获得超验心的彰显。例如，太极拳是将圣人所立之象——太极、阴阳等融入拳法之中。习武者通过太极拳的修炼不断地对太极阴阳之理进行体会和领悟，最终参悟出真正的宇宙大道。此宇宙大道即为超验心，它是与圣人之意相贯通的。

将立象以尽意融于武术修炼之中，即是习武者彰显超验心的具体方法。笔者所言的观物以取象的观察者是经验世界中的人而不是超验心层次的圣人，因为圣人的观物取象与凡人的观物取象是有本质区别的。圣人所观之物是与其同为一体、天人合一之物。在超验心的层次，圣人与物之间并没有丝毫的分别和障碍。圣人所取之象也是宇宙间事物运行的根本规律和真理的体现。这种观物取象是生活在经验世界中的人永远无法做到的。

经验世界中的观物取象只能服务于对经验心的建构。超验心层次的立象尽意与经验心层次的立象尽意在本质上也是不一样的。圣人观物取象的目的在于立象尽意，通过观物以提炼出象，以象来表达圣人之意。因此，圣人所立之象与圣人之意，即超验心是相通的。经验世界中的人可以圣人所立之象来体悟圣人之意，换言之，立象尽意可以作为经验世界中的人参悟本性以彰显超验心的方法。

立象尽意于圣人而言是传其意，于凡人而言则是体会圣人之意。但其前提在于我们所立之象须与圣人所立之象相统一，最为重要的是要对象进行不断地参悟。因为圣人所立之象与道体是相联系的，它是道体的一种抽象性表达。通过对象的玩味领悟，圣人之意自然能得以显现。

立象尽意是习武之人所追求的无形无象、尽意之后得意忘象的阶段。立象是手段，尽意是目的。甚至一旦尽意之后连所尽之意也要彻底无化掉。正如拳经所云："拳无拳，意无意，无意之中是真意。"亦如形意拳家车毅斋先生所言："彼足方到予之身边，似挨未挨之时，予并未预料。譬如静坐功夫，丹田之气始动，心中之神意知觉，即速又望北接渡也。此时物到神知，予神形合一，身子一起，觉腰下有碰出，回观则彼跌出一丈有余，平身躺在地下。予先何从知彼之来，又无从知以何法应之，此乃拳术无意中抖擞之神力也，至哉信乎。拳经云：'拳无拳，意无意，无意之中是真意也。'至此拳术，无形无相，无我无他，只有一神之灵光，奥妙不测耳。"耿诚信先生亦有此类似描述："经五六年渐化至于无身体内外刚柔相合之劲力，至此，方觉腹内空空洞洞，浑浑沦沦，无形无象，无我无他之境矣。"

无论是将圣人所立之象如太极、阴阳、八卦等，还是习武者自己观物所取之象融于武术修炼之中，能否实现习武者对超验心的彰显全在于其修炼的目的是否以尽意为旨归。尽意即是穷尽心意直至与道体合一、与圣人之意合一的物我两忘又物我互融的境界。观物取象丰富了习武者的经验心，以象入武又能提高习武者的经验技能。而立象尽意则是以象为手段对最高的道的一种追求。是否以尽意为旨归为习武者以象入武开出了两条完全不同的道路。观物取象促进了习武者对经验心的建构，立象尽意则是以习武者超验心的彰显为终极目标的。作为经验心的建构方式，观物取象是为了形成象，丰富象的内涵，扩展象的空间，建构象的体系。而作为超验心彰显方式的立象尽意，则是以象为手段，最终要消除所有的象，得意忘象直至达到无意之中是真意的境界。

儒家的太极、中庸，佛家的空、真如，道家的道、无为等，这些象本身即是对道体的一种表达，其融于武术修炼之中则已然给习武者描述了一个要达到的方向和境地。他们通过武术修炼体证这些象的境界，即是立象尽意。

其实，传统武术的每一个技术动作名称都是一个意义深远的象。象在习武者的心中往往传达着一种意境。习武者通过不断地习练体悟，技术动作与心中的象的意境产生共鸣，进而不断地超越自我，突破时空的限制，达到物我两忘的超验心境界。正如孙禄堂先生所言："此十二形者，可以概括万形之理。所以习十二形拳者，可以求全天地万物之理也。"（《形意拳学》）习十二形就是将象置于武术修炼之中，即是立象。求天地万物之理，即是尽意，探求宇宙大道。《韩非子·解老》云："人希见生象也，而得死象之骨，案其图以想其生也；故诸人之所以意想者，皆谓之象也。"《周易》："象者，像也。"象既是对有形之物的模拟又是一种抽象化的符号之象。形意拳的基本动作是劈、崩、钻、炮、横，分别对应于人的五脏肺、肝、肾、心、脾。这五个基本动作是五行金、木、水、火、土之象的体现，习练者在演武之中可以反复体味着五行相生相克的天地大道。

在武术领域，立象即是习武者将象融入于武术修炼之中，尽意则要彰显真意即超验心。立象尽意是一种武术修炼方式。以武表象，以象达意，最终得意忘象，此意亦非平常所指的思维意识，而是真意。正如《仙佛合宗》所指："真意即虚无之正觉。"它是心中无物、念头不起时的真意正觉。古代气功常常把中国天文学上的天心、中黄、天罡、斗杓喻作真意，如《慧命经》中说："天心名曰中黄，居于天之正中，一名天罡，一名斗杓，在天为天心，在人为真意。"尽意是一个人本性真意的完全彰显。而在这一彰显的过程中，象起到了一种媒介的作用。

第六章

结　语

　　作为本书的结语，笔者认为，首先，应与前言有所呼应；其次，应对正文进行总结；最后，应于未来提出展望。

　　在前言中，笔者说明了《道德仁艺——武术修炼视角的儒家思想研究》这一选题的由来。其实，本文在构想之初，曾长久徘徊于"武术修炼"与"武术训练"两种用词之间，但最终确定使用"武术修炼"一词。因为，较之"武术训练"，"武术修炼"一词，其包含内容更加博大、表现形式更加多元、指代人群更加宽泛、文化底蕴更加精深。但也正因如此，我们似乎很难为"武术修炼"做具体而形象的描述，这使得武术修炼常常给人一种玄妙高深之感。尤其是民间习武群体所进行的武术修炼活动，其内容是包罗万象的，其形式是丰富多彩的。除了套路、功法、站桩、打坐等武术修炼的常规内容之外，对于大多数民间武者而言，洒扫应对、行住坐卧、琴棋书画、诗书礼乐等，也都会成为他们进行武术修炼的重要内容。

　　为了揭开武术修炼的神秘面纱，笔者选用了"志于道，据于德，依于仁，游于艺"作为逻辑体系，在武术修炼视角下对"道德仁艺"所展开的儒家思想进行创造性的诠释，为武术修炼构建出了一个完整的理论体系，让神秘的武术修炼借助于儒家思想清晰地呈现了出来。

　　在"志于道"章，笔者将"道"具体指代为大学之道。因为，无论是将道看作一个高不可测的本体（如天理、天道）还是如朱熹所言"道，犹路也"，大学之道都将现实与理想、当下与未来联系了起来。其实，大学之道就是一条路。这条路的一头是我们为己修身的起点，另一头则是我们心之所之的最高境界。大学之道可以帮助武者扩展规模、提升格局。武术修炼视角的大学之道，就是要启迪习武之人立志于武术修炼的大学之道，即通过格"拳"致知、明"武德"、亲师友，最终达到从心所欲、尽善尽美的至善之境。因此，本文将大学之道具体展开为格物致知、明德亲民、止于至善三个层次。在武术修炼的视角下，格物致知强调武者要做到招熟而懂劲、渐修而顿悟；明德亲民强调武者要做到习武先修德、亲师亦访友；止于至善强调武者要做到从心之所欲、尽善又尽美。

在"据于德"章，笔者将"德"具体指代为中庸之德。因为中庸既是儒家为己修身的心法，亦是武者进行武术修炼的心法。子曰："中庸之为德也，其至矣乎！"武者在武术修炼的过程中，以中庸思想为指导，通过对"中"的体会与参悟，经过时中、执中直至无中三个层次的磨炼，可以不断提升自己的修炼境界。因此，本文将中庸之德具体展开为时中境界、执中境界、无中境界三个层次。在武术修炼的视角下，时中境界强调武者要做到随时以处中、相时而主动；执中境界强调武者要做到炼法不偏倚、性情达中和；无中境界强调武者要做到已发之无化、未发之体验。

在"依于仁"章，笔者将"仁"具体指代为一体之仁。因为，一体之仁可以将武者的身心同天地万物融为一体，能够更好地帮助武者体会万物一体、天人合一的自然状态。在武术修炼的过程中，习武之人通过对身心、人我、天人三个层次一体之仁的体悟，可以逐渐地养育出能够感知天地万物一体的仁者之心。因此，本文将一体之仁具体展开为身心一体、人我一体、天人一体三个层次。在武术修炼的视角下，身心一体强调武者要做到身养浩然气、心明太极理；人我一体强调武者要做到人刚而我柔、我顺而人背；天人一体强调武者要做到天行健不已、人自强不息。

在"游于艺"章，笔者将"艺"具体指代为礼射之艺。因为，在孔门六艺之中，礼射与武术有着许多相通之处。在礼仪程式上，礼射要求"进退周旋必中礼"；在德行规范上，礼射可"观盛德"；在射义文化上，礼射可以"观物取象，立象尽意"。虽然礼射与武术是两种不同的"艺"，但在中礼、观德、意象三个层面上，二者具有异曲同工之妙。因此，本文将礼射之艺具体展开为中礼之射、观德之射、意象之射三个层次。在武术修炼的视角下，中礼之射强调武者要做到形神须兼备、内外要相合；观德之射强调武者要做到其争也君子、武以观盛德；意象之射强调武者要做到观物以取象、立象以尽意。

实际上，"志于道，据于德，依于仁，游于艺"是一个逻辑整体。正如朱熹所言："盖学莫先于立志，志道，则心存于正而不他；据德，则道得于心而不失；依仁，则德性常用而物欲不行；游艺，则小物不遗而动息有养。学者于此，有以不失其先后之序、轻重之伦焉，则本末兼该，内外交养，日用之间，无少间隙，而涵泳从容，忽不自知其入于圣贤之域矣。"

笔者将"道""德""仁""艺"分别指代大学之道、中庸之德、一体之仁、礼射之艺，就是想启迪武者在武术修炼的过程中，志于大学之道，路漫漫其修远兮，上下而求索；据于中庸之德，参悟武术修炼中的心法奥秘；依于一体之仁，实现私欲尽去、万物一体、无适而非天理之流行的境界；游于礼射之艺，玩物适情，动息有养，朝夕游焉，以博其义理之趣。

其实，每个习武之人对武术修炼都会有着自己的理解与思考。"志于道，据于德，依于仁，游于艺"只是我们对武术修炼进行探索与研究的一个思路。它是仁者见仁、智者见智的。其实，也正因如此，才成就了武术修炼文化的博大精深。

本研究的主要贡献与创新在于既为武术修炼提供了更多的儒家思想指导与知识参考，同时又为儒家思想的现代诠释提供了新的视角。然而，笔者认为，无论是对武术修炼的研究，还是对儒家思想的研究，抑或是对二者交叉与融合的努力，都是永无止境的。武术修炼需要日复一日地积累与体验，对儒家思想的理解也离不开人生阅历的积淀，它们所依赖的都是汗水的付出与岁月的磨炼。正因如此，本研究必然会存在由于笔者功夫水平与认知水平的局限而导致的诸多不足。但，这也正是激励笔者苟日新、日日新、又日新的动力所在。

　　武术修炼是丰富多彩的，儒家思想也是活泼泼的。对于未来之研究展望，笔者认为，一方面要继续探索武术修炼与儒家思想的精髓，坚持为己之学，体悟孔颜之乐，争取为中华优秀传统文化的传承与弘扬贡献一份力量；另一方面要继续促进武术修炼与儒家思想的融合，做好武术的文化诠释工作，让武术成为代表中华优秀传统文化的符号，面向世界，讲好中国故事。

参考文献

一　书著

蔡方鹿：《朱子经学与中国经学》，人民出版社，2004。

陈澔注《礼记》，上海古籍出版社，1987。

程颢、程颐：《二程集》，王孝鱼点校，中华书局，2004。

〔宋〕蔡沈撰《书集传》，朱杰人、严佐之、刘永翔主编《朱子全书》（外编），华东师范大学出版社，2010。

陈来：《朱子哲学研究》，生活·读书·新知三联书店，2010。

陈秋平、尚荣译注《金刚经·心经·坛经》，中华书局，2010。

陈微明：《陈微明太极拳遗著汇编》，人民体育出版社，1994。

陈鑫：《陈氏太极拳图说》，山西科学技术出版社，2006。

韩非子：《韩非子全鉴》，任娟霞解译，中国纺织出版社，2015。

黄士毅编《朱子语类汇校》，徐时仪、杨艳汇校，上海古籍出版社，2016。

黄逸武：《内家拳的瑰宝：懂劲》，人民体育出版社，2015。

黄宗羲：《宋元学案》，全祖望修补，陈金生、梁运华点校，中华书局，1986。

刘大钧、林忠军：《周易传文白话解》，齐鲁书社，1993。

李和生：《内功解密——杨氏太极拳老六路》，经济管理出版社，2006。

李和生、李聪：《太极可道——内功太极拳解密》，人民体育出版社，2015。

李金波、武冬、孙根新编著《形意拳真传图谱》，北京体育大学出版社，2003。

李索：《左传正宗》，华夏出版社，2011。

李小龙：《截拳道之道》，杜子心、罗振光译，北京联合出版公司，2014。

李仲轩、徐浩峰：《逝去的武林》，人民文学出版社，2013。

梁启超：《中国之武士道》，中国档案出版社，2006。

《道德经》，李若水议评，中国华侨出版社，2014。

马国兴：《古拳论阐释续篇》，山西科学技术出版社，2004。

南怀瑾：《我说参同契》，东方出版社，2009。

南怀瑾：《原本大学微言》，东方出版社，2014。

南怀瑾：《话说中庸》，东方出版社，2015。

南怀瑾：《静坐修道与长生不老》，复旦大学出版社，2016。

南怀瑾：《论语别裁》，复旦大学出版社，2017。

彭卫国：《中华武术谚语》，电子工业出版社，1988。

乔凤杰：《中华武术与传统文化》，社会科学文献出版社，2006。

乔凤杰：《武术哲学》，社会科学文献出版社，2007。

乔凤杰：《文化符号：武术》，社会科学文献出版社，2014。

乔凤杰、冯宏鹏、肖亚康、王刚：《中国古代武术项目志》，社会科学文献出版社，2017。

钱穆：《论语新解》，生活·读书·新知三联书店，2002。

钱穆：《朱子学提纲》，生活·读书·新知三联书店，2014。

人民体育出版社：《太极拳全书》，人民体育出版社，1992。

孙禄堂著、孙剑云编《孙禄堂武学录》，人民体育出版社，2000。

沈善洪：《黄宗羲全集》，浙江古籍出版社，2005。

吴飞：《汉学读本》，知识产权出版社，2017。

吴飞：《礼学拾级》，陕西人民教育出版社，2017。

吴根友、欧崇敬、王立新：《中国哲学的创造性转化》，云南人民出版社，2004。

王联斌：《中华武德通史》，解放军出版社，1998。

王芗斋著、金溪主编、武国忠审定《"意"无止境：最后一个武林宗师王芗斋拳道汇宗》，海南出版社，2014。

王先谦集解《庄子》，方勇校点，上海古籍出版社，2013。

王宗岳等著《太极拳谱》，沈寿点校，人民体育出版社，1991。

汪永泉讲授《杨式太极拳述真》，魏树人、齐一整理，人民体育出版社，1995。

汪永泉、刘金印：《汪永泉授杨式太极拳语录及拳照》，北京体育大学出版社，2014。

萧天石：《道海玄微》，华夏出版社，2007。

徐中舒：《甲骨文字典》，四川辞书出版社，1998。

袁俊杰：《两周射礼研究》，科学出版社，2013。

姚宗勋：《意拳——中国现代实战拳术》，北京体育学院出版社，1989。

朱怀元：《汪永泉传杨氏太极拳功札记》，（香港）心一堂出版社，2007。

张大可、丁德科：《史记通解》，商务印书馆，2015。

张孔昭：《拳经拳法备要》，山西科学技术出版社，2006。

张帅、程开元译注，丁鼎审订《左传》，山东画报出版社，2014。

张三丰著，李涵虚重编，黄信阳主编，蔡聪哲校注，《三丰全集》，宗教文化出版社，2013。

张云昌等译《白话黄帝内经》，河北人民出版社，1995。

张耀忠：《太极拳古典经论集注》，山西人民出版社，1989。

朱熹：《四书章句集注》，中华书局，2012。

朱杰人、严佐之、齐永翔主编《朱子全书》（修定本），上海古籍出版社、安徽教育出版社，2010。

左丘明撰《国语》，鲍思陶点校，齐鲁书社，2005。

赵晔、张觉校注《吴越春秋校注》，岳麓书社，2006。

周敦颐：《周敦颐集》，中华书局，2016。

《礼记正义》，郑玄注，孔颖达疏，北京大学出版社，2000。

《十三经注疏》（第二册），郑玄注，上海古籍出版社，2007。

二 论文

（一）期刊论文

白奚：《"万物一体之仁"：王阳明的仁学思想及其生态学意义》，《孔子研究》2017 年第 1 期，第 102～109 页。

陈延斌、王伟：《中庸思想与中华武术发展》，《搏击·武术科学》2007 年第 10 期，第 3～5 页。

戴国斌：《中国武术教育"格拳致知"的文化遗产》，《体育学刊》2017 年第 3 期，第 16～23 页。

董根洪：《儒家真精神——"时中"》，《孔子研究》2003 年第 4 期，第 16～24 页、64 页。

冯晨：《"执中"：成就儒家一种自由》，《东岳论丛》2017 年第 10 期，第 62～68 页。

傅伟勋：《创造的诠释学及其应用》，《时代与思潮》1990 年第 2 期，第 239～257 页。

黄克剑：《〈论语·述而〉"游于艺"义趣辨正》，《哲学动态》2012 年第 8 期，第 43～46 页。

黄莉：《中华武术与儒家文化》，《武汉体育学院学报》2001 年第 3 期，第 22～24 页。

黄滟：《从"游于艺"谈起"游"的审美体验》，《美术教育研究》2017 年第 1 期，第 52～53 页。

靳晓东、赵洁：《古代乡射礼的教化功能》，《西安航空技术高等专科学校学报》2010 年第 4 期，第 18～20 页。

金一南：《真正的智慧总要发出穿透时空的光芒》，《新湘评论》2015 年第 6 期，第 40～41 页。

柯小刚：《志于道　据于德　依于仁　游于艺》，《贵州文史丛刊》2016 年第 1 期，第 1～8 页。

康宇：《论王阳明"一体之仁"说的三个向度》，《中国哲学史》2015 年第 4 期，第 94～100 页。

乐爱国：《朱熹〈大学章句〉"格物致知补传"的"心学"内涵——兼与陆九渊的"心学"比较》，《南昌大学学报》（人文社会科学版）2014 年第 5 期，第 24~29 页。

罗安宪：《"格物致知"还是"致知格物"？——宋明理学对于"格物致知"的发挥与思想分歧》，《中国哲学史》2012 年第 3 期，第 72~77 页、63 页。

廖丹：《论书法中的"媚"》，《书法赏评》2009 年第 6 期，第 74~76 页。

李春颖：《张九成对〈大学〉致知格物的心学诠释》，《中国哲学史》2017 年第 3 期，第 97~103 页。

李龙、李伟：《武术修炼四境界》，《上海体育学院学报》2014 年第 4 期，第 85~88 页。

李天道、何燕李：《〈周易〉之"生生"美学精神与创新意识》，《社会科学研究》2012 年第 6 期，第 189~194 页、205 页。

雷庆翼：《"中"、"中庸"、"中和"平议》，《孔子研究》2000 年第 3 期，第 4~14 页。

林志刚：《儒家"仁礼"思想对武术的影响及其现实价值》，《山东师范大学学报》（自然科学版）2006 年第 2 期，第 159~160 页。

苗润田、仇善章：《积非成是话"游艺"——"游于艺"辨析》，《学术界》2017 年第 10 期，第 180~188 页。

马育良：《〈中庸〉首章"中"、"和"、"中节"解读》，《皖西学院学报》2003 年第 6 期，第 1~4 页。

彭林：《立德正己之礼：射礼》，《文史知识》2002 年第 12 期，第 97~106 页。

彭林：《从中华礼乐文明看"乡射礼"》，《江苏建筑职业技术学院学报》2016 年第 3 期，第 1~5 页。

彭耀光：《程颐"格物致知"思想新探》，《中国哲学史》2008 年第 1 期，第 75~79 页。

释德建：《德建大师解析少林心意把》，《少林与太极》2011 年第 1

期，第 29 页。

宋加强、王维、王雪峰：《论武术修炼的三境界》，《体育科技文献通报》2017 年第 4 期，第 116~118 页。

苏相君、陈兵：《印光法师"格物致知"思想初探——兼谈"格物致知"诠释说的流变》，《宗教学研究》2016 年第 4 期，第 133~139 页。

乔凤杰：《佛教禅修与武术训练》，《西安体育学院学报》2006 年第 3 期，第 61~65 页。

乔凤杰：《无极而太极——论武术与儒家在超验心层面的思想会通》，《广州体育学院学报》2006 年第 2 期，第 105~108 页。

乔凤杰：《论作为武术精神的自强不息》，《中州学刊》2007 年第 1 期，第 161~163 页。

乔凤杰、王刚：《让"标准"成为多元之一：论武术的现代发展》，《中国体育科技》2015 年第 5 期，第 67~71 页。

乔凤杰：《反思"常识"：运动的功能是固有的吗?》，《体育学刊》2016 年第 2 期，第 48~51 页。

乔凤杰、王刚：《不忘本来：当今传统体育的文化传承研究》，《安阳师范学院学报》2016 年第 5 期，第 24~27 页。

乔凤杰、王刚：《多元化、专业化、系统化——论传统武术的发展方向》，《北京体育大学学报》2018 年第 41（7）期，第 119~125 页、132 页。

邱郁：《论传统武术对儒家精神修养方法的传承》，《体育科学研究》2014 年第 5 期，第 15~18 页。

田芳：《朱熹的"中庸"思想探微——以〈中庸集注〉和〈中庸或问〉为中心》，《邢台职业技术学院学报》2010 年第 4 期，第 101~103 页。

王风华：《"格物致知"与宋代绘画》，《山西大同大学学报》（社会科学版）2009 年第 1 期，第 110~112 页。

王岗：《中国武术独特的修炼方式：心法》，《博击·武术科学》2009 年第 4 期，第 2 页。

王磊：《从"格物"、"诚意"到"致知"——王阳明的《大学》诠释与"致良知"的提出》，《烟台大学学报》（哲学社会科学版）2014 年第 1 期，第 32~39 页。

吴世勇：《"志于道，据于德，依于仁，游于艺"新释》，《成功（教育）》2009 年第 8 期，第 298 页。

周兵：《儒道佛三教争立视野下的程朱"格物致知"思想》，《朱子学刊》2014 年第 1 辑，第 54~72 页。

张培高、张华英：《"性无善恶"与"穷理尽性"——苏轼的〈中庸〉诠释解析》，《哲学动态》2017 年第 4 期，第 66~72 页。

王继侠：《佛解〈中庸〉之肇端：释智圆的〈中庸子传〉》，《湖南社会科学》2017 年第 2 期，第 24~29 页。

王育婧：《〈老子〉"守中"新解——读〈老子〉及〈中庸章句〉札记》，《牡丹江师范学院学报》（哲学社会科学版）2014 年第 5 期，第 53~55 页。

王刚、王俊法：《古代射礼与传统武德功能之比较》，《当代体育科技》2012 年第 2 卷第 17 期，第 74~75 页。

王刚、王俊法：《从"修身齐家治国平天下"的视角看武德的当代功能》，《当代体育科技》2012 年第 2 卷第 18 期，第 82~83 页。

王刚：《民族传统体育对健康教育的促进——论乡射礼中蕴含的儒家养生思想》，《文体用品与科技》2014 年第 21 期，第 16~17 页。

王刚、乔凤杰：《足球主题公园的设计构想研究》，《体育文化导刊》2016 年第 5 期，第 194~197 页。

吴震：《论王阳明"一体之仁"的仁学思想》，《哲学研究》2017 年第 1 期，第 61~67 页、128 页。

徐朝旭：《儒家"一体之仁"观的三个向度——基于生态伦理的追问》，《厦门大学学报》（哲学社会科学版）2010 年第 1 期，第 86~93 页。

周兵：《王夫之对"未发之中"的辨析——兼与陈科华先生商榷》，《船山学刊》2013 年第 1 期，第 60~64 页。

尹碧昌、郑锋：《论儒家思想对传统武德的影响》，《河北体育学院学报》2012 年第 6 期，第 82~85 页。

余利斌：《儒家礼学精神对传统武术的影响》，《黄冈师范学院学报》

2010 年第 6 期，第 83~87+105 页。

余卫国：《〈易传〉"立象以尽意"思想发微》，《周易研究》2006 年第 6 期，第 45~52 页。

杨少涵：《孔子中庸的三重境界》，《人文杂志》2010 年第 5 期，第 57~62 页。

俞水生：《射箭与射礼——从"射"字演变看传统反战理念》，《文史知识》2013 年第 1 期，第 89~92 页。

祝大彤：《太极拳肢体练和心脑练》，《精武》2007 年第 11 期。

赵峰：《论朱熹的格物致知之旨》，《孔子研究》1998 年第 4 期，第 74~82 页。

郑军：《论先秦乡射礼仪式展示的道德人格教育范式》，《现代语文》（文学研究版）2009 年第 7 期，第 7~8 页。

张承媛：《古代射箭活动中的德育教化》，《体育文化导刊》2002 年第 5 期，第 52~53 页。

张永祥：《从"游于艺"看孔子美学思想的三重境界》，《孔子研究》2016 年第 4 期，第 41~47 页。

（二）学位论文

郭锐：《古代射礼仪式探析及现代价值分析与实践研究》，硕士学位论文，北京体育大学，2010。

刘天明：《〈诗经〉中体育意象之研究》，硕士学位论文，浙江师范大学，2010。

宓林：《儒家中庸思想对陈氏太极拳的影响研究》，硕士学位论文，广西民族大学，2016。

马玉龙：《儒家思想对我国古代传统武德影响的研究》，硕士学位论文，广西师范大学，2007。

王军：《传统武德对儒家伦理思想的汲取及融通思微研究》，硕士学位论文，山东师范大学，2003。

王刚：《论射礼中蕴含的儒家养生思想》，硕士学位论文，曲阜师范大学，2013。

杨杨：《〈大学〉与宋明理学》，硕士学位论文，天津大学，2008。

周慧虹：《太极身心灵修炼及其和谐价值研究》，硕士学位论文，湖南师范大学，2012。

冯晨：《我欲仁，斯仁至矣——对孔子仁的解读》，博士学位论文，复旦大学，2012。

李卯：《性—道—教：〈中庸〉的生命教育思想研究》，博士学位论文，湖南师范大学，2014。

李守培：《中国传统武术伦理研究》，博士学位论文，上海体育学院，2016。

孙群：《武术身心整复学说理论与技法研究》，博士学位论文，南京中医药大学，2011。

杨孝青：《儒家仁学思想的演进与超越》，博士学位论文，中国科学技术大学，2015。

张长思：《武术功法训练论绎》，博士学位论文，福建师范大学，2015。

张平安：《武术修生论》，博士学位论文，上海体育学院，2016。

　　清华园的四年，是我在导师乔凤杰先生的指导下对中华武术与儒家思想进行融合与会通的四年。至今想来，刚也幸甚。在美丽的清华园中，既留下了自己纯粹而专注的四年时光，又完成了这本凝聚着自己无数心血的著作。

　　然而，我更想说的是，与其说这是一个我自己完成的著作，毋宁说它是一个群体的智慧结晶。因为，这本书不仅仅承载着自己对武术与中国哲学的格物历程，亦承载着在这一历程中众多师长对我的点拨与培养。尤为重要的是，它是一个有着明确"师法"传承的武术哲学研究成果。这个"师法"，即是乔师所开创的武术哲学研究体系。"故有师法者，人之大宝也。"我始终坚信，一种学术的传承，只有遵循"师法"，才能"日久"，更能"弥新"。

　　借此后记，仍以"志于道，据于德，依于仁，游于艺"为主线，以感恩之心，谈些本书所秉承的"师法"。

一　志于道

　　道，犹路也。这条路的一头是我们为己修身的起点，另一头则是我们心之所之的最高境界。志于道，便是从起点出发，朝着理想而进行的知行实践。如果说大学期间对武术与中国哲学的着迷是我后来进行武术哲学研究的起点，那么，在研究生刚入学之时，偶然读到的乔师《无极而太极——论武术与儒家在超验心层面的思想会通》的文章，则真正激发了我立志读博并进行武术与儒家思想会通研究的决心。

　　于我而言，进入乔门之后，在乔师《中华武术与传统文化》的体系下所进行的武术与儒家思想的进一步会通的过程，其实也是我格"拳"致知、亲师访友、不断探寻生命至善之境的一段难忘经历。在我看来，像这样的武术修炼的经历或人生，不正是对儒家大学之道的践行与诠释吗？不也正是对中国武术为己性的生动展现吗？

这种为己性表现在乔师的武术哲学中，即是用武术来服务于"我"之经验心的建构或超验心的彰显。而无论是建构经验心，还是彰显超验心，其实都是对大学之道所指向的至善之境的追求与证悟。因此，乔师将武术看成是一种多维的生命管理智慧。在某种程度上讲，这是中国武术尤其是传统武术最重要的一个实相。坚持为己之学也成为乔门武术哲学研究团队的一个重要特色。

二 据于德

子曰："中庸之为德也，其至矣乎。"我对"中"的体验，来自对杨氏太极拳的习练。在我看来，杨氏太极拳中诸如"将出未出又能出"、"不丢不顶不丢顶"、"松散通空"以及"动中寓静"等对"第二套系统"的训练与开发，其实都是对儒家"喜怒哀乐之未发谓之中，发而皆中节谓之和"的诠释与实证。如真能拾级而上，臻入"中"的境界，便可知"入化本是集中意，无形无相莫猜疑，掤捋挤按皆非似，真得化境万归一"之所言不虚也。

对我而言，杨氏太极拳的修炼过程，既是对"中"的参悟过程，也是对武术不断进行哲学思辨与刨根问底的过程。这个过程与其说是一个"为学日益"的过程，不如说是一个"为道日损"的过程。因为，照见"武"蕴皆空，可能是我最大的心得与收获。而这也逐渐让我更加深刻地领会到了乔师一些武术思想的真实义。

例如，乔师曾言："很多人都在强调，武术的本质就是打，不能打的武术就不叫武术。我要反问的是，难道武术有固定不变的本质吗？难道每个时期，人们对武术的各种需求，不就是武术的本质吗？当然，如果有人特别喜欢打，如果有人特别希望利用武术来打的话，打，自然也是武术的本质之一"；"在任何时代，武术的本质都是既可以传承，也可以变化的。那么，为什么我要单独地强调武术本质的可变化性呢？因为武术本质的可传承性不需要我讲，而武术本质的可变化性却常常受到压制"；"在我看来，人们之所以不断地纠结武术的本质问题，是因为不知道或者已经忘记了人和武术的关系。人和武术是什么关系？很简单，人是武术的目的，武术是人创造和利用的工具。人之所以要创造武术，是要利用武术来为人服务，而不是要让人成为武术的奴隶，（也不是）让所谓的本质成为人们练习武术的枷锁"；"武术技术的好坏有统一的标准吗？应该说，在被某个群体约定的狭小的范围之内是可以有的，但整体上是没有的。为什么这样说呢？因为每一个人学习武术、练习武术、教授武术的目的并不都是完全一样的，有的人是为了健身，有的人是为了表演，有的人是为了修身，有的人是为了养性，有的人是为了格斗，有的人是为了社交，有的人甚至只是为了体验某个动作的发力程序和身体感受，甚至，大家都是为了格斗，因为他们所用的格斗场景是不一样的，实际上它的最终目的也是不一样的。那么，我们怎么来判断一个人的武术技术的好坏呢？其实，最根本的依据就是看它的技术是否和他所要达到的目的是一致的"；等等。

其实，中国武术发展至今，其各个方面都不是不可变的，而是应该随着时代的需求与人的需求的变化而变化，不断地为人们提供多元化、专业化与系统化的武术产品。这是当代中国武术发展的"时中"智慧。"运动的意义是人所赋予的，武术也是为人服务的。"始终坚持以人的需求为中心，这是当代中国武术发展的"执中"智慧。最后，我们还要尝试打破各种关于武术的固化观念，"站在武术圈外看武术，只有这样，我们才能真正地明白，决定武术是否能够更好地生存与发展的最重要因素，并不是我们习武之人自己认为的那些是是非非，而是社会甚至是每一个个人对武术的需求程度。也正是因此，我们才能真正地明白武术应该怎么样发展、应该成为什么样子"。这是当代中国武术发展的"无中"智慧。总之，中庸之德，无论是对于个人的武术修炼而言，还是对于中国武术的当代发展而言，都有着巨大的启迪意义。

三　依于仁

仁也者，人也。小时候的我并未曾设想过会读到博士，更未曾设想过会结缘于清华。凭心而论，能有如此之境遇，非我之勤奋与天资所能及也，实乃家人之付出与众多师长之提携也。

感恩我的父母、妻子以及家人们。感恩东电、曲师、清华三所母校所有的授业老师们。难忘大学期间每次小组工作时的欢声笑语，以及邓慧娟老师对我们将"助人自助，自助助人"的社工精神带入未来的工作与生活中的期盼；难忘研究生期间陈秀英、曾凡鑫、刘建国、李卫民、王磊等老师的谆谆教诲，以及孕育于圣人之乡的"学而不厌，诲人不倦"的曲师精神；难忘读博期间每周一次的虚一讨论，以及"所谓大学者，非谓有大楼之谓也，有大师之谓也"的清华风采。

感恩我的硕导王俊法老师。难忘王老师的全程英语授课，这也激励着我与浩辉，研究生期间的英语学习一直未曾松懈。感恩王老师对我的关心与付出，是王老师带我步入了一个全新的专业领域，为我打开了一个新的人生道路，也实现了我儿时的梦想。

感恩我的博导乔凤杰老师。按照传统武林的规矩，如果说读博期间博士生的身份还只是师父门下的"记名弟子"的话，那么，如今已经毕业的我则可以称得上是乔师的正式弟子了。对我而言，成为乔门弟子，既在内心中充满了喜悦，亦在内心中坚定了传承与发扬乔门学术思想的决心。

感恩对我博士学位论文进行指导的仇军老师、刘波老师、马新东老师、陆淳老师、冯宏鹏老师、刘静民老师、曹春梅老师、于洪军老师，校外专家何仲凯老师、崔乐泉老师、吕韶钧老师以及两位隐名评阅老师，等等；感恩高淑贤老师、郭振老师对我毕业相关事宜的指导与帮助；感恩乔门的兄弟姐妹们、社科博142班的同学们以及虚一学苑的良师益友们。

感恩唐山师范学院对本书出版的大力支持。感恩杨焱、郑颐乐、刘云伟、蔡建丰、常海龙、何胜保、黎延凯、吴忠诚、郑兵、果召全、迟桂军、李茹萍、张久利、吴格林、赵晓忠、王松岩、郭杰、石永秀、郑田、马志勇、尹海、云鑫、支俊才、张瑞洁、魏强、谭梦超、孙梓杰、闫明浩、陈超等系领导与同事们对我的关心与帮助。

感恩社会科学文献出版社的任文武先生对我的信任与大力支持，感恩本书的责任编辑杨雪，是她的严格把关，使本书得以不断完善。

仁以交友，友以辅仁。如果说一个人的成长需要"依于仁"的话，那么，中国武术的发展则更是离不开志士仁人的共同努力。需要特别强调的是，这里所说的志士仁人并非仅仅局限于武术领域。当代中国武术的发展一定要放宽眼界，广泛吸纳各个学科的人才，努力促进学科间的相互交融以及不同专业领域的思想碰撞，如此才能让中国武术在当代不断开疆破土。这是以乔师为核心的武术研究团队所秉持的一个重要理念。多学科的交叉研究也成为了这个团队的一大特色。

四　游于艺

游者，玩物适情之谓。游艺，则小物不遗而动息有养。感恩在求学过程中那些"教我玩、陪我玩"的良师益友们，是你们让我体会到了这个世界所赋予我们的神奇。感恩无言先生、笑非先生、邵簫文先生、王红军先生、吴福安先生、李和生先生、朱春煊先生、唐凤池先生、王长林先生以及朱冰、小马、雨航等等，是你们的传授与分享让我能够在诸技艺之中朝夕游焉，以博其义理之趣。

游于艺，呈现的是一种人生境界。如果用一个字来概括它的精髓，那便是"玩"。玩好玩的，且玩得好，如此，则应务有余，而心亦无所放矣。正如乔师在其文章《玩儿自己的运动》中所言：在我看来，玩儿是一种正能量，因为玩儿意味着超脱，是一种很难达到的极高的境界……以玩儿的心态对待运动，玩儿自己的运动，超脱但不颓废，是超脱的积极进取。这种超脱的积极进取，将使人们在获得人生价值的同时又不为结果、不为对结果的执着所累，自然会使人们在运动中保持永远的快乐。自然，我真诚地希望它能够成为现代运动者的正常心态与心理能力。

"志于道，据于德，依于仁，游于艺"——盖学莫先于立志，志道，则心存于正而不他；据德，则道得于心而不失；依仁，则德性常用而物欲不行；游艺，则小物不遗而动息有养。学者于此，有以不失其先后之序、轻重之伦焉，则本末兼该，内外交养，日用之间，无少间隙，而涵泳从容，忽不自知其入于圣贤之域矣。

2020 年 12 月 6 日于星河湾

图书在版编目（CIP）数据

道德仁艺：武术修炼视角的儒家思想研究／王刚著
. -- 北京：社会科学文献出版社，2021.4
ISBN 978-7-5201-8198-3

Ⅰ.①道…　Ⅱ.①王…　Ⅲ.①武术-关系-儒家-哲
学思想-研究　Ⅳ.①G852②B222.05

中国版本图书馆 CIP 数据核字（2021）第 060961 号

道德仁艺

——武术修炼视角的儒家思想研究

著　者／王　刚

出 版 人／王利民
组稿编辑／任文武
责任编辑／杨　雪

出　　版／社会科学文献出版社·城市和绿色发展分社（010）59367143
　　　　　地址：北京市北三环中路甲 29 号院华龙大厦　邮编：100029
　　　　　网址：www.ssap.com.cn
发　　行／市场营销中心（010）59367081　59367083
印　　装／三河市龙林印务有限公司

规　　格／开　本：787mm×1092mm　1/16
　　　　　印　张：15.25　字　数：225 千字
版　　次／2021 年 4 月第 1 版　2021 年 4 月第 1 次印刷
书　　号／ISBN 978-7-5201-8198-3
定　　价／88.00 元

本书如有印装质量问题，请与读者服务中心（010-59367028）联系